目 录

考　点	试题	法条
第一编　总则	1	72
专题一　民法概述	1	72
考点1　民法的调整对象	1	72
考点2　民法基本原则	1	72
考点3　民事法律关系	1	72
考点4　民事权利与民事责任	2	75
专题二　自然人	2	75
考点5　自然人的民事权利能力	2	75
考点6　自然人的民事行为能力	2	76
考点7　监护	3	76
考点8　宣告失踪与宣告死亡	4	77
专题三　法人和非法人组织	5	78
考点9　法人	5	78
专题四　民事法律行为	6	79
考点10　有效的民事法律行为	6	79
考点11　附条件、附期限的民事法律行为	6	80
考点12　可撤销的民事法律行为	7	80
考点13　效力待定的民事法律行为	9	81
考点14　无效的民事法律行为	11	82
专题五　代理	11	83
考点15　代理的概念与类型	11	83
考点16　代理权及其限制	12	83
考点17　无权代理	12	83
考点18　表见代理	13	83
专题六　诉讼时效与期间	13	84
考点19　诉讼时效	13	84
第二编　物权	15	87
专题七　物权概述	15	87
考点20　物权变动的含义	15	
考点21　基于法律行为的不动产物权变动	15	87
考点22　基于法律行为的动产物权变动	15	87
考点23　非基于法律行为的物权变动（另见所有权的特别取得方法）	16	87
考点24　预告登记、异议登记、更正登记	18	87

考点25 物权的保护		18	88
专题八 所有权		18	88
考点26 建筑物区分所有权		18	88
考点27 所有权的特别取得方法：善意取得		19	89
考点28 所有权的特别取得方法：拾得遗失物、发现埋藏物		20	90
考点29 所有权的特别取得方法：孳息及其归属		21	90
考点30 所有权的特别取得方法：添附		21	90
考点31 共有		21	90
考点32 相邻关系		23	91
专题九 用益物权		23	92
考点33 土地承包经营权		23	92
考点34 地役权		24	92
考点35 居住权		24	93
专题十 担保物权		24	93
考点36 共同担保		24	93
考点37 抵押权的设立		26	93
考点38 抵押物的转让		27	94
考点39 抵押权的顺位		27	94
考点40 抵押权人的权利		28	
考点41 动产浮动抵押		28	95
考点42 最高额抵押		28	95
考点43 动产质权		29	95
考点44 权利质权		29	96
考点45 留置权		30	97
考点46 担保物权的竞合		31	97
考点47 非典型担保		31	98
专题十一 占有		31	98
考点48 占有		31	98
第三编 合同		32	99
专题十二 债与合同概述		32	99
考点49 债的分类		32	99
考点50 债的发生原因		32	
考点51 合同的相对性		33	99
专题十三 合同的订立		33	99
考点52 合同的成立及效力		33	99
考点53 格式条款		34	101
考点54 缔约过失责任		34	102
专题十四 合同的履行		35	102
考点55 合同履行与债的清偿		35	102
考点56 合同履行中的第三人		36	103
考点57 合同履行中的抗辩权		36	103

考点 58	情势变更	37	104
专题十五	**合同的保全**	37	104
考点 59	合同的保全：债权人代位权与债权人撤销权	37	104
专题十六	**保证和定金（债权性担保）**	39	105
考点 60	定金	39	105
考点 61	保证合同的成立及保证方式	39	106
考点 62	保证人及其权利	40	107
考点 63	共同保证	40	107
考点 64	保证期间与保证债务的诉讼时效	40	107
专题十七	**合同的变更、转让和权利义务终止**	41	108
考点 65	合同的变更	41	108
考点 66	合同权利的概括转移	41	
考点 67	债权转让与债务承担	41	108
考点 68	合同的消灭：合同解除	43	110
考点 69	合同的消灭：其他方式	44	111
专题十八	**违约责任**	44	111
考点 70	违约责任的构成与免责	44	111
考点 71	违约责任的形式	45	111
专题十九	**转移财产权利合同**	46	113
考点 72	买卖合同的成立与风险负担	46	113
考点 73	一物多卖	46	114
考点 74	特种买卖合同	47	114
考点 75	商品房买卖合同	47	115
考点 76	供用电、水、气、热力合同	48	116
考点 77	赠与合同	48	116
考点 78	借款合同	48	116
考点 79	租赁合同	49	117
考点 80	融资租赁合同	50	119
专题二十	**完成工作交付成果合同**	50	120
考点 81	承揽合同	50	120
考点 82	建设工程合同	50	120
专题二十一	**提供劳务合同**	51	121
考点 83	运输合同	51	121
考点 84	保管合同与仓储合同	52	122
考点 85	委托合同	52	123
考点 86	物业服务合同	52	
考点 87	行纪合同	52	123
考点 88	中介合同	52	123
考点 89	旅游合同与旅游纠纷	53	
专题二十二	**技术合同**	53	124
考点 90	技术开发合同	53	124
考点 91	技术转让合同和技术许可合同	54	124

考点 92　技术服务合同	……	54	124
专题二十三　合伙合同	……	54	124
考点 93　合伙合同	……	54	124
专题二十四　无因管理、不当得利	……	55	125
考点 94　无因管理	……	55	125
考点 95　不当得利	……	56	125
第四编　人格权	……	57	125
专题二十五　人格权	……	57	125
考点 96　生命权、身体权、健康权	……	57	125
考点 97　姓名权与名称权	……	57	126
考点 98　肖像权	……	58	126
考点 99　名誉权	……	58	126
考点 100　隐私权	……	59	127
考点 101　个人信息保护	……	59	127
考点 102　人格权的保护	……	59	127
考点 103　死者人格利益保护	……	59	127
第五编　婚姻家庭	……	60	127
专题二十六　结婚	……	60	127
考点 104　结婚	……	60	127
专题二十七　家庭关系	……	60	129
考点 105　夫妻财产关系	……	60	129
考点 106　夫妻债务归属与清偿	……	61	130
考点 107　父母子女关系	……	61	
专题二十八　离婚	……	61	131
考点 108　协议离婚与诉讼离婚	……	61	131
考点 109　离婚后的子女抚养与探望权	……	62	131
考点 110　离婚时的救济	……	62	132
考点 111　离婚夫妻共同财产的分割	……	62	133
专题二十九　收养	……	63	134
考点 112　收养	……	63	134
第六编　继承	……	63	135
专题三十　继承概述	……	63	135
考点 113　继承的一般规定	……	63	135
专题三十一　法定继承	……	63	136
考点 114　法定继承人的范围和继承顺序	……	63	136
考点 115　法定继承中遗产的分配	……	64	136
考点 116　代位继承与转继承	……	64	136
专题三十二　遗嘱继承、遗赠和遗赠扶养协议	……	65	137
考点 117　遗嘱继承	……	65	137
考点 118　遗赠扶养协议	……	65	138

专题三十三 遗产的处理	65	138
考点119 遗产的范围	65	138
考点120 遗产的分割与债务清偿	66	138

第七编　侵权责任 .... 66　138

专题三十四　侵权责任概述 .... 66　138
　　考点121　侵权责任与免责 .... 66　138
　　考点122　数人侵权 .... 67　139

专题三十五　特殊侵权责任 .... 67　139
　　考点123　用人单位责任 .... 67　139
　　考点124　个人劳务关系中的侵权责任 .... 68　139
　　考点125　帮工侵权责任 .... 68　139
　　考点126　违反安全保障义务的侵权责任 .... 68　139
　　考点127　网络侵权责任 .... 69　140
　　考点128　监护人责任 .... 69　140
　　考点129　教育机构的侵权责任 .... 69　140
　　考点130　产品责任 .... 69　140
　　考点131　医疗损害责任 .... 70　141
　　考点132　机动车道路交通事故责任 .... 70　142
　　考点133　环境污染和生态破坏责任 .... 70　142
　　考点134　饲养动物致人损害责任 .... 70　143
　　考点135　物件致人损害责任 .... 71　143

答案速查 144

民法 [试题]

扫一扫,"码"上做题

微信扫码,即可线上做题、看解析。
多种做题模式:章节自测、单科集训、随机演练等。

第一编 总 则

专题一 民法概述

考点1 民法的调整对象

1. 2016/3/1/单①

根据法律规定,下列哪一种社会关系应由民法调整?
A. 甲请求税务机关退还其多缴的个人所得税
B. 乙手机丢失后发布寻物启事称:"拾得者送还手机,本人当面酬谢"
C. 丙对女友书面承诺:"如我在上海找到工作,则陪你去欧洲旅游"
D. 丁作为青年志愿者,定期去福利院做帮工

2. 2016/3/10/单

甲单独邀请朋友乙到家中吃饭,乙爽快答应并表示一定赴约。甲为此精心准备,还因炒菜被热油烫伤。但当日乙因其他应酬而未赴约,也未及时告知甲,致使甲准备的饭菜浪费。关于乙对甲的责任,下列哪一说法是正确的?
A. 无须承担法律责任
B. 应承担违约责任
C. 应承担侵权责任
D. 应承担缔约过失责任

3. 2018 回忆/单

某宿舍六人在学期开始时约定,在学期结束时由获得奖学金的人请宿舍的人聚餐,在学期结束时甲获得了一等奖学金。六人在学期末如约到酒店就餐,其间甲愤然离席,乙随后也离开了酒店。对此,下列哪一项说法是正确的?
A. 甲、乙的行为构成戏谑行为不产生法律关系
B. 应由甲、乙平均分担餐费
C. 宿舍六人的协议产生了法律关系
D. 餐馆应找六人共同承担餐费

4. 2019 回忆/单

刘某系世界陶艺大师,在接受某电视台采访时,刘某向观众展示他制作的一个精美的五层陶瓷吊球作品,说目前世界上绝无第二个人能够做出此吊球作品。主持人问,如果有人能做出来呢?刘某说,如果有人能做出来,我将自己工作室里面的全部艺术品连同房子一起赠送给他,并与主持人击掌为誓。后来,一陶瓷作品爱好者孙某仿制了该作品,一般无二。孙某主张刘某履行承诺。对于刘某的行为应如何定性?
A. 构成法律行为,但显失公平
B. 戏谑行为,不构成法律关系
C. 赠与合同,但刘某有撤销权
D. 悬赏广告,刘某应按承诺履行

考点2 民法基本原则

5. 2017/3/1/单

甲、乙二人同村,宅基地毗邻。甲的宅基地倚山,地势较低,乙的宅基地在上将其环绕。乙因琐事与甲多次争吵而郁闷难解,便沿二人宅基地的边界线靠己方一侧,建起高5米围墙,使甲在自家院内却有身处监牢之感。乙的行为违背民法的下列哪一基本原则?
A. 自愿原则   B. 公平原则
C. 平等原则   D. 诚信原则

6. 2019 回忆/单

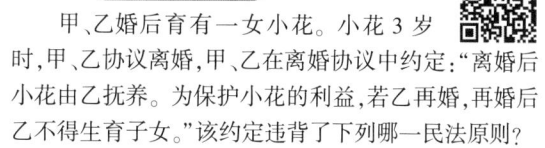

甲、乙婚后育有一女小花。小花3岁时,甲、乙协议离婚,甲、乙在离婚协议中约定:"离婚后小花由乙抚养。为保护小花的利益,若乙再婚,再婚后乙不得生子女。"该约定违背了下列哪一民法原则?
A. 自愿原则   B. 公平原则
C. 诚信原则   D. 公序良俗原则

考点3 民事法律关系

7. 2009/3/1/单

甲被乙家的狗咬伤,要求乙赔偿医药

---

① 指 2016 年/试卷三/第 1 题/单选——编者注。

费，乙认为甲被狗咬与自己无关拒绝赔偿。下列哪一选项是正确的？
    A. 甲乙之间的赔偿关系属于民法所调整的人身关系
    B. 甲请求乙赔偿的权利属于绝对权
    C. 甲请求乙赔偿的权利适用诉讼时效
    D. 乙拒绝赔偿是行使抗辩权

8．2010/3/1/单

下列哪一情形下，乙的请求依法应得到支持？
    A. 甲应允乙同看演出，但迟到半小时。乙要求甲赔偿损失
    B. 甲听说某公司股票可能大涨，便告诉乙，乙信以为真大量购进，事后该只股票大跌。乙要求甲赔偿损失
    C. 甲与其妻乙约定，如因甲出轨导致离婚，甲应补偿乙50万元，后二人果然因此离婚。乙要求甲依约赔偿
    D. 甲对乙承诺，如乙比赛夺冠，乙出国旅游时甲将陪同，后乙果然夺冠，甲失约。乙要求甲承担赔偿责任

9．2014/3/1/单

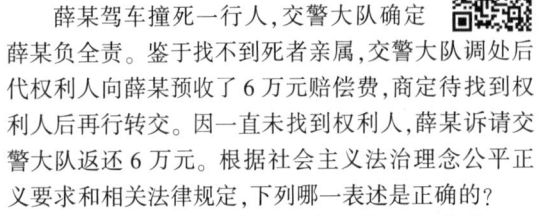

薛某驾车撞死一行人，交警大队确定薛某负全责。鉴于找不到死者亲属，交警大队调处后代权利人向薛某预收了6万元赔偿费，商定待找到权利人后再行转交。因一直未找到权利人，薛某诉请交警大队返还6万元。根据社会主义法治理念公平正义要求和相关法律规定，下列哪一表述是正确的？
    A. 薛某是义务人，但无对应权利人，让薛某承担赔偿义务，违反了权利义务相一致的原则
    B. 交警大队未受损失而保有6万元，形成不当得利，应予退还
    C. 交警大队代收6万元，依法行使行政职权，与薛某形成合法有效的行政法律关系，无须退还
    D. 如确实未找到权利人，交警大队代收的6万元为无主财产，应收归国库

考点4 民事权利与民事责任

10．2005/3/6/单

甲在乙经营的酒店进餐时饮酒过度，离去时拒付餐费，乙不知甲的身份和去向。甲酒醒后回酒店欲取回遗忘的外衣，乙以甲未付餐费为由拒绝交还。对乙的行为应如何定性？
    A. 是行使同时履行抗辩权
    B. 是行使不安抗辩权
    C. 是自助行为
    D. 是侵权行为

11．2008/3/51/多

关于民事权利，下列哪些选项是正确的？
    A. 甲公司与乙银行签订借款合同，乙对甲享有的要求其还款的权利不具有排他性
    B. 丙公司与丁公司协议，丙不在丁建筑的某楼前建造高于该楼的建筑，丁对丙享有的此项权利具有支配性
    C. 债权人要求保证人履行，保证人以债权人未对主债务人提起诉讼或申请仲裁为由拒绝履行，保证人的此项权利是抗辩权
    D. 债权人撤销债务人与第三人的赠与合同的权利不受诉讼时效的限制

12．2013/3/51/多

甲以20万元从乙公司购得某小区地下停车位。乙公司经规划部门批准在该小区以200万元建设观光电梯。该梯入梯口占用了甲的停车位，乙公司同意为甲置换更好的车位。甲则要求拆除电梯，并赔偿损失。下列哪些表述是错误的？
    A. 建电梯获得规划部门批准，符合小区业主利益，未侵犯甲的权利
    B. 即使建电梯符合业主整体利益，也不能以损害个人权利为代价，故应将电梯拆除
    C. 甲车位使用权固然应予保护，但置换车位更能兼顾个人利益与整体利益
    D. 电梯建成后，小区尾房更加畅销，为平衡双方利益，乙公司应适当让利于甲

专题二　自然人

考点5 自然人的民事权利能力

13．2008/3/60/多

王某与李某系夫妻，二人带女儿外出旅游，发生车祸全部遇难，但无法确定死亡的先后时间。下列哪些选项是正确的？
    A. 推定王某和李某先于女儿死亡
    B. 推定王某和李某同时死亡
    C. 王某和李某互不继承
    D. 女儿作为第一顺序继承人继承王某和李某的遗产

考点6 自然人的民事行为能力

14．2009/3/14/单

小刘从小就显示出很高的文学天赋，九岁时写了小说《隐形翅膀》，并将该小说的网络传播权转让给某网站。小刘的父母反对该转让行为。下

列哪一说法是正确的?
A. 小刘父母享有该小说的著作权,因为小刘是无民事行为能力人
B. 小刘及其父母均不享有著作权,因为该小说未发表
C. 小刘对该小说享有著作权,但网络传播权转让合同无效
D. 小刘对该小说享有著作权,网络传播权转让合同有效

15． 2010/3/2/单

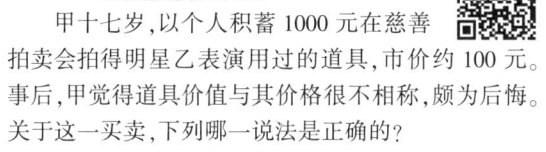

甲十七岁,以个人积蓄1000元在慈善拍卖会拍得明星乙表演用过的道具,市价约100元。事后,甲觉得道具价值与其价格很不相称,颇为后悔。关于这一买卖,下列哪一说法是正确的?
A. 买卖显失公平,甲有权要求撤销
B. 买卖存在重大误解,甲有权要求撤销
C. 买卖无效,甲为限制行为能力人
D. 买卖有效

16． 2011/3/2/单

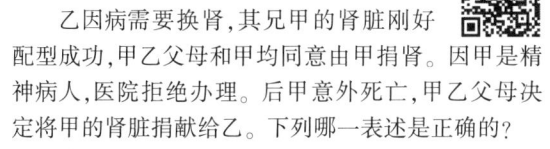

乙因病需要换肾,其兄甲的肾脏刚好配型成功,甲乙父母和甲均同意由甲捐肾。因甲是精神病人,医院拒绝办理。后甲意外死亡,甲乙父母决定将甲的肾脏捐献给乙。下列哪一表述是正确的?
A. 甲决定将其肾脏捐献给乙的行为有效
B. 甲生前,其父母决定将甲的肾脏捐献给乙的行为有效
C. 甲死后,其父母决定将甲的肾脏捐献给乙的行为有效
D. 甲死后,其父母决定将甲的肾脏捐献给乙的行为无效

17． 2017/3/2/单

肖特有音乐天赋,16岁便不再上学,以演出收入为主要生活来源。肖特成长过程中,多有长辈馈赠:7岁时受赠口琴1个,9岁时受赠钢琴1架,15岁时受赠名贵小提琴1把。对肖特行为能力及其受赠行为效力的判断,根据《民法典》相关规定,下列哪一选项是正确的?
A. 肖特尚不具备完全的民事行为能力
B. 受赠口琴的行为无效,应由其法定代理人代理实施
C. 受赠钢琴的行为无效,因与其当时的年龄智力不相当
D. 受赠小提琴的行为无效,因与其当时的年龄智力不相当

18． 2019 回忆/单

小琴从小天赋异禀,甚得其祖父喜爱。6岁时,祖父将其珍藏的一幅价值百万元的名画赠与小琴,其母亲表示拒绝。8岁时,祖父又将其价值8万元的名表一块赠与小琴,其母亲知道后也表示拒绝。对此,下列哪一项说法是正确的?
A. 关于画的赠与,因纯获利而有效
B. 关于画的赠与,效力未定,因乙的拒绝而无效
C. 关于表的赠与,有效
D. 关于表的赠与,效力未定,因乙拒绝接受而无效

考点7 监护

19． 2010/3/3/多

甲十五岁,精神病人。关于其监护问题,下列哪些表述是正确的?①
A. 监护人只能是甲的近亲属或关系密切的其他亲属、朋友
B. 监护人可是同一顺序中的数人
C. 对担任监护人有争议的,可直接请求法院裁决
D. 为甲设定监护人,适用关于精神病人监护的规定

20． 2013/3/2/单

关于监护,下列哪一表述是正确的?
A. 甲委托医院照料其患精神病的配偶乙,医院是委托监护人
B. 甲的幼子乙在寄宿制幼儿园期间,甲的监护职责全部转移给幼儿园
C. 甲丧夫后携幼子乙改嫁,乙的爷爷有权要求法院确定自己为乙的法定监护人
D. 市民甲、乙之子丙5周岁,甲乙离婚后对谁担任丙的监护人发生争议,丙住所地的居民委员会有权指定

21． 2014/3/2/单

张某和李某达成收养协议,约定由李某收养张某6岁的孩子小张;任何一方违反约定,应承担违约责任。双方办理了登记手续,张某依约向李某支付了10万元。李某收养小张1年后,因小张殴打他人赔偿了1万元,李某要求解除收养协议并要求张某赔偿该1万元。张某同意解除但要求李某返还10万元。下列哪一表述是正确的?
A. 李某、张某不得解除收养关系
B. 李某应对张某承担违约责任
C. 张某应赔偿李某1万元
D. 李某应返还不当得利

22． 2016/3/52/多

甲8周岁,多次在国际钢琴大赛中获

---
① 原为单选题,根据新法答案有变化,调整为多选题。

奖,并获得大量奖金。甲的父母乙、丙为了甲的利益,考虑到甲的奖金存放银行增值有限,遂将奖金全部购买了股票,但恰遇股市暴跌,甲的奖金损失过半。关于乙、丙的行为,下列哪些说法是正确的?

A. 乙、丙应对投资股票给甲造成的损失承担责任
B. 乙、丙不能随意处分甲的财产
C. 乙、丙的行为构成无因管理,无须承担责任
D. 如主张赔偿,甲对父母的诉讼时效期间在进行中的最后6个月内因自己系无行为能力人而中止,待成年后继续计算

23． 2017/3/51/多

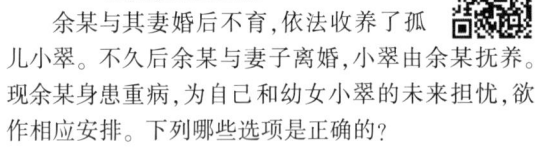

余某与其妻婚后不育,依法收养了孤儿小翠。不久后余某与妻子离婚,小翠由余某抚养。现余某身患重病,为自己和幼女小翠的未来担忧,欲作相应安排。下列哪些选项是正确的?

A. 余某可通过遗嘱指定其父亲在其身故后担任小翠的监护人
B. 余某可与前妻协议确定由前妻担任小翠的监护人
C. 余某可与其堂兄事先协商以书面形式确定堂兄为自己的监护人
D. 如余某病故,应由余某父母担任小翠的监护人

24． 2018 回忆/多

2016年3月,家住山西省H县的庞某(51周岁,有配偶),依法收养了孤儿小翠(11岁女孩)。后庞某多次性侵小翠,导致小翠先后产下两名女婴。2018年6月,知情群众向公安机关举报,媒体也进行了报道。经查,举报属实,法院于2018年11月判决庞某构成强奸罪。对此,下列说法错误的是:

A. H县民政部门可以直接撤销庞某监护人资格
B. 庞某被法院取消监护资格后可以不再给付抚养费
C. 庞某出狱后,确有悔改表现的,经申请,法院可恢复其监护人资格
D. 小翠对庞某损害赔偿请求权的诉讼时效期间自法定代理终止之日起计算

25． 2018 回忆/多

小学生甲极具表演天赋,参加多部影视剧拍摄而攒下存款若干。为让甲存款保值,甲父在某城市以甲的名义购买多套房屋,未料周边房价均上涨,唯独该城市房价下跌,导致严重亏损。下列哪些说法是正确的?

A. 房屋买卖合同无效,可追回本金加利息
B. 购房保值行为不属于监护人职责范围

C. 房屋买卖合同有效,但监护人应承担赔偿责任
D. 甲对甲父的赔偿请求权在其成年前不受3年诉讼时效的限制

26． 2019 回忆/多

甲乙婚后育有一子小甲,小甲10岁时,甲乙离婚,小甲由乙抚养。后乙经常殴打小甲,并将小甲祖父赠与小甲的一只价值5万元的玉佩在赌博中输掉。对此,下列说法正确的是:

A. 甲可向法院申请撤销乙的监护资格
B. 乙应当对小甲进行赔偿
C. 小甲向乙主张损害赔偿的诉讼时效自年满18周岁时起算
D. 小甲主张抚养费的权利不受诉讼时效限制

27． 2019 回忆/单

老刘65岁时丧妻,独自生活,子女均已成年。后认识比其小30岁的秦某,迅速交好,相谈甚欢。于是老刘与秦某签订书面协议,在老刘丧失生活自理能力后,由秦某作为其监护人履行监护职责;若秦某履行义务的,老刘死后,其遗产的一半由秦某继承。对此,下列说法正确的是:

A. 该监护协议因为老刘有子女作为法定监护人而无效
B. 该协议在老刘丧失生活自理能力时生效
C. 约定财产继承部分无效
D. 老刘子女可申请撤销该协议

考点8 宣告失踪与宣告死亡

28． 2009/3/51/单

关于宣告死亡,下列哪一选项是正确的?①

A. 宣告死亡的申请人有顺序先后的限制
B. 有民事行为能力人在被宣告死亡期间实施的民事行为②有效
C. 被宣告死亡的人与其配偶的婚姻关系因死亡宣告的撤销而自行恢复
D. 被撤销死亡宣告的人有权请求依《民法典》取得其财产者返还原物或给予适当补偿

29． 2016/3/51/多

甲、乙为夫妻,长期感情不和。2010年5月1日甲乘火车去外地出差,在火车上失踪,没有发现其被害尸体,也没有发现其在何处下车。2016年6月5日法院依照法定程序宣告甲死亡。之后,乙向法

---

① 原为多选题,根据新法答案有变化,调整为单选题。
② 《民法典》将"民事行为"改为"民事法律行为",请按民事法律行为作答。全书同。

院起诉要求铁路公司对甲的死亡进行赔偿。关于甲被宣告死亡，下列哪些说法是正确的？
A. 甲的继承人可以继承其财产
B. 甲、乙婚姻关系消灭，且不可能恢复
C. 2016年6月5日为甲的死亡日期
D. 铁路公司应当对甲的死亡进行赔偿

30． 2017/3/52/多

甲出境经商下落不明，2015年9月经其妻乙请求被K县法院宣告死亡，其后乙未再婚，乙是甲唯一的继承人。2016年3月，乙将家里的一辆轿车赠送给了弟弟丙，交付并办理了过户登记。2016年10月，经商失败的甲返回K县，为还债将登记于自己名下的一套夫妻共有住房私自卖给知情的丁；同年12月，甲的死亡宣告被撤销。下列哪些选项是正确的？
A. 甲、乙的婚姻关系自撤销死亡宣告之日起自行恢复
B. 乙有权赠与该轿车
C. 丙可不返还该轿车
D. 甲出卖房屋的行为无效

31． 2018回忆/单

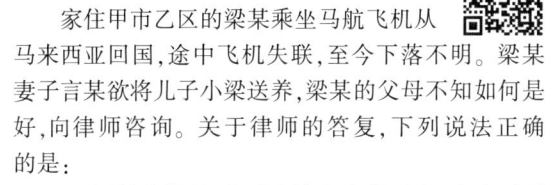

家住甲市乙区的梁某乘坐马航飞机从马来西亚回国，途中飞机失联，至今下落不明。梁某妻子言某欲将儿子小梁送养，梁某的父母不知如何是好，向律师咨询。关于律师的答复，下列说法正确的是：
A. 梁某的父母、妻子申请宣告其死亡，有先后顺序的限制
B. 梁某的父母申请宣告死亡，妻子言某申请宣告失踪，乙区区法院应根据父母的申请作出死亡宣告的判决
C. 如果乙区区法院宣告梁某死亡，则判决作出之日为死亡日期
D. 如果乙区区法院宣告梁某死亡但实际并未死亡的，在被宣告死亡期间梁某实施的法律行为效力未定

专题三　法人和非法人组织

考点9 法人

32． 2008/3/2/单

德胜公司注册地在萨摩国并在该国设有总部和分支机构，但主要营业机构位于中国深圳，是一家由台湾地区凯旋集团公司全资设立的法人企业。由于决策失误，德胜公司在中国欠下700万元债务。对此，下列哪一选项是正确的？
A. 该债务应以深圳主营机构的全部财产清偿

B. 该债务应以深圳主营机构和萨摩国总部及分支机构的全部财产清偿
C. 无论德胜公司的全部财产能否清偿，凯旋公司都应承担连带责任
D. 当德胜公司的全部财产不足清偿时，由凯旋公司承担补充责任

33． 2010/3/4/单

根据我国法律规定，关于法人，下列哪一表述是正确的？
A. 成立社团法人均须登记
B. 银行均是企业法人
C. 法人之间可形成合伙型联营
D. 一人公司均不是法人

34． 2011/3/3/单

王某是甲公司的法定代表人，以甲公司名义向乙公司发出书面要约，愿以10万元价格出售甲公司的一块清代翡翠。王某在邮件发出后2小时意外死亡，乙公司回函表示愿意以该价格购买。甲公司新任法定代表人以王某死亡，且未经董事会同意为由拒绝。关于该要约，下列哪一表述是正确的？
A. 无效　　　　B. 效力待定
C. 可撤销　　　D. 有效

35． 2012/3/2/单

关于法人，下列哪一表述是正确的？
A. 社团法人均属营利法人
B. 基金会法人均属公益法人
C. 社团法人均属公益法人
D. 民办非企业单位法人均属营利法人

36． 2013/3/52/多

下列哪些情形下，甲公司应承担民事责任？
A. 甲公司董事乙与丙公司签订保证合同，乙擅自在合同上加盖甲公司公章和法定代表人丁的印章
B. 甲公司与乙公司签订借款合同，甲公司未盖公章，但乙公司已付款，且该款用于甲公司项目建设
C. 甲公司法定代表人乙委托员工丙与丁签订合同，借用丁的存款单办理质押贷款用于经营
D. 甲公司与乙约定，乙向甲公司交纳保证金，甲公司为乙贷款购买设备提供担保。甲公司法定代表人丙以个人名义收取该保证金并转交甲公司出纳员入账

37． 2014/3/3/单

甲公司和乙公司在前者印制的标准格

式《货运代理合同》上盖章。《货运代理合同》第四条约定:"乙公司法定代表人对乙公司支付货运代理费承担连带责任。"乙公司法定代表人李红在合同尾部签字。后双方发生纠纷,甲公司起诉乙公司,并要求此时乙公司的法定代表人李蓝承担连带责任。关于李蓝拒绝承担连带责任的抗辩事由,下列哪一表述能够成立?

A. 第四条为无效格式条款
B. 乙公司法定代表人未在第四条处签字
C. 乙公司法定代表人的签字仅代表乙公司的行为
D. 李蓝并未在合同上签字

38. 2015/3/1/单

甲以自己的名义,用家庭共有财产捐资设立以资助治疗麻风病为目的的基金会法人,由乙任理事长。后因对该病的防治工作卓有成效使其几乎绝迹,为实现基金会的公益性,现欲改变宗旨和目的。下列哪一选项是正确的?

A. 甲作出决定即可,因甲是创始人和出资人
B. 乙作出决定即可,因乙是法定代表人
C. 应由甲的家庭成员共同决定,因甲是用家庭共有财产捐资的
D. 应由基金会法人按照程序申请,经过上级主管部门批准

39. 2015/3/86/任

甲公司、乙公司签订的《合作开发协议》约定,合作开发A区房屋归甲公司、B区房屋归乙公司。乙公司与丙公司签订《委托书》,委托丙公司对外销售房屋。《委托书》中委托人签字盖章处有乙公司盖章和法定代表人王某签字,王某同时也是甲公司法定代表人。张某查看《合作开发协议》和《委托书》后,与丙公司签订《房屋预订合同》,约定:"张某向丙公司预付房款30万元,购买A区房屋一套。待取得房屋预售许可证时,双方签订正式合同。"丙公司将房款用于项目投资,全部亏损。后王某向张某出具《承诺函》:如张某不闹事,将协调甲公司卖房给张某。但甲公司取得房屋预售许可后,将A区房屋全部卖与他人。张某要求甲公司、乙公司和丙公司退回房款。张某与李某签订《债权转让协议》,将该债权转让给李某,通知了甲、乙、丙三公司。因李某未按时支付债权转让款,张某又将债权转让给方某,也通知了甲、乙、丙三公司。

关于《委托书》和《承诺函》,下列说法正确的是:

A. 乙公司是委托人
B. 乙公司和王某是共同委托人
C. 甲公司、乙公司和王某是共同委托人
D. 《承诺函》不产生法律行为上的效力

40. 2017/3/53/多

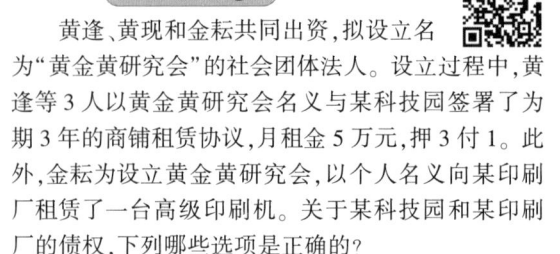

黄逢、黄现和金耘共同出资,拟设立名为"黄金黄研究会"的社会团体法人。设立过程中,黄逢等3人以黄金黄研究会名义与某科技园签署了为期3年的商铺租赁协议,月租金5万元,押3付1。此外,金耘为设立黄金黄研究会,以个人名义向某印刷厂租赁了一台高级印刷机。关于某科技园和某印刷厂的债权,下列哪些选项是正确的?

A. 如黄金黄研究会未成立,则某科技园的租赁债权消灭
B. 即便黄金黄研究会未成立,某科技园就租赁债权,仍可向黄逢等3人主张
C. 如黄金黄研究会未成立,则就某科技园的租赁债务,由黄逢等3人承担连带责任
D. 黄金黄研究会成立后,某印刷厂就租赁债权,既可向黄金黄研究会主张,也可向金耘主张

专题四 民事法律行为

考点10 有效的民事法律行为

41. 2019回忆/单

12岁的甲是某中学学生,常去学校篮球场打篮球。一天,甲去篮球场打球路上买了一瓶可乐,打完篮球后,喝了一半,将剩有一半可乐的瓶子放在了篮球架边离去。后拾荒者乙捡走了可乐瓶。对此,下列说法正确的是:

A. 甲与乙之间成立赠与合同关系
B. 甲的行为是单方抛弃
C. 甲的行为不需要意思表示
D. 可乐瓶属于遗失物

考点11 附条件、附期限的民事法律行为

42. 2008/3/6/单

甲与乙打算卖房,问乙是否愿意购买,乙一向迷信,就跟甲说:"如果明天早上7点你家屋顶上来了喜鹊,我就出10万块钱买你的房子。"甲同意。乙回家后非常后悔。第二天早上7点差几分时,恰有一群喜鹊停在甲家的屋顶上,乙正要将喜鹊赶走,甲不知情的儿子拿起弹弓把喜鹊赶跑了,至7点再无喜鹊飞来。关于甲乙之间的房屋买卖合同,下列哪一选项是正确的?

A. 合同尚未成立
B. 合同无效
C. 乙有权拒绝履行该合同
D. 乙应当履行该合同

43. 2009/3/6/单

甲将300册藏书送给乙,并约定乙不

得转让给第三人，否则甲有权收回藏书。其后甲向乙交付了300册藏书。下列哪一说法是正确的？

A. 甲与乙的赠与合同无效，乙不能取得藏书的所有权
B. 甲与乙的赠与合同无效，乙取得了藏书的所有权
C. 甲与乙的赠与合同为附条件的合同，乙不能取得藏书的所有权
D. 甲与乙的赠与合同有效，乙取得了藏书的所有权

44． 2014/3/59/多

刘某欠何某100万元货款届期未还且刘某不知所踪。刘某之子小刘为替父还债，与何某签订书面房屋租赁合同，未约定租期，仅约定："月租金1万元，用租金抵货款，如刘某出现并还清货款，本合同终止，双方再行结算。"下列哪些表述是错误的？

A. 小刘有权随时解除合同
B. 何某有权随时解除合同
C. 房屋租赁合同是附条件的合同
D. 房屋租赁合同是附期限的合同

考点12 可撤销的民事法律行为

45． 2009/3/56/多

乙公司以国产牛肉为样品，伪称某国进口牛肉，与甲公司签订了买卖合同，后甲公司得知这一事实。此时恰逢某国流行疯牛病，某国进口牛肉滞销，国产牛肉价格上涨。下列哪些说法是正确的？

A. 甲公司有权自知道样品为国产牛肉之日起一年内主张撤销该合同
B. 乙公司有权自合同订立之日起一年内主张撤销该合同
C. 甲公司有权决定履行该合同，乙公司无权拒绝履行
D. 在甲公司决定撤销该合同前，乙公司有权按约定向甲公司要求支付货款

46． 2010/3/5/单

某校长甲欲将一套住房以50万元出售。某报记者乙找到甲，出价40万元，甲拒绝。乙对甲说："我有你贪污的材料，不答应我就举报你。"甲信以为真，以40万元将该房卖与乙。乙实际并无甲贪污的材料。关于该房屋买卖合同的效力，下列哪一说法是正确的？

A. 存在欺诈行为，属可撤销合同
B. 存在胁迫行为，属可撤销合同
C. 存在乘人之危，属可撤销合同
D. 存在重大误解，属可撤销合同

47． 2011/3/1/单

甲公司在城市公园旁开发预售期房，乙、丙等近百人一次性支付了购房款，总额近8000万元。但甲公司迟迟未开工，按期交房无望。乙、丙等购房人多次集体去甲公司交涉无果，险些引发群体性事件。面对疯涨房价，乙、丙等购房人为另行购房，无奈与甲公司签订《退款协议书》，承诺放弃数额巨大利息、违约金的支付要求，领回原购房款。经咨询，乙、丙等购房人起诉甲公司。下列哪一说法准确体现了公平正义的有关要求？

A.《退款协议书》虽是当事人真实意思表示，但为兼顾情理，法院应当依据购房人的要求变更该协议，由甲公司支付利息和违约金
B.《退款协议书》是甲公司胁迫乙、丙等人订立的，为确保合法合理，法院应当依据购房人的要求宣告该协议无效，由甲公司支付利息和违约金
C.《退款协议书》的订立显失公平，为保护购房人的利益，法院应当依据购房人的要求撤销该协议，由甲公司支付利息和违约金
D.《退款协议书》损害社会公共利益，为确保利益均衡，法院应当依据购房人的要求撤销该协议，由甲公司支付利息和违约金

48． 2011/3/53/多

关于意思表示法律效力的判断，下列哪些选项是正确的？

A. 甲在商场购买了一台液晶电视机，回家后发现其妻乙已在另一商场以更低折扣订了一台液晶电视机。甲认为其构成重大误解，有权撤销买卖
B. 甲向乙承诺，以其外籍华人身份在婚后为乙办外国绿卡。婚后，乙发现甲是在逃通缉犯。乙有权以甲欺诈为由撤销婚姻
C. 甲向乙银行借款，乙银行要求甲提供担保。丙为帮助甲借款，以举报丁偷税漏税相要挟，迫使其为甲借款提供保证，乙银行对此不知情。丁有权以其受到胁迫为由撤销保证
D. 甲患癌症，其妻乙和医院均对甲隐瞒其病情。经与乙协商，甲投保人身保险，指定身故受益人为乙。保险公司有权以乙欺诈为由撤销合同

49． 2012/3/3/单 新法改编

下列哪一情形构成重大误解，属可撤销的民事行为？

A. 甲立下遗嘱，误将乙的字画分配给继承人
B. 甲装修房屋，误以为乙的地砖为自家所有，并

予以使用
C. 甲入住乙宾馆,误以为乙宾馆提供的茶叶是无偿的,并予以使用
D. 甲要购买电动车,误以为精神病人乙是完全民事行为能力人,并与之签订买卖合同

50. 2012/3/54/多

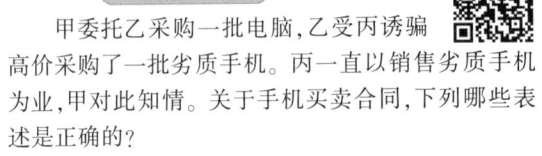

甲委托乙采购一批电脑,乙受丙诱骗高价采购了一批劣质手机。丙一直以销售劣质手机为业,甲对此知情。关于手机买卖合同,下列哪些表述是正确的?
A. 甲有权追认
B. 甲有权撤销
C. 乙有权以甲的名义撤销
D. 丙有权撤销

51. 2013/3/3/单

下列哪一情形下,甲对乙不构成胁迫?
A. 甲说,如不出借1万元,则举报乙犯罪。乙照办,后查实乙构成犯罪
B. 甲说,如不将藏獒卖给甲,则举报乙犯罪。乙照办,后查实乙不构成犯罪
C. 甲说,如不购甲即将报废的汽车,将公开乙的个人隐私。乙照办
D. 甲说,如不赔偿乙撞伤甲的医疗费,则举报乙醉酒驾车。乙照办,甲取得医疗费和慰问金

52. 2013/3/4/单

甲用伪造的乙公司公章,以乙公司名义与不知情的丙公司签订食用油买卖合同,以次充好,将劣质食用油卖给丙公司。合同没有约定仲裁条款。关于该合同,下列哪一表述是正确的?
A. 如乙公司追认,则丙公司有权通知乙公司撤销
B. 如乙公司追认,则丙公司有权请求法院撤销
C. 无论乙公司是否追认,丙公司均有权通知乙公司撤销
D. 无论乙公司是否追认,丙公司均有权要求乙公司履行

53. 2015/3/2/多

甲以23万元的价格将一辆机动车卖给乙。该车因里程表故障显示行驶里程为4万公里,但实际行驶了8万公里,市值为16万元。甲明知有误,却未向乙说明,乙误以为真。乙的下列哪些请求是错误的?①
A. 以甲欺诈为由请求法院变更合同,在此情况下法院不得判令撤销合同
B. 请求甲减少价款至16万元
C. 以重大误解为由,致函甲请求撤销合同,合同自该函到达甲时即被撤销
D. 请求甲承担缔约过失责任

54. 2015/3/52/多

某旅游地的纪念品商店出售秦始皇兵马俑的复制品,价签标名为"秦始皇兵马俑",2800元一个。王某购买了一个,次日,王某以其购买的"秦始皇兵马俑"为复制品而非真品属于欺诈为由,要求该商店退货并赔偿。下列哪些表述是错误的?
A. 商店的行为不属于欺诈,真正的"秦始皇兵马俑"属于法律规定不能买卖的禁止流通物
B. 王某属于重大误解,可请求撤销买卖合同
C. 商店虽不构成积极欺诈,但构成消极欺诈,因其没有标明为复制品
D. 王某有权请求撤销合同,并可要求商店承担缔约过失责任

55. 2016/3/3/单

潘某去某地旅游,当地玉石资源丰富,且盛行"赌石"活动,买者购买原石后自行剖切,损益自负。潘某花5000元向某商家买了两块原石,切开后发现其中一块为极品玉石,市场估价上百万元。商家深觉不公,要求潘某退还该玉石或补交价款。对此,下列哪一选项是正确的?
A. 商家无权要求潘某退货
B. 商家可基于公平原则要求潘某适当补偿
C. 商家可基于重大误解而主张撤销交易
D. 商家可基于显失公平而主张撤销交易

56. 2016/3/59/多

甲隐瞒了其所购别墅内曾发生恶性刑事案件的事实,以明显低于市场价的价格将其转卖给乙;乙在不知情的情况下,放弃他人以市场价出售的别墅,购买了甲的别墅。几个月后乙获悉实情,向法院申请撤销合同。关于本案,下列哪些说法是正确的?
A. 乙须在得知实情后一年内申请法院撤销合同
B. 如合同被撤销,甲须赔偿乙在订立及履行合同过程当中支付的各种必要费用
C. 如合同被撤销,乙有权要求甲赔偿主张撤销时别墅价格与此前订立合同时别墅价格的差价损失
D. 合同撤销后乙须向甲支付合同撤销前别墅的使用费

57. 2017/3/3/单

齐某扮成建筑工人模样,在工地旁摆

---
① 原为单选题,根据新法答案有变化,调整为多选题。

放一尊廉价购得的旧蟾蜍石雕,冒充新挖出文物等待买主。甲曾以5000元从齐某处买过一尊同款石雕,发现被骗后正在和齐某交涉时,乙过来询问。甲有意让乙也上当,以便要回被骗款项,未等齐某开口便对乙说:"我之前从他这买了一个貔貅,转手就赚了,这个你不要我就要了。"乙信以为真,以5000元买下石雕。关于所涉民事法律行为的效力,下列哪一说法是正确的?

A. 乙可向甲主张撤销其购买行为
B. 乙可向齐某主张撤销其购买行为
C. 甲不得向齐某主张撤销其购买行为
D. 乙的撤销权自购买行为发生之日起2年内不行使则消灭

58. 2017/3/10/单

陈老伯考察郊区某新楼盘时,听销售经理介绍周边有轨道交通19号线,出行方便,便与开发商订立了商品房预售合同。后经了解,轨道交通19号线属市域铁路,并非地铁,无法使用老年卡,出行成本较高;此外,铁路房的升值空间小于地铁房。陈老伯深感懊悔。关于陈老伯可否反悔,下列哪一说法是正确的?

A. 属认识错误,可主张撤销该预售合同
B. 属重大误解,可主张撤销该预售合同
C. 该预售合同显失公平,陈老伯可主张撤销该合同
D. 开发商并未欺诈陈老伯,该预售合同不能被撤销

59. 2018 回忆/单

钱某有一幅祖传名画,市值百万元。高某欲低价购入,联合艺术品鉴定家李某欺骗钱某说是赝品,价值不超过10万元。钱某信以为真,但是,未将画卖给高某,而是以15万元的价格卖给了不知情的陈某。对此,下列哪一个说法是正确的?

A. 因陈某乘人之危,故钱某可撤销与陈某的买卖合同
B. 因高某受欺诈,钱某可撤销与陈某的买卖合同
C. 属于重大误解,钱某可撤销与陈某的买卖合同
D. 属于显失公平,钱某可撤销与陈某的买卖合同

60. 2019 回忆/多

甲家中有一块祖传玉佩,某大学教授乙颇为喜爱,几次欲向甲购买均被甲拒绝。2016年3月1日,丙因为自己孩子上大学之事有求于乙,故暗中找到甲,称如果不将玉佩卖给乙,就将甲正上高一的儿子的腿打断一条。甲心生恐惧,遂主动找到乙,将玉佩以8万元的价格卖给了不知情的乙。2018年3

月1日,甲的儿子顺利去英国留学,不再因丙的威胁而感到恐惧,故向法院起诉,欲撤销买卖合同。3月10日,法院经查,甲祖传的玉佩为赝品,市价仅为800元,甲出卖时对此不知情,乙此时方获悉自己购买的玉佩为赝品。对此,下列哪些说法是错误的?

A. 因为乙对于胁迫不知情,故甲不能撤销与乙之间的买卖合同
B. 乙可以欺诈为由撤销买卖合同
C. 甲以受到胁迫为由撤销合同的权利因为超过了1年的除斥期间而消灭
D. 乙以重大误解撤销合同的权利应在2018年6月10日前行使

61. 2019 回忆/单

前程公司法定代表人范某被大洋公司派人极力劝酒灌醉后,大洋公司在其意识模糊之时乘机与其签订合同,合同内容违背前程公司商业规划且对前程公司严重不利。前程公司可以何种理由主张撤销合同?

A. 恶意欺诈　　B. 重大误解
C. 乘人之危　　D. 显失公平

62. 2021 回忆/任

甲见一家餐馆生意很好,在餐馆吃饭时,乘机将事先做好的一张付款二维码粘贴在餐桌原有的付款二维码上。乙到这家餐馆用餐后,扫描了甲粘贴的二维码,向甲支付了500元餐费。对于本案,下列说法错误的是:

A. 餐馆可向甲主张侵权责任或不当得利
B. 乙的意思表示未生效
C. 乙可基于重大误解撤销所订立的餐饮合同
D. 甲构成无权代理

63. 2023 回忆/单

张某到某地旅游,在朱某经营的路边店铺购买豆浆时,发现朱某用来盛放豆浆的小碗花色古朴,甚是好看,遂提出购买留作纪念,双方约定价款为20元。张某的朋友谭某是古董专家,一次到张某家做客时看到该小碗,疑是古董,后经鉴定为明代某官窑出土的古董。朱某得知后,欲起诉撤销合同。关于朱某起诉撤销合同的事由,下列哪一选项是正确的?

A. 重大误解　　B. 显失公平
C. 欺诈　　　　D. 胁迫

考点13 效力待定的民事法律行为

64. 2011/3/58/多

下列甲与乙签订的哪些合同有效?

A. 甲与乙签订商铺租赁合同,约定待办理公证

后合同生效。双方未办理合同公证,甲交付商铺后,乙支付了第1个月的租金
B. 甲与乙签署股权转让协议,约定甲将其对丙公司享有的90%股权转让给乙,乙支付1亿元股权受让款。但此前甲已将该股权转让给丁
C. 甲与乙签订相机买卖合同,相机尚未交付,也未付款。后甲又就出卖该相机与丙签订买卖合同
D. 甲将商铺出租给丙后,将该商铺出卖给乙,但未通知丙

65. 甲公司与乙公司约定,由甲公司向乙公司交付1吨药材,乙公司付款100万元。乙公司将药材转卖给丙公司,并约定由甲公司向丙公司交付,丙公司收货后3日内应向乙支付价款120万元。

张某以自有汽车为乙公司的债权提供抵押担保,未办理抵押登记。抵押合同约定:"在丙公司不付款时,乙公司有权就出卖该汽车的价款清偿自己的债权。"李某为这笔货款出具担保函:"在丙公司不付款时,由李某承担保证责任"。丙公司收到药材后未依约向乙公司支付120万元,乙公司向张某主张实现抵押权,同时要求李某承担保证责任。

张某见状,便将其汽车赠与刘某。刘某将该汽车作为出资,与钱某设立丁酒店有限责任公司,并办理完出资手续。

丁公司员工方某驾驶该车接送酒店客人时,为躲避一辆逆行摩托车,将行人赵某撞伤。方某自行决定以丁公司名义将该车放在戊公司维修,为获得维修费的八折优惠,方某以其名义在与戊公司相关的庚公司为该车购买一套全新座垫。汽车修好后,方某将车取走交丁公司投入运营。戊公司要求丁公司支付维修费,否则对汽车行使留置权,丁公司回函请宽限一周。庚公司要求丁公司支付座垫费,丁公司拒绝。请回答第(1)、(2)题。

(1) 2011/3/86/任
关于乙公司与丙公司签订合同的效力,下列表述正确的是:
A. 效力待定
B. 为甲公司设定义务的约定无效
C. 有效
D. 无效

(2) 2011/3/91/任
关于座垫费和维修费,下列表述正确的是:
A. 方某应向庚公司支付座垫费
B. 丁公司应向庚公司支付座垫费
C. 丁公司应向戊公司支付维修费
D. 戊公司有权将汽车留置

66. 2012/3/86/任
甲公司将1台挖掘机出租给乙公司,为担保乙公司依约支付租金,丙公司担任保证人,丁公司以机器设备设置抵押。乙公司欠付10万元租金时,经甲公司、丙公司和丁公司口头同意,将6万元租金债务转让给戊公司。之后,乙公司为现金周转将挖掘机分别以45万元和50万元的价格先后出卖给丙公司和丁公司,丙公司和丁公司均已付款,但乙公司没有依约交付挖掘机。

因乙公司一直未向甲公司支付租金,甲公司便将挖掘机以48万元的价格出卖给王某,约定由乙公司直接将挖掘机交付给王某,王某首期付款20万元,尾款28万元待收到挖掘机后支付。此事,甲公司通知了乙公司。

王某未及取得挖掘机便死亡。王某临终立遗嘱,其遗产由其子大王和小王继承,遗嘱还指定小王为遗嘱执行人。因大王一直在外地工作,同意王某遗产由小王保管,没有进行遗产分割。在此期间,小王将挖掘机出卖给方某,没有征得大王的同意。

关于乙公司与丙公司、丁公司签订挖掘机买卖合同的效力,下列表述错误的是:
A. 乙公司可以主张其与丙公司的买卖合同无效
B. 丙公司可以主张其与乙公司的买卖合同无效
C. 乙公司可以主张其与丁公司的买卖合同无效
D. 丁公司可以主张其与乙公司的买卖合同无效

67. 2014/3/86/任
张某、方某共同出资,分别设立甲公司和丙公司。2013年3月1日,甲公司与乙公司签订了开发某房地产项目的《合作协议一》,约定如下:"甲公司将丙公司10%的股权转让给乙公司,乙公司在协议签订之日起三日内向甲公司支付首付款4000万元,尾款1000万元在次年3月1日之前付清。首付款用于支付丙公司从某国土部门购买A地块土地使用权。如协议签订之日起三个月内丙公司未能获得A地块土地使用权致双方合作失败,乙公司有权终止协议。"

《合作协议一》签订后,乙公司经甲公司指示向张某、方某支付了4000万元首付款。张某、方某配合甲公司将丙公司的10%的股权过户给了乙公司。

关于《合作协议一》,下列表述正确的是:
A. 是无名合同
B. 对股权转让的约定构成无权处分
C. 效力待定
D. 有效

68. 2015/3/89/任
顺风电器租赁公司将一台电脑出租给

张某,租期为2年。在租赁期间内,张某谎称电脑是自己的,分别以市价与甲、乙、丙签订了三份电脑买卖合同并收取了三份合同款,但张某把电脑实际交付给了乙。后乙的这台电脑被李某拾得,因暂时找不到失主,李某将电脑出租给王某获得很高收益。王某租用该电脑时出了故障,遂将电脑交给康成电脑维修公司维修。王某和李某就维费费的承担发生争执。康成公司因未收到修理费而将电脑留置,并告知王某如7天内不交费,将变卖电脑抵债。李某听闻后,于当日潜入康成公司偷回电脑。

关于张某与甲、乙、丙的合同效力,下列选项正确的是:

A. 张某非电脑所有权人,其出卖为无权处分,与甲、乙、丙签订的合同无效
B. 张某是合法占有人,其与甲、乙、丙签订的合同有效
C. 乙接受了张某的交付,取得电脑所有权
D. 张某不能履行对甲、丙的合同义务,应分别承担违约责任

考点14 无效的民事法律行为

69. 2012/3/52/多

下列哪些情形属于无效合同?

A. 甲医院以国产假肢冒充进口假肢,高价卖给乙
B. 甲乙双方为了在办理房屋过户登记时避税,将实际成交价为100万元的房屋买卖合同价格写为60万元
C. 有妇之夫甲委托未婚女乙代孕,约定事成后甲补偿乙50万元
D. 甲父患癌症急需用钱,乙趁机以低价收购甲收藏的1幅名画,甲无奈与乙签订了买卖合同

70. 2013/3/53/多

甲、乙之间的下列哪些合同属于有效合同?

A. 甲与丙离婚期间,用夫妻共同存款向乙公司购买保险,指定自己为受益人
B. 甲将其宅基地抵押给同村外嫁他村的乙用于借款
C. 甲将房屋卖给精神病人乙,合同履行后房价上涨
D. 甲驾车将流浪精神病人撞死,因查找不到死者亲属,乙民政部门代其与甲达成赔偿协议

71. 2014/3/54/多

杜某拖欠谢某100万元。谢某请求杜某以登记在其名下的房屋抵债时,杜某称其已把房屋

作价90万元卖给赖某,房屋钥匙已交,但产权尚未过户。该房屋市值为120万元。关于谢某权利的保护,下列哪些表述是错误的?

A. 谢某可请求法院撤销杜某、赖某的买卖合同
B. 因房屋尚未过户,杜某、赖某买卖合同无效
C. 如谢某能举证杜某、赖某构成恶意串通,则杜某、赖某买卖合同无效
D. 因房屋尚未过户,房屋仍属杜某所有,谢某有权直接取得房屋的所有权以实现其债权

72. 2015/3/3/单

张某和李某设立的甲公司伪造房产证,以优惠价格与乙企业(国有)签订房屋买卖合同,以骗取钱财。乙企业交付房款后,因甲公司不能交房而始知被骗。关于乙企业可以采取的民事救济措施,下列哪一选项是正确的?

A. 以甲公司实施欺诈损害国家利益为由主张合同无效
B. 只能请求撤销合同
C. 通过乙企业的主管部门主张合同无效
D. 可以请求撤销合同,也可以不请求撤销合同而要求甲公司承担违约责任

73. 2019回忆/单

甲乙协议以500万元转让房屋,为避税签署了两份房屋的转让合同,第一份约定为500万元,交易价格以该份合同为准;第二份合同为网络备案合同,约定为300万元。以下说法正确的是:

A. 两份合同都无效
B. 第一份合同有效,第二份合同部分无效
C. 第一份合同部分无效,第二份合同有效
D. 两份合同都有效

专题五 代 理

考点15 代理的概念与类型

74. 2008/3/3/单

甲委托乙购买一套机械设备,但要求以乙的名义签订合同,乙同意,遂与丙签订了设备购买合同。后由于甲的原因,乙不能按时向丙支付设备款。在乙向丙说明了自己是受甲委托向丙购买机械设备后,关于丙的权利,下列哪一选项是正确的?

A. 只能要求甲支付
B. 只能要求乙支付
C. 可选择要求甲或乙支付
D. 可要求甲和乙承担连带责任

75. 2011/3/4/单

甲委托乙销售一批首饰并交付,乙经

甲同意转委托给丙。丙以其名义与丁签订买卖合同,约定将这批首饰以高于市场价10%的价格卖给丁,并赠其一批箱包。丙因此与戊签订箱包买卖合同。丙依约向丁交付首饰,但因戊不能向丙交付箱包,导致丙无法向丁交付箱包。丁拒绝向丙支付首饰款。下列哪一表述是正确的?
A. 乙的转委托行为无效
B. 丙与丁签订的买卖合同直接约束甲和丁
C. 丙应向甲披露丁,甲可以行使丙对丁的权利
D. 丙应向丁披露戊,丁可以行使丙对戊的权利

76． 2012/3/53/多
下列哪些情形属于代理?
A. 甲请乙从国外代购1套名牌饮具,乙自己要买2套,故乙共买3套一并结账
B. 甲请乙代购茶叶,乙将甲写好茶叶名称的纸条交给销售员,告知其是为自己朋友买茶叶
C. 甲律师接受法院指定担任被告人乙的辩护人
D. 甲介绍歌星乙参加某演唱会,并与主办方签订了三方协议

77． 2015/3/4/单
甲公司与15周岁的网络奇才陈某签订委托合同,授权陈某为甲公司购买价值不超过50万元的软件。陈某的父母知道后,明确表示反对。关于委托合同和代理权授予的效力,下列哪一表述是正确的?
A. 均无效,因陈某的父母拒绝追认
B. 均有效,因委托合同仅需简单智力投入,不会损害陈某的利益,其父母是否追认并不重要
C. 是否有效,需确认陈某的真实意思,其父母拒绝追认,甲公司可向法院起诉请求确认委托合同的效力
D. 委托合同因陈某的父母不追认而无效,但代理权授予是单方法律行为,无需追认即有效

78． 2021回忆/任
甲偷了乙的电动自行车,告知了丙实情并委托丙进行出售,获利平分。丙将该车以甲的名义卖给了不知情的丁,丁按照市场价格付了款。对此,下列说法不正确的是:
A. 丙的行为构成无权处分
B. 丙的行为构成无权代理
C. 丁对该车构成善意取得
D. 对于乙的损失,甲与丙应承担连带责任

考点16 代理权及其限制

79． 2016/3/4/单
甲公司员工唐某受公司委托从乙公司订购一批空气净化机,甲公司对净化机单价未作明确限定。唐某与乙公司私下商定将净化机单价比正常售价提高200元,乙公司给唐某每台100元的回扣。商定后,唐某以甲公司名义与乙公司签订了买卖合同。对此,下列哪一选项是正确的?
A. 该买卖合同以合法形式掩盖非法目的,因而无效
B. 唐某的行为属无权代理,买卖合同效力待定
C. 乙公司行为构成对甲公司的欺诈,买卖合同属可变更、可撤销合同
D. 唐某与乙公司恶意串通损害甲公司的利益,应对甲公司承担连带责任

考点17 无权代理

80． 2009/3/4/单
下列哪一情形构成无权代理?
A. 甲冒用乙的姓名从某杂志社领取乙的论文稿酬据为己有
B. 某公司董事长超越权限以本公司名义为他人提供担保
C. 刘某受同学周某之托冒充丁某参加求职面试
D. 关某代收某推销员谎称关某的邻居李某订购的保健品并代为付款

81． 2010/3/51/多
张某到王某家聊天,王某去厕所时张某帮其接听了刘某打来的电话。刘某欲向王某订购一批货物,请张某转告,张某应允。随后张某感到有利可图,没有向王某转告订购之事,而是自己低价购进了刘某所需货物,以王某名义交货并收取了刘某款。关于张某将货物出卖给刘某的行为的性质,下列哪些说法是正确的?
A. 无权代理 B. 无因管理
C. 不当得利 D. 效力待定

82． 2015/3/9/单
甲去购买彩票,其友乙给甲10元钱让其顺便代购彩票,同时告知购买号码,并一再嘱咐甲不要改变。甲预测乙提供的号码不能中奖,便擅自更换号码为乙购买了彩票并替乙保管。开奖时,甲为乙购买的彩票中了奖,二人为奖项归属发生纠纷。下列哪一分析是正确的?
A. 甲应获得该奖项,因按乙的号码无法中奖,甲、乙之间应类推适用借贷关系,由甲偿还乙10元
B. 甲、乙应平分该奖项,因乙出了钱,而甲更换了号码
C. 甲的贡献大,应获得该奖项之大部,同时按比例承担彩票购买款

D. 乙应获得该奖项,因乙是委托人

83． 2018回忆/多

王某是九联公司某地分公司的负责人,因个人事务欠李某1000万元。李某要求在欠条保证人一栏加盖九联分公司的公章。王某表示,自己没有被公司授权订立保证合同,且向李某出具了总公司的书面授权文件,李某依然坚持加盖,最终,王某同意加盖了分公司的公章。对此,下列哪些说法是正确的?

A. 王某构成表见代理
B. 王某构成无权代理
C. 九联公司应当承担保证责任
D. 九联公司不承担保证责任

84． 2019回忆/单

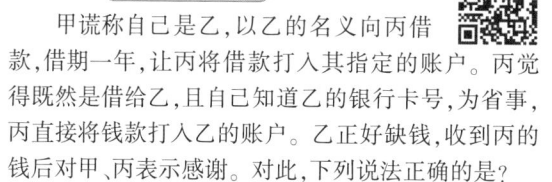

甲谎称自己是乙,以乙的名义向丙借款,借期一年,让丙将借款打入其指定的账户。丙觉得既然是借给乙,且自己知道乙的银行卡号,为省事,丙直接将钱款打入乙的账户。乙正好缺钱,收到丙的钱后对甲、丙表示感谢。对此,下列说法正确的是?

A. 甲的行为构成无权代理
B. 甲的行为构成无因管理
C. 甲的行为使乙、丙间成立不当得利
D. 约定的期限届满后,丙有权请求乙偿还借款

考点18 表见代理

85． 2014/3/52/多

吴某是甲公司员工,持有甲公司授权委托书。吴某与温某签订了借款合同,该合同由温某签字、吴某用甲公司合同专用章盖章。后温某要求甲公司还款。下列哪些情形有助于甲公司否定吴某的行为构成表见代理?

A. 温某明知借款合同上的盖章是甲公司合同专用章而非甲公司公章,未表示反对
B. 温某未与甲公司核实,即将借款交给吴某
C. 吴某出示的甲公司授权委托书载明甲公司仅授权吴某参加投标活动
D. 吴某出示的甲公司空白授权委托书已届期

86． 2015/3/87/任

甲公司、乙公司签订的《合作开发协议》约定,合作开发的A区房屋归甲公司、B区房屋归乙公司。乙公司与丙公司签订《委托书》,委托丙公司对外销售房屋。《委托书》中委托人签字盖章处有乙公司盖章和法定代表人王某签字,王某同时也是甲公司法定代表人。张某查看《合作开发协议》和《委托书》后,与丙公司签订《房屋预订合同》,约定:"张某向丙公司预付房款30万元,购买A区房屋一套。待取得房屋预售许可证后,双方签订正式合同。"丙公司将房款用于项目投资,全部亏损。后王某向张某出具《承诺函》:如张某不闹事,将协调甲公司卖房给张某。但甲公司取得房屋预售许可后,将A区房屋全部卖与他人。张某要求甲公司、乙公司和丙公司退回房款。张某与李某签订《债权转让协议》,将该债权转让给李某,通知了甲、乙、丙三公司。因李某未按时支付债权转让款,张某又将债权转让给方某,也通知了甲、乙、丙三公司。

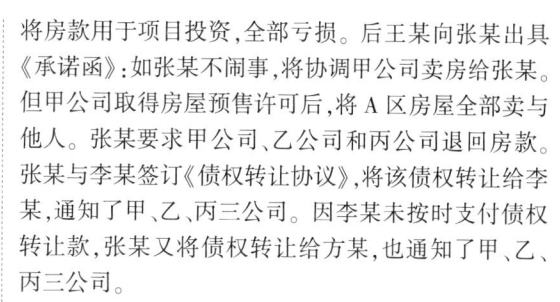

关于《房屋预订合同》,下列说法正确的是:

A. 无效
B. 对于甲公司而言,丙公司构成无权处分
C. 对于乙公司而言,丙公司构成有效代理
D. 对于张某而言,丙公司构成表见代理

专题六 诉讼时效与期间

考点19 诉讼时效

87． 2009/3/5/单

诉讼时效因当事人一方提出要求而中断,下列哪一情形不能产生诉讼时效中断的效力?

A. 对方当事人在当事人主张权利的文书上签字、盖章的
B. 当事人一方以发送信件或数据电文方式主张权利,该信件或数据电文应当到达对方当事人的
C. 当事人一方为金融机构,依照法律规定或当事人约定从对方当事人账户中扣收欠款本息的
D. 当事人一方下落不明,对方当事人在下落不明当事人一方住所地的县(市)级有影响的媒体上刊登具有主张权利内容的公告的

88． 2009/3/52/多

关于诉讼时效的表述,下列哪些选项是正确的?

A. 当事人可以对债权请求权提出诉讼时效抗辩,但法律规定的有些债权请求权不适用诉讼时效的规定
B. 当事人不能约定延长或缩短诉讼时效期间,也不能预先放弃诉讼时效利益
C. 当事人未提出诉讼时效抗辩的,法院不应对诉讼时效问题进行阐明及主动适用诉讼时效的规定进行裁判
D. 当事人在一审、二审期间都可以提出诉讼时效抗辩

89． 2010/3/52/多

某公司因合同纠纷的诉讼时效问题咨

询律师。关于律师的答复,下列哪些选项是正确的?

A. 当事人不得违反法律规定,约定延长或者缩短诉讼时效期间,预先放弃诉讼时效利益

B. 当事人约定同一债务分期履行的,诉讼时效期间从最后一期履行期限届满之日起计算

C. 当事人在一审期间未提出诉讼时效抗辩的,二审期间不能提出该抗辩

D. 诉讼时效届满,当事人一方向对方当事人作出同意履行义务意思表示的,不得再以时效届满为由进行抗辩

90． 2011/3/5/单

关于诉讼时效中断的表述,下列哪一选项是正确的?

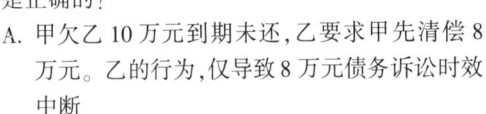

A. 甲欠乙10万元到期未还,乙要求甲先清偿8万元。乙的行为,仅导致8万元债务诉讼时效中断

B. 甲和乙对丙因共同侵权而需承担连带赔偿责任计10万元,丙要求甲承担8万元。丙的行为,导致甲和乙对丙负担的连带债务诉讼时效均中断

C. 乙欠甲8万元,丙欠乙10万元,甲对丙提起代位权诉讼。甲的行为,不会导致丙对乙的债务诉讼时效中断

D. 乙欠甲10万元,甲将该债权转让给丙。自甲与丙签订债权转让协议之日起,乙的10万元债务诉讼时效中断

91． 2012/3/5/单

关于诉讼时效,下列哪一选项是正确的?

A. 甲借乙5万元,向乙出具借条,约定1周之内归还。乙债权的诉讼时效期间从借条出具日起计算

B. 甲对乙享有10万元货款债权,丙是连带保证人,甲对丙主张权利,会导致10万元货款债权诉讼时效中断

C. 甲向银行借款100万元,乙提供价值80万元房产作抵押,银行实现对乙的抵押权后,会导致剩余的20万元主债务诉讼时效中断

D. 甲为乙欠银行的50万元债务提供一般保证。甲不知50万元主债务诉讼时效期间届满,放弃先诉抗辩权,承担保证责任后不得向乙追偿

92． 2013/3/54/多

甲为自己的车向乙公司投保第三者责任险,保险期间内甲车与丙车追尾,甲负全责。丙在事故后不断索赔未果,直至事故后第3年,甲同意赔款,甲友丁为此提供保证。再过1年,因甲、丁拒绝履行,丙要求乙公司承担保险责任。关于诉讼时效的抗辩,下列哪些表述是错误的?

A. 甲有权以侵权之债诉讼时效已过为由不向丙支付赔款

B. 丁有权以侵权之债诉讼时效已过为由不承担保证责任

C. 乙公司有权以侵权之债诉讼时效已过为由不承担保险责任

D. 乙公司有权以保险合同之债诉讼时效已过为由不承担保险责任

93． 2014/3/5/单

甲公司向乙公司催讨一笔已过诉讼时效期限的10万元货款。乙公司书面答复称:"该笔债务已过时效期限,本公司本无义务偿还,但鉴于双方的长期合作关系,可偿还3万元。"甲公司遂向法院起诉,要求偿还10万元。乙公司接到应诉通知后书面回函甲公司称:"既然你公司起诉,则不再偿还任何货款。"下列哪一选项是正确的?

A. 乙公司的书面答复意味着乙公司需偿还甲公司3万元

B. 乙公司的书面答复构成要约

C. 乙公司的书面回函对甲公司有效

D. 乙公司的书面答复表明其丧失了10万元的时效利益

94． 2014/3/53/多

下列哪些请求不适用诉讼时效?

A. 当事人请求撤销合同

B. 当事人请求确认合同无效

C. 业主大会请求业主缴付公共维修基金

D. 按份共有人请求分割共有物

95． 2017/3/4/单

甲公司开发的系列楼盘由乙公司负责安装电梯设备。乙公司完工并验收合格投入使用后,甲公司一直未支付工程款,乙公司也未催要。诉讼时效期间届满后,乙公司组织工人到甲公司讨要。因高级管理人员均不在,甲公司新录用的法务小王,擅自以公司名义签署了同意履行付款义务的承诺函,工人们才散去。其后,乙公司提起诉讼。关于本案的诉讼时效,下列哪一说法是正确的?

A. 甲公司仍可主张诉讼时效抗辩

B. 因乙公司提起诉讼,诉讼时效中断

C. 法院可主动适用诉讼时效的规定

D. 因甲公司同意履行债务,其不能再主张诉讼时效抗辩

96. 2020 回忆/多

某日,甲未经邻居乙同意,将其平时作业用的大型油罐车停在了乙家的院子里,并骑走了乙家未上锁的自行车。3 年后,针对乙的下列哪些请求权,甲可以主张诉讼时效抗辩?
A. 停止侵害 B. 消除危险
C. 返还财产 D. 损害赔偿

第二编 物 权

专题七 物权概述

考点 20 物权变动的含义

97. 2008/3/10/单

下列哪一选项属于所有权的继受取得?
A. 甲通过遗嘱继承其兄房屋一间
B. 乙的 3 万元存款得利息 1000 元
C. 丙购来木材后制成椅子一把
D. 丁拾得他人搬家时丢弃的旧电扇一台

考点 21 基于法律行为的不动产物权变动

98. 甲继承了一套房屋,在办理产权登记前将房屋出卖并交付给乙,办理产权登记后又将该房屋出卖给丙并办理了所有权移转登记。丙受丁胁迫将房屋出卖给丁,并完成了移转登记。丁旋即将房屋出卖并移转登记于戊。请回答(1)、(2)题。

(1) 2008/3/95/任

关于甲、乙、丙三方的关系,下列选项正确的是:
A. 甲与乙之间的房屋买卖合同因未办理登记而无效
B. 乙对房屋的占有是合法占有
C. 乙可以诉请法院宣告甲与丙之间的房屋买卖合同无效
D. 丙已取得该房屋的所有权

(2) 2008/3/96/任

关于戊的权利状态,下列选项正确的是:
A. 戊享有该房屋的所有权
B. 戊不享有该房屋的所有权
C. 戊原始取得该房屋的所有权
D. 戊继受取得该房屋的所有权

99. 2015/3/5/单

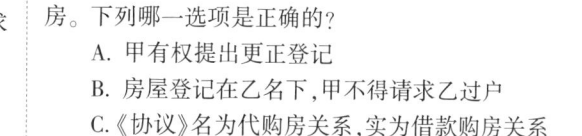

甲与乙签订《协议》,由乙以自己名义代甲购房,甲全权使用房屋并获取收益。乙与开发商和银行分别签订了房屋买卖合同和贷款合同。甲把首付款和月供款给乙,乙再给开发商和银行,房屋登记在乙名下。后甲要求乙过户,乙主张是自己借款购房。下列哪一选项是正确的?
A. 甲有权提出更正登记
B. 房屋登记在乙名下,甲不得请求乙过户
C.《协议》名为代购房关系,实为借款购房关系
D. 如乙将房屋过户给不知《协议》的丙,丙支付合理房款则构成善意取得

考点 22 基于法律行为的动产物权变动

100. 2008/3/9/单

甲将自己收藏的一幅名画卖给乙,乙当场付款,约定 5 天后取画。丙听说后,表示愿出比乙高的价格购买此画,甲当即决定卖给丙,约定第二天交货。乙得知此事,诱使甲 8 岁的儿子从家中取出此画给自己。该画在由乙占有期间,被丁盗走。此时该名画的所有权属于下列哪个人?
A. 甲 B. 乙
C. 丙 D. 丁

101. 2010/3/6/多 新法改编

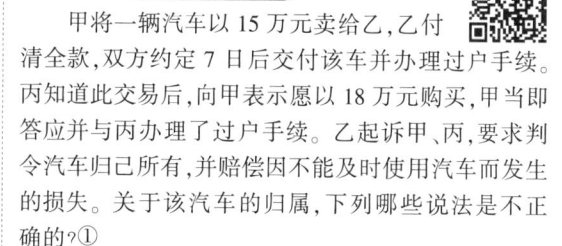

甲将一辆汽车以 15 万元卖给乙,乙付清全款,双方约定 7 日后交付该车并办理过户手续。丙知道此交易后,向甲表示愿以 18 万元购买,甲当即答应并与丙办理了过户手续。乙起诉甲、丙,要求判令汽车归己所有,并赔偿因不能及时使用汽车而发生的损失。关于该汽车的归属,下列哪些说法是不正确的?①
A. 归乙所有,甲、丙应赔偿乙的损失
B. 归乙所有,乙只能请求甲承担赔偿责任
C. 归丙所有,但甲、丙应赔偿乙的损失
D. 归丙所有,但丙应赔偿乙的损失

102. 2012/3/89/任

甲公司将 1 台挖掘机出租给乙公司,为担保乙公司依约支付租金,丙公司担任保证人,丁公司以机器设备设置抵押。乙公司欠付 10 万元租金时,经甲公司、丙公司和丁公司口头同意,将 6 万元租金债务转让给戊公司。之后,乙公司因现金周转将挖掘机分别以 45 万元和 50 万元的价格先后出卖给丙公司和丁公司,丙公司和丁公司均已付款,但乙公司没有依约交付挖掘机。

因乙公司一直未向甲公司支付租金,甲公司便将挖掘机以 48 万元的价格出卖给王某,约定由乙公司直接将挖掘机交付给王某,王某首期付款 20 万元,尾款 28 万元待收到挖掘机后支付。此事,甲公司通知

---

① 原为单选题,根据新法答案有变化,调整为多选题。

了乙公司。

王某未及取得挖掘机便死亡。王某临终立遗嘱，其遗产由其子大王和小王继承，遗嘱还指定小王为遗嘱执行人。因大王一直在外地工作，同意王某遗产由小王保管，没有进行遗产分割。在此期间，小王将挖掘机出卖给方某，没有征得大王的同意。

甲公司与王某签订买卖合同之后，王某死亡之前，关于挖掘机所有权人，下列选项正确的是：
A. 甲公司　　　　　B. 丙公司
C. 丁公司　　　　　D. 王某

103. 2017/3/5/单

庞某有1辆名牌自行车，在借给黄某使用期间，达成转让协议，黄某以8000元的价格购买该自行车。次日，黄某又将该自行车以9000元的价格转卖给了洪某，但约定由黄某继续使用1个月。关于该自行车的归属，下列哪一选项是正确的？
A. 庞某未完成交付，该自行车仍归庞某所有
B. 黄某构成无权处分，洪某不能取得自行车所有权
C. 洪某在黄某继续使用1个月后，取得该自行车所有权
D. 庞某既不能向黄某，也不能向洪某主张原物返还请求权

104. 2017/3/57/多

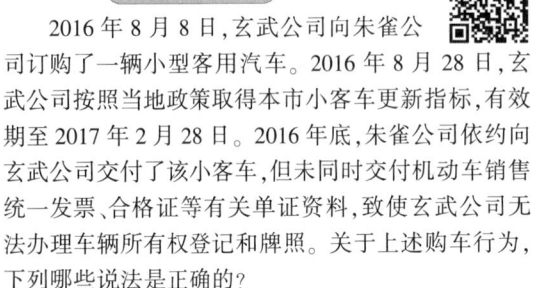

2016年8月8日，玄武公司向朱雀公司订购了一辆小型客用汽车。2016年8月28日，玄武公司按照当地政策取得本市小客车更新指标，有效期至2017年2月28日。2016年底，朱雀公司依约向玄武公司交付了该小客车，但未同时交付机动车销售统一发票、合格证等有关单证资料，致使玄武公司无法办理车辆所有权登记和牌照。关于上述购车行为，下列哪些说法是正确的？
A. 玄武公司已取得该小客车的所有权
B. 玄武公司有权要求朱雀公司交付有关单证资料
C. 如朱雀公司一直拒绝交付有关单证资料，玄武公司可主张购车合同解除
D. 朱雀公司未交付有关单证资料，属于从给付义务的违反，玄武公司可主张违约责任，但不得主张合同解除

105. 2018回忆/多

白某将登记在自己名下的某公司的一辆汽车以市场价转让给不知情的洪某，并已经交付。后因欠黄某钱，白某又将该汽车抵押给不知情的黄某，并办理了抵押登记。后白某因非法集资被罚入狱并判没收全部财产。下列说法正确的是：

A. 洪某取得汽车的所有权
B. 黄某对汽车享有优先受偿权
C. 白某不再承担还款义务
D. 汽车不在没收范围

106. 2018回忆/单

甲丢弃其所有的旧衣服时，由于用力过猛手表滑落，与衣服一起掉进垃圾桶，甲没有发现。乙捡到衣服和手表，卖给了丙。对此，下列说法正确的是：
A. 无论甲是否撤销，丙均可取得衣服与手表的所有权
B. 甲无须经过任何形式的撤销行为，可直接请求丙返还手表
C. 甲有权撤销其抛弃手表的行为，但须向丙作出意思表示
D. 甲有权撤销其抛弃手表的行为，但其撤销无须向相对人为之

107. 2019回忆/多

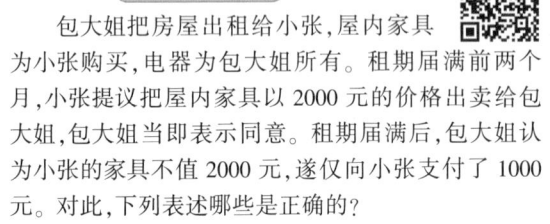

包大姐把房屋出租给小张，屋内家具为小张购买，电器为包大姐所有。租期届满前两个月，小张提议把屋内家具以2000元的价格出卖给包大姐，包大姐当即表示同意。租期届满后，包大姐认为小张的家具不值2000元，遂仅向小张支付了1000元。对此，下列表述哪些是正确的？
A. 若包大姐不支付剩余的1000元，小张有权留置屋内包大姐所有的电器
B. 若包大姐不支付剩余的1000元，小张有权行使同时履行抗辩权拒绝交付租赁房屋和屋内电器
C. 包大姐、小张关于家具的买卖合同已经生效
D. 包大姐已经取得了屋内家具的所有权

108. 2019回忆/单

古某的儿子小古喜欢鸽子，于是古某找到村民李某购买鸽子。古某付了钱，在李某向小古交付时，小古由于害怕未能接住，鸽子飞走了。下列哪一项说法是正确的？
A. 鸽子所有权已属于古某
B. 鸽子所有权仍属于李某
C. 鸽子所有权已属于小古
D. 该案与物权关系无关

考点23 非基于法律行为的物权变动（另见所有权的特别取得方法）

109. 2008/3/8/单

中州公司依法取得某块土地建设用地使用权并办理报建审批手续后，开始了房屋建设并已

经完成了外装修。对此,下列哪一选项是正确的?

A. 中州公司因为享有建设用地使用权而取得了房屋所有权
B. 中州公司因为事实行为而取得了房屋所有权
C. 中州公司因为法律行为而取得了房屋所有权
D. 中州公司尚未进行房屋登记,因此未取得房屋所有权

110. 2008/3/94/任

甲继承了一套房屋,在办理产权登记前将房屋出卖并交付给乙,办理产权登记后又将该房屋出卖给丙并办理了所有权移转登记。丙受丁胁迫将房屋出卖给丁,并完成了移转登记。丁旋即将房屋出卖并移转登记于戊。

在办理继承登记前,关于甲对房屋的权利状态,下列选项正确的是:

A. 甲已经取得了该房屋的所有权
B. 甲对该房屋的所有权不能对抗善意第三人
C. 甲出卖该房屋未经登记不发生物权效力
D. 甲可以出租该房屋

111. 2010/3/53/多

某房屋登记簿上所有权人为甲,但乙认为该房屋应当归己所有,遂申请仲裁。仲裁裁决争议房屋归乙所有,但裁决书生效后甲、乙未办理变更登记手续。一月后,乙将该房屋抵押给丙银行,签订了书面合同,但未办理抵押登记。对此,下列哪些说法是正确的?

A. 房屋应归甲所有
B. 房屋应归乙所有
C. 抵押合同有效
D. 抵押权未成立

112. 2011/3/9/单 新法改编

潘某与刘某相约出游,潘某在长江边拾得一块奇石,爱不释手,拟带回家。刘某说,《民法典》规定河流属于国家所有,这一行为可能属于侵占国家财产。关于潘某能否取得奇石的所有权,下列哪一说法是正确的?

A. 不能,因为石头是河流的成分,长江属于国家所有,石头从河流中分离后仍然属于国家财产
B. 可以,因为即使长江属于国家所有,但石头是独立物,经有关部门许可即可以取得其所有权
C. 不能,因为即使石头是独立物,但长江属于国家所有,石头也属于国家财产
D. 可以,因为即使长江属于国家所有,但石头是独立物、无主物,依先占的习惯可以取得其所有权

113. 2011/3/55/多

吴某和李某共有一套房屋,所有权登记在吴某名下。2010年2月1日,法院判决吴某和李某离婚,并且判决房屋归李某所有,但是并未办理房屋所有权变更登记。3月1日,李某将该房屋出卖给张某,张某基于对判决书的信赖支付了50万元价款,并入住了该房屋。4月1日,吴某又就该房屋和王某签订了买卖合同,王某在查阅了房屋登记簿确认房屋仍归吴某所有后,支付了50万元价款,并于5月10日办理了所有权变更登记手续。下列哪些选项是正确的?

A. 5月10日前,吴某是房屋所有权人
B. 2月1日至5月10日,李某是房屋所有权人
C. 3月1日至5月10日,张某是房屋所有权人
D. 5月10日后,王某是房屋所有权人

114. 2013/3/6/单

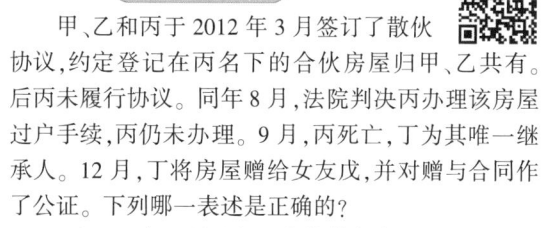

甲、乙和丙于2012年3月签订了散伙协议,约定登记在丙名下的合伙房屋归甲、乙共有。后丙未履行协议。同年8月,法院判决丙办理该房屋过户手续,丙仍未办理。9月,丙死亡,丁为其唯一继承人。12月,丁将房屋赠给女友戊,并对赠与合同作了公证。下列哪一表述是正确的?

A. 2012年3月,甲、乙按份共有房屋
B. 2012年8月,甲、乙按份共有房屋
C. 2012年9月,丁为房屋所有人
D. 2012年12月,戊为房屋所有人

115. 2016/3/5/单

蔡永父母在共同遗嘱中表示,二人共有的某处房产由蔡永继承。蔡永父母去世前,该房由蔡永之姐蔡花借用,借用期未明确。2012年上半年,蔡永父母先后去世,蔡永一直未办理该房屋所有权变更登记,也未要求蔡花腾退。2015年下半年,蔡永因结婚要求蔡花腾退,蔡花拒绝搬出。对此,下列哪一选项是正确的?

A. 因未办理房屋所有权变更登记,蔡永无权要求蔡花搬出
B. 因诉讼时效期间届满,蔡永的房屋腾退请求不受法律保护
C. 蔡花系合法占有,蔡永无权要求其搬出
D. 蔡永对该房屋享有物权请求权

116. 2018回忆/单

潘某路过肖某的菜园时拾取到一小块陨石,肖某知道后向其索取,被潘某拒绝。以下说法哪一项是正确的?

A. 陨石归潘某所有
B. 陨石归肖某所有

C. 潘某拒绝归还肖某陨石的行为不受民法调整
D. 陨石归国家所有

考点24 预告登记、异议登记、更正登记

117. 2009/3/8/单

甲公司开发写字楼一幢,于2008年5月5日将其中一层卖给乙公司,约定半年后交房,乙公司于2008年5月6日申请办理了预告登记。2008年6月2日甲公司因资金周转困难,在乙公司不知情的情况下,以该层楼向银行抵押借款并登记。现因甲公司不能清偿欠款,银行要求实现抵押权。下列哪一判断是正确的?

A. 抵押合同有效,抵押权设立
B. 抵押合同无效,但抵押权设立
C. 抵押合同有效,但抵押权不设立
D. 抵押合同无效,抵押权不设立

118. 2014/3/55/多

刘某借用张某的名义购买房屋后,将房屋登记在张某名下。双方约定该房屋归刘某所有,房屋由刘某使用,产权证由刘某保存。后刘某、张某因房屋所有权归属发生争议。关于刘某的权利主张,下列哪些表述是正确的?

A. 可直接向登记机构申请更正登记
B. 可向登记机构申请异议登记
C. 可向法院请求确认其为所有权人
D. 可依据法院确认其为所有权人的判决请求登记机关变更登记

119. 2023 回忆/单

甲向乙房地产公司购买了一套商品房,双方在《商品房买卖合同》中约定:若房屋实际面积不足140平方米,甲可选择退款。甲办理交房与房屋所有权转移登记后发现,不动产登记机构颁发的不动产权属证书中记载的房屋面积为130平方米。后经法定的鉴定机构鉴定,确认该商品房的面积为140平方米。对此,下列哪一说法是正确的?

A. 甲有权单独申请更正登记
B. 甲和乙公司应共同申请更正登记
C. 甲有权不申请更正登记并请求乙公司退款
D. 甲有权以不动产权属证书记载的面积不足为由请求乙公司退款

考点25 物权的保护

120. 2011/3/8/单

物权人在其权利的实现上遇有某种妨害时,有权请求造成妨害事由发生的人排除此等妨害,称为物权请求权。关于物权请求权,下列哪一表述是错误的?

A. 是独立于物权的一种行为请求权
B. 可以适用债权的有关规定
C. 不能与物权分离而单独存在
D. 须依诉讼的方式进行

121. 2012/3/56/多

甲将1套房屋出卖给乙,已经移转占有,没有办理房屋所有权移转登记。现甲死亡,该房屋由其子丙继承。丙在继承房屋后又将该房屋出卖给丁,并办理了房屋所有权移转登记。下列哪些表述是正确的?

A. 乙虽然没有取得房屋所有权,但是基于甲的意思取得占有,乙为有权占有
B. 乙可以对甲的继承人丙主张有权占有
C. 在丁取得房屋所有权后,乙可以以占有有正当权利来源对丁主张有权占有
D. 在丁取得房屋所有权后,丁可以基于其所有权请求乙返还房屋

122. 2013/3/9/单

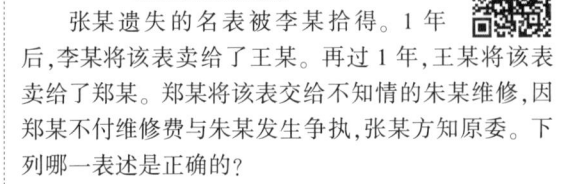

张某遗失的名表被李某拾得。1年后,李某将该表卖给了王某。再过1年,王某将该表卖给了郑某。郑某将该表交给不知情的朱某维修,因郑某不付维修费与朱某发生争执,张某方知原委。下列哪一表述是正确的?

A. 张某可请求李某返还手表
B. 张某可请求王某返还手表
C. 张某可请求郑某返还手表
D. 张某可请求朱某返还手表

123. 2013/3/55/多

叶某将自有房屋卖给沈某,在交房和过户之前,沈某擅自撬门装修,施工导致邻居赵某经常失眠。下列哪些表述是正确的?

A. 赵某有权要求叶某排除妨碍
B. 赵某有权要求沈某排除妨碍
C. 赵某请求排除妨碍不受诉讼时效的限制
D. 赵某可主张精神损害赔偿

专题八 所有权

考点26 建筑物区分所有权

124. 2008/3/58/多

王某有一栋两层楼房,在楼顶上设置了一个商业广告牌。后王某将该楼房的第二层出售给了张某。下列哪些选项是正确的?

A. 张某无权要求王某拆除广告牌
B. 张某与王某间形成了建筑物区分所有权关系
C. 张某对楼顶享有共有和共同管理的权利

D. 张某有权要求与王某分享其购房后的广告收益

125．蒋某是 C 市某住宅小区 6 栋 3 单元 502 号房业主，入住后面临下列法律问题，请根据相关事实予以解答。请回答(1)～(3)题。

（1） 2017/3/86/任

小区地下停车场设有车位 500 个，开发商销售了 300 个，另 200 个用于出租。蒋某购房时未买车位，现因购车需使用车位。下列选项正确的是：
A. 蒋某等业主对地下停车场享有业主共有权
B. 如小区其他业主出售车位，蒋某等无车位业主在同等条件下享有优先购买权
C. 开发商出租车位，应优先满足蒋某等无车位业主的需要
D. 小区业主如出售房屋，其所购车位应一同转让

（2） 2017/3/87/任

该小区业主田某将其位于一楼的住宅用于开办茶馆，蒋某认为此举不妥，交涉无果后向法院起诉，要求田某停止开办。下列选项正确的是：
A. 如蒋某是同一栋住宅楼的业主，法院应支持其请求
B. 如蒋某能证明因田某开办茶馆而影响其房屋价值，法院应支持其请求
C. 如蒋某能证明因田某开办茶馆而影响其生活质量，法院应支持其请求
D. 如田某能证明其开办茶馆得到多数有利害关系业主的同意，法院应驳回蒋某的请求

（3） 2017/3/88/任

对小区其他业主的下列行为，蒋某有权提起诉讼的是：
A. 5 栋某业主任意弃置垃圾
B. 7 栋某业主违反规定饲养动物
C. 8 栋顶楼某业主违章搭建楼顶花房
D. 楼上邻居因不当装修损坏蒋某家天花板

126． 2018 回忆/多

于某购买一空调，准备安装时发现邻居袁某已经将空调安装在于某的窗下外墙上。于某联系袁某，希望袁某将空调移走，将窗下的机位还给自己，但遭到袁某的拒绝。关于空调安装，以下说法正确的是？
A. 窗下外墙部分为全体业主共有
B. 窗下外墙部分为此房屋业主某个人所有
C. 邻居袁某有权在于某房屋窗下外墙安装空调
D. 邻居袁某无权在于某房屋窗下外墙安装空调

127． 2022 回忆/多

绿波公司是某小区业主选聘的物业公司。未经许可，绿波公司分别将物业专用房和绿化地租给外人。下列哪些说法是正确的？
A. 租用物业专用房的行为侵害了业主的建筑物区分所有权
B. 租用绿化地的行为侵害了业主的建筑物区分所有权
C. 除去合理成本，剩余租金应归全体业主共有
D. 业主若找了新物业公司签订物业服务合同，则该小区业主与绿波公司的合同终止

考点 27 所有权的特别取得方法：善意取得

128． 2008/3/13/单

甲、乙结婚后购得房屋一套，仅以甲的名义进行了登记。后甲、乙感情不和，甲擅自将房屋以时价出售给不知情的丙，并办理了房屋所有权变更登记手续。对此，下列哪一选项是正确的？
A. 买卖合同有效，房屋所有权未转移
B. 买卖合同无效，房屋所有权已转移
C. 买卖合同有效，房屋所有权已转移
D. 买卖合同无效，房屋所有权未转移

129． 2008/3/59/多

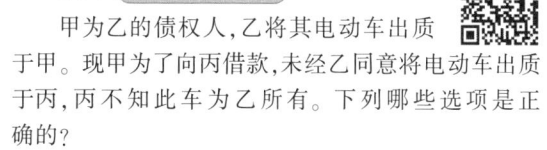

甲为乙的债权人，乙将其电动车出质于甲。现甲为了向丙借款，未经乙同意将电动车出质于丙，丙不知此车为乙所有。下列哪些选项是正确的？
A. 丙因善意取得而享有质权
B. 因未经乙的同意丙不能取得质权
C. 甲对电动车的毁损、灭失应向乙承担赔偿责任
D. 对电动车毁损、灭失，乙可向丙索赔

130． 2009/3/53/多

甲发现去年丢失的电动自行车被路人乙推行，便上前询问，乙称从朋友丙处购买，并出示了丙出具的付款收条。如甲想追回该自行车，可以提出下列哪些理由支持请求？
A. 甲丢失该自行车被丙拾得
B. 丙从甲处偷了该自行车
C. 乙明知道该自行车是丙从甲处偷来的仍然购买
D. 乙向丙支付的价格远远低于市场价

131． 甲有一块价值一万元的玉石。甲与乙订立了买卖该玉石的合同，约定价金 11000 元。由于乙没有带钱，甲未将该玉石交付与乙，约定三日后乙到甲的住处付钱取玉石。随后甲又向乙提出，再借用玉石把玩几天，乙表示同意。隔天，知情的丙找到甲，提出愿以 12000 元购买该玉石，甲同意并当场将玉石交给

丙。丙在回家路上遇到债主丁,向丙催要9000元欠款甚急,丙无奈,将玉石交付与丁抵偿债务。后丁将玉石丢失被戊拾得,戊将其转卖给己。根据上述事实,请回答(1)~(3)题。

(1) 2009/3/91/任
关于乙对该玉石所有权的取得和交付的表述,下列选项正确的是:
   A. 甲、乙的买卖合同生效时,乙直接取得该玉石的所有权
   B. 甲、乙的借用约定生效时,乙取得该玉石的所有权
   C. 由于甲未将玉石交付给乙,所以乙一直未取得该玉石的所有权
   D. 甲通过占有改定的方式将玉石交付给了乙

(2) 2009/3/92/任
关于丙、丁对该玉石所有权的取得问题,下列说法正确的是:
   A. 甲将玉石交付给丙时,丙取得该玉石的所有权
   B. 甲、丙的买卖合同成立时,丙取得该玉石的所有权
   C. 丙将玉石交给丁时,丁取得该玉石的所有权
   D. 丁不能取得该玉石的所有权

(3) 2009/3/93/任
关于该玉石的返还问题,下列说法正确的是:
   A. 戊已取得了该玉石的所有权,原所有权人无权请求返还该玉石
   B. 该玉石的真正所有权人请求己返还该玉石不受时间限制
   C. 该玉石的真正所有权人可以在戊与己的转让行为生效之日起两年内请求己返还该玉石
   D. 该玉石的真正所有权人可以在知道或者应当知道该玉石的受让人己之日起两年内请求己返还该玉石

132. 2015/3/6/单
甲将一套房屋转让给乙,乙再转让给丙,相继办理了房屋过户登记。丙翻建房屋时在地下挖出一瓷瓶,经查为甲的祖父埋藏,甲是其祖父唯一继承人。丙将该瓷瓶以市价卖给不知情的丁,双方钱物交割完毕。现甲、乙均向丙和丁主张权利。下列哪一选项是正确的?
   A. 甲有权向丙请求损害赔偿
   B. 乙有权向丙请求损害赔偿
   C. 甲、乙有权主张丙、丁买卖无效
   D. 丁善意取得瓷瓶的所有权

133. 2019 回忆/多
陆某与韩某婚后用共同积蓄购买了一套房屋,登记在陆某名下,后夫妻感情不和分居,韩某打算离婚析产。陆某得知后,用自己与情妇蔡某的合照伪造结婚证,并伙同蔡某以夫妻名义将该房屋以市价出卖给不知情的孙某,并为孙某办理了过户登记。下列说法中哪些是正确的?
   A. 房屋出卖前为陆某与韩某的夫妻共同财产
   B. 该房屋买卖合同无效
   C. 孙某已经取得该房屋的所有权
   D. 韩某有权要求蔡某承担侵权责任

134. 2021 回忆/单
因甲要出国,将一幅价值百万元的古画委托好友乙保管。保管期间,乙病故,其子丙继承了乙的财产,以为该画是乙购买的仿品,后将该画以2000元卖给了丁。两年后甲回国,发现古画已被出售的事实。对此,下来哪一说法是正确的?
   A. 丙构成无权处分,合同无效
   B. 丙有重大误解,合同可撤销
   C. 丙构成善意取得
   D. 丁构成善意取得

考点28 所有权的特别取得方法:拾得遗失物、发现埋藏物

135. 2009/3/13/单
一日清晨,甲发现一头牛趴在自家门前,便将其拴在自家院内,打探失主未果。时值春耕,甲用该牛耕种自家田地。其间该牛因劳累过度得病,甲花费300元将其治好。两年后,牛的主人乙寻牛来到甲处,要求甲返还,甲拒绝返还。下列哪一说法是正确的?
   A. 甲应返还牛,但有权要求乙支付300元
   B. 甲应返还牛,但无权要求乙支付300元
   C. 甲不应返还牛,但乙有权要求甲赔偿损失
   D. 甲不应返还牛,无权要求乙支付300元

136. 2013/3/13/单
方某将一行李遗忘在出租车上,立即发布寻物启事,言明愿以2000元现金酬谢返还行李者。出租车司机李某发现该行李及获悉寻物启事后即与方某联系。现方某拒绝支付2000元给李某。下列哪一表述是正确的?
   A. 方某享有所有物返还请求权,李某有义务返还该行李,故方某可不支付2000元酬金
   B. 如果方某不支付2000元酬金,李某可行使留置权拒绝返还该行李
   C. 如果方某未曾发布寻物启事,则其可不支付任何报酬或费用

D. 既然方某发布了寻物启事,则其必须支付酬金

137. 2017/3/6/单

甲遗失手链1条,被乙拾得。为找回手链,甲张贴了悬赏500元的寻物告示。后经人指证手链为乙拾得,甲要求乙返还,乙索要500元报酬,甲不同意,双方数次交涉无果。后乙在桥边玩耍时手链掉入河中被冲走。下列哪一选项是正确的?
A. 乙应承担赔偿责任,但有权要求甲支付500元
B. 乙应承担赔偿责任,无权要求甲支付500元
C. 乙不应承担赔偿责任,也无权要求甲支付500元
D. 乙不应承担赔偿责任,有权要求甲支付500元

138. 2018回忆/单

陈某丢失一台高精微型设备,被周某捡到并交到派出所,派出所及时发布招领公告。同时,陈某在报纸上发布悬赏公告,承诺捡到并送回者给1万元奖励金。后陈某通过招领公告领回该设备。下列哪一说法是正确的?
A. 因周某已将设备交派出所,派出所有权获得1万元
B. 基于悬赏公告,陈某应向周某支付1万元
C. 基于招领公告,陈某无需向派出所支付任何费用
D. 基于招领公告,陈某无需向周某支付任何费用

考点29 所有权的特别取得方法:孳息及其归属

139. 2018回忆/单

苏某为庆祝其喜得贵子,邀请胡某等到酒店聚餐。苏某从顾某处购得一超大海螺,将海螺带到酒店交给厨师时,从中剖得一颗硕大的橙黄色椭圆形珍珠,市值1万元。关于该珍珠的归属,下列哪一项说法是正确的?
A. 归苏某、胡某等共有
B. 归酒店所有
C. 归顾某所有
D. 归苏某所有

140. 2019回忆/多

潘某婚前饲养的一头母牛已怀有小牛,潘某和朱某结婚后,经朱某精心饲养照顾,小牛顺利出生,双方均未提及小牛的归属。一年后,双方离婚。关于该小牛,下列表述哪些是正确的?
A. 属于潘某婚前财产的天然孳息
B. 属于潘某婚前财产的自然增值
C. 属于潘某个人财产
D. 属于潘某与朱某的夫妻共同财产

考点30 所有权的特别取得方法:添附

141. 2018回忆/多

甲是雕刻家,乙是奇石古玩收藏家。某日,甲借用乙收藏的一块价值3万元的太湖石和一块价值1万元的汉白玉把玩。后来,甲在装修自家房屋时,将太湖石镶嵌在客厅摆放电视的背景墙中。装修完成两日后,突发创作欲望,将汉白玉雕刻成了精美的"老子骑牛"雕像(估价5万元)。对此,下列说法正确的是:
A. 太湖石已经与墙壁发生附合,应归甲所有
B. 甲应当就太湖石向乙进行补偿
C. 雕像应当归甲所有
D. 甲应当向乙补偿汉白玉的价值

142. 2019回忆/多

更生公司租用了百灵公司所有的临街商铺,并经百灵公司同意将该商铺临街的墙面改造为落地玻璃墙。某日,霍某醉酒驾车在街上横冲直撞,导致店铺的落地玻璃墙被撞坏。对此,下列说法正确的是:
A. 更生公司为玻璃墙所有权人
B. 百灵公司为玻璃墙所有权人
C. 更生公司可向霍某主张损害赔偿
D. 百灵公司可向霍某主张损害赔偿

考点31 共有

143. 2009/3/54/多

甲、乙、丙按不同的比例共有一套房屋,约定轮流使用。在甲居住期间,房屋廊檐脱落砸伤行人丁。下列哪些选项是正确的?
A. 甲、乙、丙如不能证明自己没有过错,应对丁承担连带赔偿责任
B. 丁有权请求甲承担侵权责任
C. 如甲承担了侵权责任,则乙、丙应按各自份额分担损失
D. 本案侵权责任适用过错责任原则

144. 2010/3/7/单

红光、金辉、绿叶和彩虹公司分别出资50万、20万、20万、10万元建造一栋楼房,约定建成后按投资比例使用,但对楼房管理和所有权归属未作约定。对此,下列哪一说法是错误的?
A. 该楼发生的管理费用应按投资比例承担
B. 该楼所有权为按份共有
C. 红光公司投资占50%,有权决定该楼的重大修缮事宜
D. 彩虹公司对其享有的份额有权转让

145. 2011/3/56/多

关于共有,下列哪些表述是正确的?

A. 对于共有财产,部分共有人主张按份共有,部分共有人主张共同共有,如不能证明财产是按份共有的,应当认定为共同共有
B. 按份共有人对共有不动产或者动产享有的份额,没有约定或者约定不明确的,按照出资额确定;不能确定出资额的,视为等额享有
C. 夫或妻在处理夫妻共同财产上权利平等,因日常生活需要而处理夫妻共同财产的,任何一方均有权决定
D. 对共有物的分割,当事人没有约定或者约定不明确的,按份共有人可以随时请求分割,共同共有人在共有的基础丧失或者有重大理由需要分割时可以请求分割

146. 2012/3/6/单

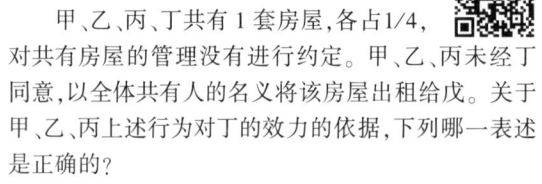

甲、乙、丙、丁共有1套房屋,各占1/4,对共有房屋的管理没有进行约定。甲、乙、丙未经丁同意,以全体共有人的名义将该房屋出租给戊。关于甲、乙、丙上述行为对丁的效力的依据,下列哪一表述是正确的?
A. 有效,出租属于对共有物的管理,各共有人都有管理的权利
B. 有效,对共有物的处分应当经占共有份额2/3以上的共有人的同意,出租行为较处分为轻,当然可以为之
C. 无效,对共有物的出租属于处分,应当经全体共有人的同意
D. 有效,出租是以利用的方法增加物的收益,可以视为改良行为,经占共有份额2/3以上的共有人的同意即可

147. 甲公司将1台挖掘机出租给乙公司,为担保乙公司依约支付租金,丙公司担任保证人,丁公司以机器设备设置抵押。乙公司欠付10万元租金时,经甲公司、丙公司和丁公司口头同意,将6万元租金债务转让给戊公司。之后,乙公司为现金周转将挖掘机分别以45万元和50万元的价格先后出卖给丙公司和丁公司,丙公司和丁公司均已付款,但乙公司没有依约交付挖掘机。

因乙公司一直未向甲公司支付租金,甲公司便将挖掘机以48万元的价格出卖给王某,约定由乙公司直接将挖掘机交付给王某,王某首期付款20万元,尾款28万元待收到挖掘机后支付。此事,甲公司通知了乙公司。

王某未及取得挖掘机便死亡。王某临终立遗嘱,其遗产由其子大王和小王继承,遗嘱还指定小王为遗嘱执行人。因大王一直在外地工作,同意王某遗产由小王保管,没有进行遗产分割。在此期间,小王将挖掘机出卖给方某,没有征得大王的同意。

请回答(1)、(2)题。
(1) 2012/3/90/任

王某死后,关于甲公司与王某的买卖合同,下列表述错误的是:
A. 甲公司有权解除该买卖合同
B. 大王和小王有权解除该买卖合同
C. 大王和小王对该买卖合同原王某承担的债务负连带责任
D. 大王和小王对该买卖合同原王某承担的债务按其继承份额负按份责任

(2) 2012/3/91/任

关于小王将挖掘机卖给方某的行为,下列表述正确的是:
A. 小王尚未取得对挖掘机的占有,不得将其出卖给方某
B. 小王出卖挖掘机应当取得大王的同意
C. 大王对小王出卖挖掘机的行为可以追认
D. 小王是王某遗嘱的执行人,出卖挖掘机不需要大王的同意

148. 2014/3/6/单

张某与李某共有一台机器,各占50%份额。双方共同将机器转卖获得10万元,约定张某和李某分别享有6万元和4万元。同时约定该10万元暂存李某账户,由其在3个月后返还给张某6万元。后该账户全部款项均被李某债权人王某申请法院查封并执行,致李某不能按期返还张某款项。下列哪一表述是正确的?
A. 李某构成违约,张某可请求李某返还5万元
B. 李某构成违约,张某可请求李某返还6万元
C. 李某构成侵权,张某可请求李某返还5万元
D. 李某构成侵权,张某可请求李某返还6万元

149. 2016/3/6/单

甲被法院宣告失踪,其妻乙被指定为甲的财产代管人。3个月后,乙将登记在自己名下的夫妻共有房屋出售给丙,交付并办理了过户登记。在此过程中,乙向丙出示了甲被宣告失踪的判决书,并将房屋属于夫妻二人共有的事实告知丙。1年后,甲重新出现,并经法院撤销了失踪宣告。现甲要求丙返还房屋。对此,下列哪一说法是正确的?
A. 丙善意取得房屋所有权,甲无权请求返还
B. 丙不能善意取得房屋所有权,甲有权请求返还
C. 乙出售夫妻共有房屋构成家事代理,丙继受取得房屋所有权
D. 乙出售夫妻共有房屋属于有权处分,丙继受取得房屋所有权

150． 2016/3/8/单

甲、乙二人按照3:7的份额共有一辆货车,为担保丙的债务,甲、乙将货车抵押给债权人丁,但未办理抵押登记。后该货车在运输过程中将戊撞伤。对此,下列哪一选项是正确的?

A. 如戊免除了甲的损害赔偿责任,则应由乙承担损害赔偿责任
B. 因抵押权未登记,戊应优先于丁受偿
C. 如丁对丙的债权超过诉讼时效,仍可在2年内要求甲、乙承担担保责任
D. 如甲对丁承担了全部担保责任,则有权向乙追偿

151． 2016/3/53/多

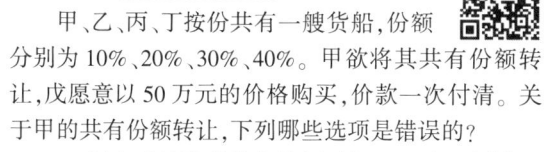

甲、乙、丙、丁按份共有一艘货船,份额分别为10%、20%、30%、40%。甲欲将其共有份额转让,戊愿意以50万元的价格购买,价款一次付清。关于甲的共有份额转让,下列哪些选项是错误的?

A. 甲向戊转让其共有份额,须经乙、丙、丁同意
B. 如乙、丙、丁均以同等条件主张优先购买权,则丁的主张应得到支持
C. 如丙在法定期限内以50万元分期付款的方式要求购买该共有份额,应予支持
D. 如甲改由向乙转让其共有份额,丙、丁在同等条件下享有优先购买权

152． 2017/3/54/多

甲、乙、丙、丁按份共有某商铺,各自份额均为25%。因经营理念发生分歧,甲与丙商定将其份额以100万元转让给丙,通知了乙、丁;乙与第三人戊约定将其份额以120万元转让给戊,未通知甲、丙、丁。下列哪些选项是正确的?

A. 乙、丁对甲的份额享有优先购买权
B. 甲、丙、丁对乙的份额享有优先购买权
C. 如甲、丙均对乙的份额主张优先购买权,双方可协商确定各自购买的份额
D. 丙、丁可仅请求认定乙与戊之间的份额转让合同无效

153． 2021 回忆/任

甲、乙、丙均是爱狗人士,三人分别出资2000元合买了一条纯种金毛犬,约定轮流饲养。轮到甲饲养时,因为要出国留学,便将其份额转让给了乙。待轮到丙饲养时,丙才知道甲向乙转让了份额。下列说法正确的是:

A. 甲有权转让其份额
B. 乙有优先购买权
C. 丙有优先购买权
D. 甲构成无权处分

考点32 相邻关系

154． 2021 回忆/多

某小区底层商铺新开了一家重庆火锅店,租住在火锅店楼上的杨某对辣椒过敏,不堪其扰。经相关机关检测,该火锅店的排烟等标准都符合有关规定。对于杨某可采取的措施,下列哪些说法是错误的?

A. 有权请求火锅店采取更好的排风过滤措施
B. 有权就其过敏请求火锅店赔偿
C. 有权基于建筑物区分所有权起诉
D. 有权请求火锅店停止使用辣椒

专题九 用益物权

考点33 土地承包经营权

155． 2010/3/55/多

关于土地承包经营权的设立,下列哪些表述是正确的?

A. 自土地承包经营合同成立时设立
B. 自土地承包经营权合同生效时设立
C. 县级以上地方政府在土地承包经营权设立时应当发放土地承包经营权证
D. 县级以上地方政府应当对土地承包经营权登记造册,未经登记造册的,不得对抗善意第三人

156． 2014/3/56/多

季大与季小兄弟二人,成年后各自立户,季大一直未婚。季大从所在村集体经济组织承包耕地若干。关于季大的土地承包经营权,下列哪些表述是正确的?

A. 自土地承包经营权合同生效时设立
B. 如季大转让其土地承包经营权,则未经变更登记不发生转让的效力
C. 如季大死亡,则季小可以继承该土地承包经营权
D. 如季大死亡,则季小可以继承该耕地上未收割的农作物

157． 2016/3/54/多

河西村在第二轮承包过程中将本村耕地全部发包,但仍留有部分荒山,此时本村集体经济组织以外的Z企业欲承包该荒山。对此,下列哪些说法是正确的?

A. 集体土地只能以家庭承包的方式进行承包
B. 河西村集体之外的人只能通过招标、拍卖、公开协商等方式承包
C. 河西村将荒山发包给Z企业,经2/3以上村民

代表同意即可

D. 如河西村村民黄某也要承包该荒山,则黄某享有优先承包权

158. 2017/3/7/单

村民胡某承包了一块农民集体所有的耕地,订立了土地承包经营权合同,未办理确权登记。胡某因常年在外,便与同村村民周某订立土地承包经营权转让合同,将地交周某耕种,未办理变更登记。关于该土地承包经营权,下列哪一说法是正确的?

A. 未经登记不得处分
B. 自土地承包经营权合同生效时设立
C. 其转让合同自完成变更登记时起生效
D. 其转让未经登记不发生效力

159. 2021回忆/多

甲签订了土地承包经营合同,承包了本村集体土地100亩,其中30亩土地与其他土地不相邻。为了便于耕种,甲用这30亩土地与同村乙的土地进行了交换,换取了相邻的25亩土地,但没有进行登记。其后,甲将50亩土地的经营权出租给丙公司,租期10年,也没有进行登记。下列哪些选项是正确的?

A. 交换土地前,甲对100亩土地享有承包经营权
B. 交换土地后,甲对95亩土地享有经营权
C. 由于未登记,甲对交换来的25亩土地不享有承包经营权
D. 由于未登记,丙公司未取得50亩土地的经营权

考点34 地役权

160. 2010/3/9/单

某郊区小学校为方便乘坐地铁,与相邻研究院约定,学校人员有权借研究院道路通行,每年支付一万元。据此,学校享有的是下列哪一项权利?

A. 相邻权
B. 地役权
C. 建设用地使用权
D. 宅基地使用权

161. 2013/3/56/多

2013年2月,A地块使用权人甲公司与B地块使用权人乙公司约定,由甲公司在B地块上修路。同年4月,甲公司将A地块过户给丙公司,6月,乙公司将B地块过户给不知上述情形的丁公司。下列哪些表述是正确的?

A. 2013年2月,甲公司对乙公司的B地块享有地役权
B. 2013年4月,丙公司对乙公司的B地块享有

地役权
C. 2013年6月,甲公司对丁公司的B地块享有地役权
D. 2013年6月,丙公司对丁公司的B地块享有地役权

考点35 居住权

162. 2019回忆/多

李某准备转让自己的房子,但转让后无处居住,遂在将房子转让给王某的时候约定,在办理房子过户的时候一并为李某设立居住权登记直到李某去世。后李某和王某办理了房子的过户登记,但因故居住权登记未能办理。后李某要求王某办理居住权登记,王某拒绝。下列哪些说法是正确的?

A. 李某可以主张王某继续履行办理居住权登记的义务
B. 居住权因未登记没有设立
C. 李某对该约定享有的为债权
D. 李某可向王某主张迟延履行的违约责任

163. 2023回忆/任

2023年1月1日,甲和乙签订《房屋买卖合同》,甲将自有的一套商品房转让给乙,约定乙应于合同签订后1个月内付清全部购房款,之后便可随时向甲要求办理不动产过户登记。2日,为保证乙的物权实现,甲和乙在登记机关办理了预告登记。15日,甲在该商品房上为其母亲设立了居住权,但未办理登记。16日,乙付清全部购房款。5月5日,甲又在该商品房上为其父亲设立了居住权,并办理登记。而乙直至当年年底,也未要求甲办理不动产过户登记。对此,下列说法正确的是:

A. 甲的母亲取得了居住权
B. 甲的父亲未取得居住权
C. 5月5日,预告登记已失效
D. 乙已经取得了房屋所有权

专题十 担保物权

考点36 共同担保

164. 陈某向贺某借款20万元,借期2年。张某为该借款合同提供保证担保,担保条款约定,张某在陈某不能履行债务时承担保证责任,但未约定保证期间。陈某同时以自己的房屋提供抵押担保并办理了登记。请回答(1)~(3)题。

(1) 2008/3/91/任

抵押期间,谢某向陈某表示愿意以50万元购买陈某的房屋。下列选项不正确的是:

A. 陈某将该房屋卖给谢某应得到贺某的同意

24

B. 如陈某将该房屋卖给了谢某,则应将转让所得价款提前清偿债务或者提存
C. 如陈某另行提供担保,则陈某的转让行为无须得到贺某同意
D. 如谢某代为偿还20万元借款,则陈某的转让行为无须得到贺某同意

(2) 2008/3/92/任

如果贺某打算放弃对陈某的抵押权,并将这一情况通知了张某,张某表示反对,下列选项正确的是:
A. 贺某不得放弃抵押权,因为张某不同意
B. 若贺某放弃抵押权,张某仍应对全部债务承担保证责任
C. 若贺某放弃抵押权,则张某对全部债务免除保证责任
D. 若贺某放弃抵押权,则张某在贺某放弃权利的范围内免除保证责任

(3) 2008/3/93/任

关于贺某的抵押权存续期间及张某的保证期间的说法,下列选项正确的是:
A. 贺某应当在主债权诉讼时效期间行使抵押权
B. 贺某在主债权诉讼时效结束后的两年内仍可行使抵押权
C. 张某的保证期间为主债务履行期届满之日起六个月
D. 张某的保证期间为主债务履行期届满之日起二年

165. 2011/3/87/任

甲公司与乙公司约定,由甲公司向乙公司交付1吨药材,乙公司付款100万元。乙公司将药材转卖给丙公司,并约定由甲公司向丙公司交付,丙公司收货后3日内应向乙支付价款120万元。

张某以自有汽车为乙公司的债权提供抵押担保,未办理抵押登记。抵押合同约定:"在丙公司不付款时,乙公司有权就出卖该汽车的价款清偿自己的债权。"李某为这笔货款出具担保函:"在丙公司不付款时,由李某承担保证责任"。丙公司收到药材后未依约向乙公司支付120万元,乙公司向张某主张实现抵押权,同时要求李某承担保证责任。

张某见状,便将其汽车赠与刘某。刘某将该汽车作为出资,与钱某设立丁酒店有限责任公司,并办理完出资手续。

丁公司员工方某驾驶该车送酒店客人时,为躲避一辆逆行摩托车,将行人赵某撞伤。方某自行决定以丁公司名义将该车放在戊公司维修,为获得维修费的八折优惠,方某以其名义在与戊公司相关的庚公司为该车购买一套全新座垫。汽车修好后,方某将车取

走交丁公司投入运营。戊公司要求丁公司支付维修费,否则对汽车行使留置权,丁公司回函请宽限一周。庚公司要求丁公司支付座垫费,丁公司拒绝。

关于乙公司要求担保人承担责任,下列表述正确的是:
A. 乙公司不得向丙公司和李某一并提起诉讼
B. 李某对乙公司享有先诉抗辩权
C. 乙公司应先向张某主张实现抵押权
D. 乙公司可以选择向张某主张实现抵押权或者向李某主张保证责任

166. 2012/3/87/任

甲公司将1台挖掘机出租给乙公司,为担保乙公司依约支付租金,丙公司担任保证人,丁公司以机器设备设置抵押。乙公司欠付10万元租金时,经甲公司、丙公司和丁公司口头同意,将6万元租金债务转让给戊公司。之后,乙公司为现金周转将挖掘机分别以45万元和50万元的价格先后出卖给丙公司和丁公司,丙公司和丁公司均已付款,但乙公司没有依约交付挖掘机。

因乙公司一直未向甲公司支付租金,甲公司便将挖掘机以48万元的价格出卖给王某,约定由乙公司直接将挖掘机交付给王某,王某首期付款20万元,尾款28万元待收到挖掘机后支付。此事,甲公司通知了乙公司。

王某未及取得挖掘机便死亡。王某临终立遗嘱,其遗产由其子大王和小王继承,遗嘱还指定小王为遗嘱执行人。因大王一直在外地工作,同意王某遗产由小王保管,没有进行遗产分割。在此期间,小王将挖掘机出卖给方某,没有征得大王的同意。

在乙公司将6万元租金债务转让给戊公司之前,关于丙公司和丁公司的担保责任,甲公司下列做法正确的是:
A. 可以要求丙公司承担保证责任
B. 可以要求丁公司承担抵押担保责任
C. 须先要求丙公司承担保证责任,后要求丁公司承担抵押担保责任
D. 须先要求丁公司承担抵押担保责任,后要求丙公司承担保证责任

167. 2014/3/8/单

甲公司欠乙公司货款100万元,先由甲公司提供机器设备设定抵押权、丙公司担任保证人,后由丁公司提供房屋设定抵押权并办理了抵押登记。甲公司届期不支付货款,下列哪一表述是正确的?
A. 乙公司应先行使机器设备抵押权
B. 乙公司应先行使房屋抵押权
C. 乙公司应先行请求丙公司承担保证责任

D. 丙公司和丁公司可相互追偿

168. 2016/3/55/多

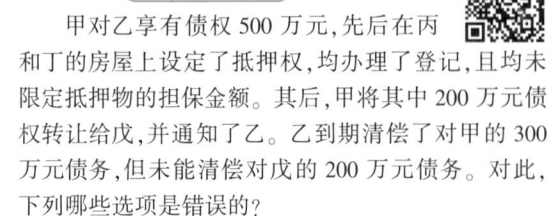

甲对乙享有债权500万元,先后在丙和丁的房屋上设定了抵押权,均办理了登记,且均未限定抵押物的担保金额。其后,甲将其中200万元债权转让给戊,并通知了乙。乙到期清偿了对甲的300万元债务,但未能清偿对戊的200万元债务。对此,下列哪些选项是错误的?

A. 戊可同时就丙和丁的房屋行使抵押权,但对每个房屋价款优先受偿权的金额不得超过100万元

B. 戊可同时就丙和丁的房屋行使抵押权,对每个房屋价款优先受偿权的金额依房屋价值的比例确定

C. 戊必须先后就丙和丁的房屋行使抵押权,对每个房屋价款优先受偿权的金额由戊自主决定

D. 戊只能在丙的房屋价款不足以使其债权得到全部清偿时就丁的房屋行使抵押权

169. 2016/3/91/任

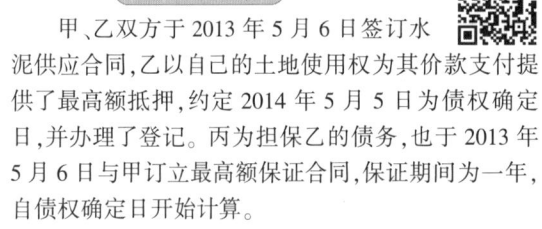

甲、乙双方于2013年5月6日签订水泥供应合同,乙以自己的土地使用权为其价款支付提供了最高额抵押,约定2014年5月5日为债权确定日,并办理了登记。丙为担保乙的债务,也于2013年5月6日与甲订立最高额保证合同,保证期间为一年,自债权确定日开始计算。

乙于2014年1月被法院宣告破产,下列说法正确的是:

A. 甲的债权确定期届至

B. 甲应先就抵押物优先受偿,不足部分再要求丙承担保证责任

C. 甲可先要求丙承担保证责任

D. 如甲未申报债权,丙可参加破产财产分配,预先行使追偿权

170. 2017/3/56/多

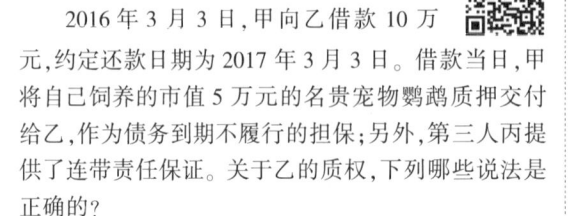

2016年3月3日,甲向乙借款10万元,约定还款日期为2017年3月3日。借款当日,甲将自己饲养的市值5万元的名贵宠物鹦鹉质押交付给乙,作为债务到期不履行的担保;另外,第三人丙提供了连带责任保证。关于乙的质权,下列哪些说法是正确的?

A. 2016年5月5日,鹦鹉产蛋一枚,市值2000元,应交由甲处置

B. 因乙照管不善,2016年10月1日鹦鹉死亡,乙需承担赔偿责任

C. 2017年4月4日,甲未偿还借款,乙未实现质权,则甲可请求乙及时行使质权

D. 乙可放弃该质权,丙可在乙丧失质权的范围内免除相应的保证责任

171. 2017/3/91/任

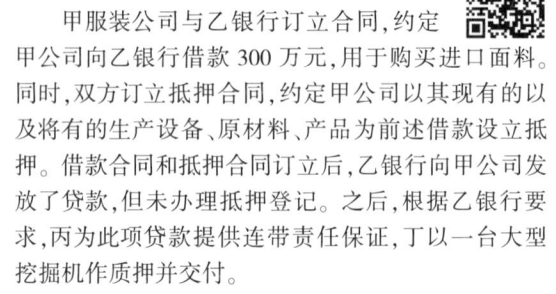

甲服装公司与乙银行订立合同,约定甲公司向乙银行借款300万元,用于购买进口面料。同时,双方订立抵押合同,约定甲公司以其现有的以及将有的生产设备、原材料、产品为前述借款设立抵押。借款合同和抵押合同订立后,乙银行向甲公司发放了贷款,但未办理抵押登记。之后,根据乙银行要求,丙为此项贷款提供连带责任保证,丁以一台大型挖掘机作质押并交付。

如甲公司未按期还款,乙银行欲行使担保权利,当事人未约定行使担保权利顺序,下列选项正确的是:

A. 乙银行应先就甲公司的抵押实现债权

B. 乙银行应先就丁的质押实现债权

C. 乙银行可选择就甲公司的抵押或丙的保证实现债权

D. 乙银行可选择就甲公司的抵押或丁的质押实现债权

172. 2020回忆/任

甲公司向乙公司借款1000万元,丙公司在借款协议"保证人"栏下盖章,但未载明保证方式,丁以自有房屋为该债务设立担保并办理抵押登记。借款到期后甲公司未偿还,乙公司拟向丙公司和丁主张权利。下列说法正确的是:

A. 丙公司应按一般保证承担保证责任

B. 丁承担责任后,有权向丙公司追偿

C. 丁承担责任后,有权向甲公司追偿

D. 丙公司承担保证责任后,有权向甲公司追偿

考点37 抵押权的设立

173. 2013/3/57/多

甲向乙借款,丙与乙约定以自有房屋担保该笔借款。丙仅将房本交给乙,未按约定办理抵押登记。借款到期后甲无力清偿,丙的房屋被法院另行查封。下列哪些表述是正确的?

A. 乙有权要求丙继续履行担保合同,办理房屋抵押登记

B. 乙有权要求丙以自身全部财产承担担保义务

C. 乙有权要求丙以房屋价值为限承担担保义务

D. 乙有权要求丙承担损害赔偿责任

174. 2013/3/58/多

甲向乙借款,欲以轿车作担保。关于担保,下列哪些选项是正确的?

A. 甲可就该轿车设立质权
B. 甲可就该轿车设立抵押权
C. 就该轿车的质权自登记时设立
D. 就该轿车的抵押权自登记时设立

175. 2015/3/7/单
甲乙为夫妻,共有一套房屋登记在甲名下。乙瞒着甲向丙借款100万元供个人使用,并将房屋抵押给丙。在签订抵押合同和办理抵押登记时乙冒用甲的名字签字。现甲主张借款和抵押均无效。下列哪一表述是正确的?
A. 抵押合同无效
B. 借款合同无效
C. 甲对100万元借款应负连带还款义务
D. 甲可请求撤销丙的抵押权

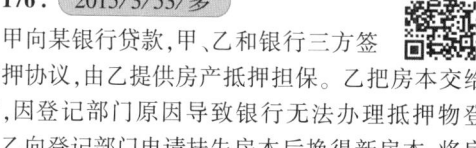

176. 2015/3/53/多
甲向某银行贷款,甲、乙和银行三方签订抵押协议,由乙提供房产抵押担保。乙把房本交给银行,因登记部门原因导致银行无法办理抵押物登记。乙向登记部门申请挂失房本后换得新房本,将房屋卖给知情的丙并办理了过户手续。甲届期未还款,关于贷款、房屋抵押和买卖,下列哪些说法是正确的?
A. 乙应向银行承担违约责任
B. 丙应代为向银行还款
C. 如丙代为向银行还款,可向甲主张相应款项
D. 因登记部门原因未办理抵押登记,但银行占有房本,故取得抵押权

177. 2022 回忆/单
甲借给乙100万元,为提供担保,甲与丙签订了不动产抵押合同,丙以其一套住房为借款提供担保。其后,丙经甲多次催告无故不办理抵押登记。借款合同到期后,乙没有按时还款。对此,下列哪一项说法是正确的?
A. 丙无故不办理抵押登记,视为抵押权已经设立
B. 抵押合同成立后抵押权已经设立
C. 抵押合同效力待定
D. 丙应在抵押物的价值范围内承担违约责任

考点38 抵押物的转让

178. 2009/3/55/多 新法改编
甲公司向某银行贷款100万元,乙公司以其所有的一栋房屋作抵押担保,并完成了抵押登记。现乙公司拟将房屋出售给丙公司,通知了银行并向丙公司告知了该房屋已经抵押的事实。乙、丙订立书面买卖合同后到房屋管理部门办理过户手续。下列哪些说法是正确的?
A. 不论银行是否同意转让,房屋管理部门应当准予过户,但银行仍然对该房屋享有抵押权
B. 如丙公司代为清偿了甲公司的银行债务,则抵押权消灭
C. 如果银行能够证明乙将房屋转让的行为可能损害其抵押权,则可请求乙将转让所得的价款向抵押权人提前清偿债务或者提存
D. 若乙转让房屋得价款80万元,乙应当按照抵押合同再补充剩余的20万元

179. 2019 回忆/单
魏某成立一个体工商户,主营棉花加工和销售。因向银行借款100万元,魏某将一批棉花抵押给银行,并办理了抵押登记。后在经营活动中未经银行同意,魏某将棉花以市场价出卖给温某,但未告知温某该批棉花已经抵押的事实,温某向魏某支付了全部价款。银行因魏某届期无法清偿债务欲行使抵押权,始知魏某将棉花出卖于温某的事实。此时,魏某已破产,无其他财产可供清偿,该批棉花也已被温某消耗殆尽。对此,下列哪一项表述是正确的?
A. 银行的抵押权自登记之日起取得
B. 温某没有取得对棉花的所有权
C. 银行对棉花的抵押权已经消灭
D. 温某应赔偿银行的损失

考点39 抵押权的顺位

180. 2008/3/11/单
黄河公司以其房屋作抵押,先后向甲银行借款100万元,乙银行借款300万元,丙银行借款500万元,并依次办理了抵押登记。后丙银行与甲银行商定交换各自抵押权的顺位,并办理了变更登记,但乙银行并不知情。因黄河公司无力偿还三家银行的到期债务,银行拍卖其房屋,仅得价款600万元。关于三家银行对该价款的分配,下列哪一选项是正确的?
A. 甲银行100万元、乙银行300万元、丙银行200万元
B. 甲银行得不到清偿、乙银行100万元、丙银行500万元
C. 甲银行得不到清偿、乙银行300万元、丙银行300万元
D. 甲银行100万元、乙银行200万元、丙银行300万元

181. 2019 回忆/单
甲向乙借款,以自己的房屋设定了抵押权。后甲又向丙借款,又以该房屋设定了抵押权。两次抵押均办理了抵押登记。后来甲乙之间签订了关于该房屋的买卖合同,并办理了过户登记。对此,下列说法正确的是:

A. 乙的抵押权消灭
B. 丙的抵押权消灭
C. 乙丙的抵押权均未消灭
D. 甲乙之间的房屋买卖合同无效

考点40 抵押权人的权利

182． 2012/3/57/多

甲以自有房屋向乙银行抵押借款,办理了抵押登记。丙因甲欠钱不还,强行进入该房屋居住。借款到期后,甲无力偿还债务。该房屋由于丙的非法居住,难以拍卖,甲怠于行使对丙的返还请求权。乙银行可以行使下列哪些权利?

A. 请求甲行使对丙的返还请求权,防止抵押财产价值的减少
B. 请求甲将对丙的返还请求权转让给自己
C. 可以代位行使对丙的返还请求权
D. 可以依据抵押权直接对丙行使返还请求权

考点41 动产浮动抵押

183． 2008/3/12/单

个体工商户甲将其现有的以及将有的生产设备、原材料、半成品、产品一并抵押给乙银行,但未办理抵押登记。抵押期间,甲未经乙同意以合理价格将一台生产设备出卖给丙。后甲不能向乙履行到期债务。对此,下列哪一选项是正确的?

A. 该抵押权因抵押物不特定而不能成立
B. 该抵押权因未办理抵押登记而不能成立
C. 该抵押权虽已成立但不能对抗善意第三人
D. 乙有权对丙从甲处购买的生产设备行使抵押权

184． 2010/3/56/多 新法改编

某农村养殖户为扩大规模向银行借款,欲以其财产设立浮动抵押。对此,下列哪些表述是正确的?

A. 该养殖户可将存栏的养殖物作为抵押财产
B. 转让抵押财产须经银行同意
C. 动产抵押办理登记后可以对抗任何善意第三人
D. 如借款到期未还,抵押财产自借款到期时确定

185． 2017/3/89/任

甲服装公司与乙银行订立合同,约定甲公司向乙银行借款300万元,用于购买进口面料。同时,双方订立抵押合同,约定甲公司以其现有的以及将有的生产设备、原材料、产品为前述借款设立抵押。借款合同和抵押合同订立后,乙银行向甲公司发放了贷款,但未办理抵押登记。之后,根据乙银行要求,丙为此项贷款提供连带责任保证,丁以一台大型挖掘机作质押并交付。

关于甲公司的抵押,下列选项正确的是:
A. 该抵押合同为最高额抵押合同
B. 乙银行自抵押合同生效时取得抵押权
C. 乙银行自抵押登记完成时取得抵押权
D. 乙银行的抵押权不得对抗在正常经营活动中已支付合理价款并取得抵押财产的买受人

186． 2022回忆/任

甲公司因为借款需要提供担保,将现有及将有的生产设备、原材料、成品、半成品抵押给乙银行,办理了抵押登记。后来,甲公司把其中一台生产设备卖给了丙公司,丙公司支付了合理价款,甲公司按约定交付了生产设备。借款到期后,甲公司未向乙银行还款,乙银行欲实现抵押权。对此,下列说法正确的是:

A. 丙公司获得该设备的所有权
B. 由于办理了抵押登记,乙银行可就该生产设备行使优先受偿权
C. 由于丙公司是正常经营活动中的买受人,乙银行不能就该生产设备行使优先受偿权
D. 若乙银行在主债权诉讼时效经过后行使抵押权,不能获得支持

考点42 最高额抵押

187． 2015/3/54/多

2014年7月1日,甲公司、乙公司和张某签订了《个人最高额抵押协议》,张某将其房屋抵押给乙公司,担保甲公司在一周前所欠乙公司货款300万元,最高债权额400万元,并办理了最高额抵押登记,债权确定期间为2014年7月2日到2015年7月1日。债权确定期间内,甲公司因从乙公司分批次进货,又欠乙公司100万元。甲公司未还款。关于有抵押担保的债权额和抵押权期间,下列哪些选项是正确的?

A. 债权额为100万元
B. 债权额为400万元
C. 抵押权期间为1年
D. 抵押权期间为主债权诉讼时效期间

188． 甲、乙双方于2013年5月6日签订水泥供应合同,乙以自己的土地使用权为其价款支付提供了最高额抵押,约定2014年5月5日为债权确定日,并办理了登记。丙为担保乙的债务,也于2013年5月6日与甲订立最高额保证合同,保证期间为一年,自债权确定日开始计算。

请回答第(1)、(2)题。

(1) 2016/3/89/任

水泥供应合同约定,将2013年5月6日前乙欠甲的货款纳入了最高额抵押的担保范围。下列说法正确的是:

A. 该约定无效
B. 该约定合法有效
C. 如最高额保证合同未约定将 2013 年 5 月 6 日前乙欠甲的货款纳入最高额保证的担保范围,则丙对此不承担责任
D. 丙有权主张减轻其保证责任

(2) 2016/3/90/任

甲在 2013 年 11 月将自己对乙已取得的债权全部转让给丁。下列说法正确的是:
A. 甲的行为将导致其最高额抵押权消灭
B. 甲将上述债权转让给丁后,丁取得最高额抵押权
C. 甲将上述债权转让给丁后,最高额抵押权不随之转让
D. 2014 年 5 月 5 日前,甲对乙的任何债权均不得转让

189. 2018 回忆/多

甲公司与长期向其供货的乙公司订立书面协议,约定甲公司以其价值 3000 万元的厂房作为协议生效后 3 年内甲公司对乙公司所负债务的抵押物,设立最高额抵押权,担保债权最高金额为 2500 万元。下列哪些说法是正确的?
A. 如乙公司对甲公司的厂房实现抵押权时其债权余额为 3500 万元,则乙公司只能就 2500 万元债权优先受偿
B. 该最高额抵押权设立前成立的乙公司对甲公司的债权,不得纳入最高额抵押担保的债权范围
C. 3 年期限届满前,甲公司可与乙公司通过协议将抵押担保债权最高金额变为 3000 万元
D. 在债权确定前,经当事人约定,乙公司转让其部分债权时,最高额抵押权可随之转让

考点43 动产质权

190. 2015/3/8/单

乙欠甲货款,二人商定由乙将一块红木出质并签订质押合同。甲与丙签订委托合同授权丙代自己占有红木。乙将红木交付与丙。下列哪一说法是正确的?
A. 甲乙之间的担保合同无效
B. 红木已交付,丙取得质权
C. 丙经甲的授权而占有,甲取得质权
D. 丙不能代理甲占有红木,因而甲未取得质权

191. 2019 回忆/多

甲将其一相机质押给乙。后为担保乙对丙的债务,乙在向丙表明自己为相机质权人身份的前提下,乙以自己的名义将该相机质押给丙。后因甲对乙、乙对丙均未履行到期债务,质押相机拍卖得款,乙、丙均主张优先受偿权。对此,下列表述正确的是:
A. 若经过甲同意,丙优先于乙
B. 若经过甲同意,乙优先于丙
C. 若未经甲同意,丙优先于乙
D. 若未经甲同意,乙优先于丙

考点44 权利质权

192. 2009/3/7/单 新法改编

根据《民法典》的规定,下列哪一类权利不能设定权利质权?
A. 专利权   B. 应收账款债权
C. 可以转让的股权   D. 房屋所有权

193. 2012/3/7/单

甲对乙享有 10 万元的债权,甲将该债权向丙出质,借款 5 万元。下列哪一表述是错误的?
A. 将债权出质的事实通知乙不是债权质权生效的要件
B. 如未将债权出质的事实通知乙,丙即不得向乙主张权利
C. 如将债权出质的事实通知了乙,即使乙向甲履行了债务,乙不得对丙主张债已消灭
D. 乙在得到债权出质的通知后,向甲还款 3 万元,因还有 7 万元的债权额作为担保,乙的部分履行行为对丙有效

194. 2013/3/7/单

甲公司为乙公司向银行贷款 100 万元提供保证,乙公司将其基于与丙公司签订的供货合同而对丙公司享有的 100 万元债权出质给甲公司作反担保。下列哪一表述是正确的?
A. 如乙公司依约向银行清偿了贷款,甲公司的债权质权仍未消灭
B. 如甲公司、乙公司将出质债权转让给丁公司但未通知丙公司,则丁公司可向丙公司主张该债权
C. 甲公司在设立债权质权时可与乙公司约定,如乙公司届期不清偿银行贷款,则出质债权归甲公司所有
D. 如乙公司将债权出质的事实通知了丙公司,则丙公司可向甲公司主张其基于供货合同而对乙公司享有的抗辩

195. 2014/3/7/单

甲公司通知乙公司将其对乙公司的 10 万元债权出质给了丙银行,担保其 9 万元贷款。出质前,乙公司对甲公司享有 2 万元到期债权。如乙公司提出抗辩,关于丙银行可向乙公司行使质权的最大数

额,下列哪一选项是正确的?

A. 10万元　　B. 9万元
C. 8万元　　D. 7万元

196. 2019 回忆/多

张三对李四享有应收账款债权,因张三对王五有债务,张三于是将其对李四享有的该应收账款债权出质给王五,与王五订立质押合同,并办理了质押登记。后张三又将该应收账款债权转让给不知情的马六。对此,下列说法正确的是:

A. 该质权在登记前生效,登记后可以对抗第三人
B. 张三、王五质押合同自成立时生效,不以办理出质登记为生效要件
C. 若王五不同意张三转让债权,则王五可以主张张三债权转让行为无效
D. 若王五同意张三转让,王五可以主张以该债权转让所得价款优先受偿

考点45　留置权

197. 2010/3/10/单

辽东公司欠辽西公司货款200万元,辽西公司与辽中公司签订了一份价款为150万元的电脑买卖合同,合同签订后,辽中公司指示辽西公司将该合同项下的电脑交付给辽东公司。因辽东公司届期未清偿所欠货款,故辽西公司将该批电脑扣留。关于辽西公司的行为,下列哪一选项是正确的?

A. 属于行使抵押权
B. 属于行使动产质权
C. 属于行使留置权
D. 属于自助行为

198. 2010/3/54/多

小贝购得一只世界杯指定用球后兴奋不已,一脚踢出,恰好落入邻居老马家门前的水井中,正在井边清洗花瓶的老马受到惊吓,手中花瓶落地摔碎。老马从井中捞出足球后,小贝央求老马归还,老马则要求小贝赔偿花瓶损失。对此,下列哪些选项是正确的?

A. 小贝对老马享有物权请求权
B. 老马对小贝享有物权请求权
C. 老马对小贝享有债权请求权
D. 如小贝拒绝赔偿,老马可对足球行使留置权

199. 2015/3/55/单

下列哪一情形下权利人可以行使留置权?①

A. 张某为王某送货,约定货物送到后一周内支付运费。张某在货物运到后立刻要求王某支

付运费被拒绝,张某可留置部分货物
B. 刘某把房屋租给方某,方某退租搬离时尚有部分租金未付,刘某可留置方某部分家具
C. 何某将丁某的行李存放在火车站小件寄存处,后丁某取行李时认为寄存费过高而拒绝支付,寄存处可留置该行李
D. 甲公司加工乙公司的机器零件,约定先付费后加工。付费和加工均已完成,但乙公司尚欠甲公司借款,甲公司可留置机器零件

200. 2015/3/91/任

顺风电器租赁公司将一台电脑出租给张某,租期为2年。在租赁期间内,张某谎称电脑是自己的,分别以市价与甲、乙、丙签订了三份电脑买卖合同并收取了三份价款,但张某把电脑实际交付给了乙。后乙的这台电脑被李某拾得,因暂时找不到失主,李某将电脑出租给王某获得很高收益。王某租用该电脑时出了故障,遂将电脑交给康成电脑维修公司维修。王某和李某就维修费的承担发生争执。康成公司因未收到修理费而将电脑留置,并告知王某如7天内不交费,将变卖电脑抵债。李某听闻后,于当日潜入康成公司偷回电脑。

关于康成公司的民事权利,下列说法正确的是:

A. 王某在7日内未交费,康成公司可变卖并自己买下电脑
B. 康成公司曾享有留置权,但当电脑被偷走后,丧失留置权
C. 康成公司可请求李某返还电脑
D. 康成公司可请求李某支付电脑维修费

201. 2016/3/7/单

甲借用乙的山地自行车,刚出门就因莽撞骑行造成自行车链条断裂,甲将自行车交给丙修理,约定修理费100元。乙得知后立刻通知甲解除借用关系并告知丙,同时要求丙不得将自行车交给甲。丙向甲核实,甲承认。自行车修好后,甲、乙均请求丙返还。对此,下列哪一选项是正确的?

A. 甲有权请求丙返还自行车
B. 丙如将自行车返还给乙,必须经过甲当场同意
C. 乙有权要求丙返还自行车,但在修理费未支付前,丙就自行车享有留置权
D. 如乙要求丙返还自行车,即使修理费未付,丙也不得对乙主张留置权

202. 2018 回忆/单

朴某是枫蓝公司的业务经理。公司为

---

① 原为多选题,根据新法答案有变化,调整为单选题。

方便朴某工作,特将公司的一辆特斯拉Model3批给朴某无偿使用。后来,朴某因为违反公司的管理制度,在开展业务过程中收受客户回扣,被公司解职。由于公司没有依约向朴某支付应付提成奖金20万元,朴某遂对枫蓝公司的该特斯拉汽车主张留置权,不予返还。关于朴某行使留置权的主张,以下哪一项说法是正确的?

A. 朴某有权主张留置权以扣留该汽车
B. 朴某无权就该汽车主张留置权
C. 朴某有权随时将该汽车拍卖,并就价款优先清偿自己的提成奖金
D. 朴某有权在两个月后将该汽车拍卖,并就价款优先清偿自己的提成奖金

考点46　担保物权的竞合

203．2011/3/7/单
同升公司以一套价值100万元的设备作为抵押,向甲借款10万元,未办理抵押登记手续。同升公司又向乙借款80万元,以该套设备作为抵押,并办理了抵押登记手续。同升公司欠丙货款20万元,将该套设备出质给丙。丙不小心损坏了该套设备送丁修理,因欠丁5万元修理费,该套设备被丁留置。关于甲、乙、丙、丁对该套设备享有的担保物权的清偿顺序,下列哪一排列是正确的?

A. 甲乙丙丁　　B. 乙丙丁甲
C. 丙丁甲乙　　D. 丁乙丙甲

204．2013/3/8/单
甲公司以其机器设备为乙公司设立了质权。10日后,丙公司向银行贷款100万元,甲公司将机器设备又抵押给银行,担保其中40万元贷款,但未办理抵押登记。同时,丙公司将自有房产抵押给银行,担保其余60万元贷款,办理了抵押登记。20日后,甲将机器设备再抵押给丁公司,办理了抵押登记。丙公司届期不能清偿银行贷款。下列哪一表述是正确的?

A. 如银行主张全部债权,应先拍卖房产实现抵押权
B. 如银行主张全部债权,可选择拍卖房产或者机器设备实现抵押权
C. 乙公司的质权优先于银行对机器设备的抵押权
D. 丁公司对机器设备的抵押权优先于乙公司的质权

考点47　非典型担保

205．2023 回忆/单
曾某将自己的名牌包卖给罗某并交付,双方约定:罗某向曾某支付10万元,3个月后曾某向罗某返还本金10万元及利息,否则该名牌包归罗某所有。后曾某到期未偿还本息。关于罗某享有的权利,下列哪一说法是正确的?

A. 对名牌包享有质权
B. 取得名牌包所有权
C. 有权就该名牌包优先受偿
D. 对名牌包享有抵押权

专题十一　占　有

考点48　占有

206．2012/3/8/单
甲、乙是邻居。乙出国2年,甲将乙的停车位占为己用。期间,甲将该停车位出租给丙,租期1年。期满后丙表示不再续租,但仍继续使用该停车位。下列哪一表述是错误的?

A. 甲将乙的停车位占为己用,甲属于恶意、无权占有人
B. 丙的租期届满前,甲不能对丙主张占有返还请求权
C. 乙可以请求甲返还原物。在甲为间接占有人时,可以对甲请求让与其对丙的占有返还请求权
D. 无论丙是善意或恶意的占有人,乙都可以对其行使占有返还请求权

207．2012/3/58/多
丙找甲借自行车,甲的自行车与乙的很相像,均放于楼下车棚。丙错认乙车为甲车,遂把乙车骑走。甲告知丙骑错车,丙未予理睬。某日,丙骑车购物,将车放在商店楼下,因墙体倒塌将车砸坏。下列哪些表述是正确的?

A. 丙错认乙车为甲车而占有,属于无权占有人
B. 甲告知丙骑错车前,丙修车的必要费用,乙应当偿还
C. 无论丙是否知道骑错车,乙均有权对其行使占有返还请求权
D. 对于乙车的毁损,丙应当承担赔偿责任

208．2014/3/9/单
张某拾得王某的一只小羊拒不归还,李某将小羊从张某羊圈中抱走交给王某。下列哪一表述是正确的?

A. 张某拾得小羊后因占有而取得所有权
B. 张某有权要求王某返还占有
C. 张某有权要求李某返还占有
D. 李某侵犯了张某的占有

209．2014/3/58/多
某小区徐某未获得规划许可证和施工

许可证便在自住房前扩建一个门面房,挤占小区人行通道。小区其他业主多次要求徐某拆除未果后,将该门面房强行拆除,毁坏了徐某自住房屋的墙砖。关于拆除行为,下列哪些表述是正确的?

A. 侵犯了徐某门面房的所有权
B. 侵犯了徐某的占有
C. 其他业主应恢复原状
D. 其他业主应赔偿徐某自住房屋墙砖毁坏的损失

210. 2015/3/56/多

甲拾得乙的手机,以市价卖给不知情的丙并交付。丙把手机交给丁维修。修好后丙拒付部分维修费,丁将手机扣下。关于手机的占有状态,下列哪些选项是正确的?

A. 乙丢失手机后,由直接占有变为间接占有
B. 甲为无权占有、自主占有
C. 丙为无权占有、善意占有
D. 丁为有权占有、他主占有

211. 2016/3/9/单

甲、乙就乙手中的一枚宝石戒指的归属发生争议。甲称该戒指是其在 2015 年 10 月 1 日外出旅游时让乙保管,属甲所有,现要求乙返还。乙称该戒指为自己所有,拒绝返还。甲无法证明对该戒指拥有所有权,但能够证明在 2015 年 10 月 1 日前一直合法占有该戒指,乙则拒绝提供自 2015 年 10 月 1 日后从甲处合法取得戒指的任何证据。对此,下列哪一说法是正确的?

A. 应推定乙对戒指享有合法权利,因占有具有权利公示性
B. 应当认定甲对戒指享有合法权利,因其证明了自己的先前占有
C. 应当由甲、乙证明自己拥有所有权,否则应判决归国家所有
D. 应当认定由甲、乙共同共有

212. 2018 回忆/单

某大学学生甲在教室备考复习,把教材放在教室去吃饭,准备吃完饭回来继续复习。乙见甲离开教室,便翻看其教材,感觉非常受益,遂将教材带走占为己有。对于甲对教材的占有,下列哪些说法是正确的?

A. 甲离开教室即失去对教材的占有
B. 乙翻看教材时甲即失去对教材的占有
C. 乙将教材带出教室,甲即失去对教材的占有
D. 甲对教材的占有不因乙受影响,甲不曾失去对教材的占有

第三编 合同

专题十二 债与合同概述

考点49 债的分类

213. 2009/3/9/单

甲对乙说:如果你在三年内考上公务员,我愿将自己的一套住房或者一辆宝马轿车相赠。乙同意。两年后,乙考取某国家机关职位。关于甲与乙的约定,下列哪一说法是正确的?

A. 属于种类之债
B. 属于选择之债
C. 属于连带之债
D. 属于劳务之债

214. 2011/3/10/单 新法改编

甲公司向银行贷款 1000 万元,乙公司和丙公司向银行分别出具担保函:"在甲公司不按时偿还 1000 万元本息时,本公司承担保证责任。"关于乙公司和丙公司对银行的保证债务,下列哪一表述是正确的?

A. 属于选择之债
B. 属于连带之债
C. 属于按份之债
D. 属于简单之债

215. 2013/3/12/单

甲、乙与丙就交通事故在交管部门的主持下达成《调解协议书》,由甲、乙分别赔偿丙 5 万元,甲当即履行。乙赔了 1 万元,余下 4 万元给丙了欠条。乙到期后未履行,丙多次催讨未果,遂持《调解协议书》与欠条向法院起诉。下列哪一表述是正确的?

A. 本案属侵权之债
B. 本案属合同之债
C. 如丙获得工伤补偿,乙可主张相应免责
D. 丙可要求甲继续赔偿 4 万元

考点50 债的发生原因

216. 2008/3/56/多

婷婷满一周岁,其父母将某影楼摄影师请到家中为其拍摄纪念照,并要求影楼不得保留底片用作他途。相片洗出后,影楼违反约定将婷婷相片制成挂历出售,获利颇丰。本案中存在哪些债的关系?

A. 承揽合同之债

B. 委托合同之债
C. 侵权行为之债
D. 不当得利之债

考点51　合同的相对性

217. 2008/3/5/单

神牛公司在H省电视台主办的赈灾义演募捐现场举牌表示向S省红十字会捐款100万元，并指明此款专用于S省B中学的校舍重建。事后，神牛公司仅支付50万元。对此，下列哪一选项是正确的？

A. H省电视台、S省红十字会、B中学均无权请求神牛公司支付其余50万元
B. S省红十字会、B中学均有权请求神牛公司支付其余50万元
C. S省红十字会有权请求神牛公司支付其余50万元
D. B中学有权请求神牛公司支付其余50万元

218. 2014/3/88/任

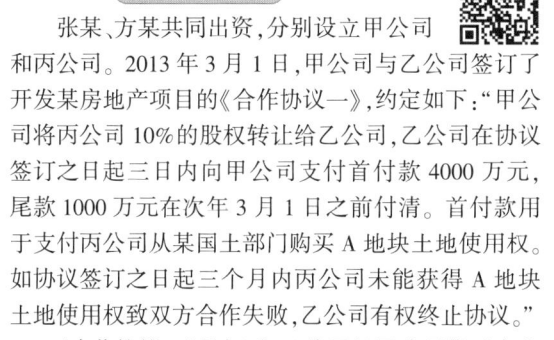

张某、方某共同出资，分别设立甲公司和丙公司。2013年3月1日，甲公司与乙公司签订了开发某房地产项目的《合作协议一》，约定如下："甲公司将丙公司10%的股权转让给乙公司，乙公司在协议签订之日起三日内向甲公司支付首付款4000万元，尾款1000万元在次年3月1日之前付清。首付款用于支付丙公司从某国土部门购买A地块土地使用权。如协议签订之日起三个月内丙公司未能获得A地块土地使用权致双方合作失败，乙公司有权终止协议。"
《合作协议一》签订后，乙公司经甲公司指示向张某、方某支付了4000万元首付款。张某、方某配合甲公司将丙公司的10%的股权过户给了乙公司。
2013年5月1日，因张某、方某未将前述4000万元支付给丙公司致其未能向某国土部门及时付款，A地块土地使用权被收回挂牌卖掉。
2013年6月4日，乙公司向甲公司发函："鉴于土地使用权已被国土部门收回，故我公司终止协议，请贵公司返还4000万元。"甲公司当即回函："我公司已把股权过户到贵公司名下，贵公司无权终止协议，请贵公司依约支付1000万元尾款。"
2013年6月8日，张某、方某与乙公司签订了《合作协议二》，对继续合作开发房地产项目做了新的安排，并约定："本协议签订之日，《合作协议一》自动作废。"丁公司经甲公司指示，向乙公司送达了《承诺函》："本公司代替甲公司承担4000万元的返还义务。"乙公司对此未置可否。

关于2013年5月1日张某、方某未将4000万元支付给丙公司，应承担的责任，下列表述错误的是：

A. 向乙公司承担违约责任
B. 与甲公司一起向乙公司承担连带责任
C. 向丙公司承担违约责任
D. 向某国土部门承担违约责任

219. 2018 回忆/多

甲把服装店和库存都转让给了乙。丙不知情，打电话向甲订货，甲未表明服装店转让事宜，答应给丙送货。甲转告乙为丙送货，乙派店员送货到丙公司，丙同事签收。月底，乙将账单寄给丙要求付款，但丙已汇款至甲账户，拒绝再付。针对这一情况，下列说法正确的是？

A. 乙可向丙主张不当得利
B. 丙可拒绝付款给乙
C. 乙可请求甲支付相应货款
D. 丙已取得货品所有权

220. 2020 回忆/单

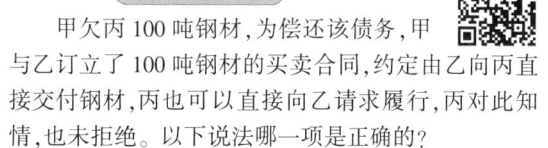

甲欠丙100吨钢材，为偿还该债务，甲与乙订立了100吨钢材的买卖合同，约定由乙向丙直接交付钢材，丙也可以直接向乙请求履行，丙对此知情，也未拒绝。以下说法哪一项是正确的？

A. 如乙不交付，丙可请求其履行且要求承担违约责任
B. 甲对乙已经没有任何义务
C. 乙不能向丙主张其对甲的抗辩
D. 因合同相对性，丙不能直接向乙请求履行交付义务

专题十三　合同的订立

考点52　合同的成立及效力

221. 2008/3/54/多

喜好网球和游泳的赵某从宏大公司购买某小区商品房一套，交房时发现购房时宏大公司售楼所展示的该小区模型中的网球场和游泳池并不存在。经查，该小区设计中并无网球场和游泳池。下列哪些选项是正确的？

A. 赵某有权要求退房
B. 赵某如要求退房，有权请求宏大公司承担缔约过错责任
C. 赵某如要求退房，有权请求宏大公司双倍返还购房款
D. 赵某如不要求退房，有权请求宏大公司承担违约责任

222. 2014/3/51/多

甲房产开发公司在交给购房人张某的某小区平面图和项目说明书中都标明有一个健身馆。

张某看中小区健身方便,决定购买一套商品房并与甲公司签订了购房合同。张某收房时发现小区没有健身馆。下列哪些表述是正确的?
A. 甲公司不守诚信,构成根本违约,张某有权退房
B. 甲公司构成欺诈,张某有权请求甲公司承担缔约过失责任
C. 甲公司恶意误导,张某有权请求甲公司双倍返还购房款
D. 张某不能滥用权利,在退房和要求甲公司承担违约责任之间只能选择一种

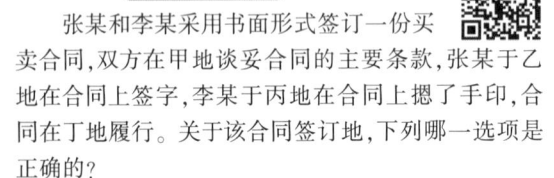

223. 2010/3/11/单
张某和李某采用书面形式签订一份买卖合同,双方在甲地谈妥合同的主要条款,张某于乙地在合同上签字,李某于丙地在合同上摁了手印,合同在丁地履行。关于该合同签订地,下列哪一选项是正确的?
A. 甲地
B. 乙地
C. 丙地
D. 丁地

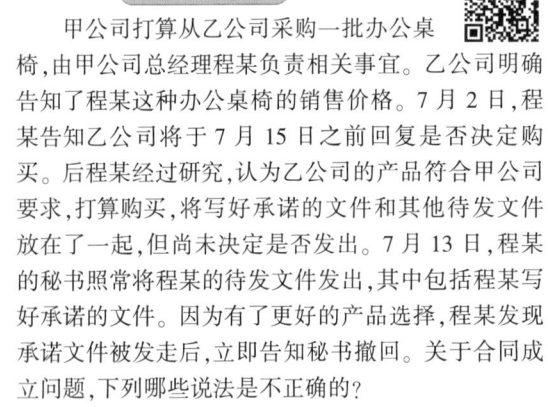

224. 2022 回忆/多
甲公司打算从乙公司采购一批办公桌椅,由甲公司总经理程某负责相关事宜。乙公司明确告知了程某这种办公桌椅的销售价格。7月2日,程某告知乙公司将于7月15日之前回复是否决定购买。后程某经过研究,认为乙公司的产品符合甲公司要求,打算购买,将写好承诺的文件和其他待发文件放在了一起,但尚未决定是否发出。7月13日,程某的秘书照常将程某的待发文件发出,其中包括程某写好承诺的文件。因为有了更好的产品选择,程某发现承诺文件被发走后,立即告知秘书撤回。关于合同成立问题,下列哪些说法是不正确的?
A. 程某写好承诺文件时,合同即已成立
B. 由于秘书发出承诺文件未经程某明确指示,承诺即使到达,合同也不成立
C. 若撤回通知先于承诺到达或与承诺同时到达,合同不成立
D. 若撤回承诺的通知晚于承诺到达,构成承诺的撤销,合同效力待定

225. 2023 回忆/单
甲与乙在餐厅就餐,闲聊时甲提出想把自己的车以 8 万元的价格卖了换成新能源车。在临近餐桌就餐的丙听到后对甲说"愿以 8 万元的价格买你的车",丙说考虑一下。几分钟后,丙让甲赶紧签合同,甲说不卖了,与乙一起离开餐厅。对此,下列哪一说法是正确的?
A. 甲作出了要约
B. 甲作出了承诺
C. 丙作出了要约
D. 丙作出了承诺

考点 53 格式条款

226. 2008/3/7/单
甲手机专卖店门口立有一块木板,上书"假一罚十"四个醒目大字。乙从该店购买了一部手机,后经有关部门鉴定,该手机属于假冒产品,乙遂要求甲履行其"假一罚十"的承诺。关于本案,下列哪一选项是正确的?
A. "假一罚十"过分加重了甲的负担,属于无效的格式条款
B. "假一罚十"没有被订入到合同之中,故对甲没有约束力
C. "假一罚十"显失公平,甲有权请求法院予以变更或者撤销
D. "假一罚十"是甲自愿作出的真实意思表示,应当认定为有效

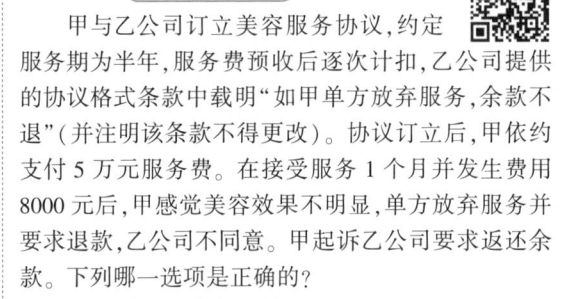

227. 2017/3/11/单
甲与乙公司订立美容服务协议,约定服务期为半年,服务费预收后逐次计扣,乙公司提供的协议格式条款中载明"如甲单方放弃服务,余款不退"(并注明该条款不得更改)。协议订立后,甲依约支付 5 万元服务费。在接受服务 1 个月并发生费用 8000 元后,甲感觉美容效果不明显,单方放弃服务并要求退款,乙公司不同意。甲起诉乙公司要求返还余款。下列哪一选项是正确的?
A. 美容服务协议无效
B. "如甲单方放弃服务,余款不退"的条款无效
C. 甲单方放弃服务无须承担违约责任
D. 甲单方放弃服务应承担继续履行的违约责任

考点 54 缔约过失责任

228. 2010/3/12/单
甲、乙同为儿童玩具生产商。六一节前夕,丙与甲商谈进货事宜。乙知道后向丙提出更优惠条件,并指使丁假借订货与甲接洽,报价高于丙以阻止甲与丙签约。丙经比较与乙签约,丁随即终止与甲的谈判,甲因此遭受损失。对此,下列哪一说法是正确的?
A. 乙应对甲承担缔约过失责任
B. 丙应对甲承担缔约过失责任
C. 丁应对甲承担缔约过失责任
D. 乙、丙、丁无须对甲承担缔约过失责任

229. 2017/3/12/单
德凯公司拟为新三板上市造势,在无

真实交易意图的情况下,短期内以业务合作为由邀请多家公司来其主要办公地点洽谈。其中,真诚公司安排授权代表往返十余次,每次都准备了详尽可操作的合作方案,德凯公司佯装感兴趣并屡次表达将签署合同的意愿,但均在最后一刻推脱拒签。其间,德凯公司还将知悉的真诚公司的部分商业秘密不当泄露。对此,下列哪一说法是正确的?

A. 未缔结合同,则德凯公司就磋商事宜无需承担责任
B. 虽未缔结合同,但德凯公司构成恶意磋商,应赔偿损失
C. 未缔结合同,则商业秘密属于真诚公司自愿披露,不应禁止外泄
D. 德凯公司也付出了大量的工作成本,如被对方主张赔偿,则据此可主张抵销

专题十四 合同的履行

考点55 合同履行与债的清偿

230. 2013/3/86/任

材料①:2012年2月,甲公司与其全资子公司乙公司签订了《协议一》,约定甲公司将其建设用地使用权用于抵偿其欠乙公司的2000万元债务,并约定了仲裁条款。但甲公司未依约将该用地使用权过户到乙公司名下,而是将之抵押给不知情的银行以获贷款,办理了抵押登记。

根据材料①,关于甲公司、乙公司与银行的法律关系,下列表述正确的是:

A. 甲公司欠乙公司2000万元债务没有消灭
B. 甲公司抵押建设用地使用权的行为属于无权处分
C. 银行因善意取得而享有抵押权
D. 甲公司用建设用地使用权抵偿债务的行为属于代为清偿

231. 2014/3/13/单

胡某于2006年3月10日向李某借款100万元,期限3年。2009年3月30日,双方商议再借100万元,期限3年。两笔借款均先后由王某保证,未约定保证方式和保证期间。李某未向胡某和王某催讨。胡某仅于2010年2月归还借款100万元。关于胡某归还的100万元,下列哪一表述是正确的?

A. 因2006年的借款已到期,故归还的是该笔借款
B. 因2006年的借款无担保,故归还的是该笔借款
C. 因2006年和2009年的借款数额相同,故按比例归还该两笔借款

D. 因2006年和2009年的借款均有担保,故按比例归还该两笔借款

232. 2014/3/57/多

2013年2月1日,王某以一套房屋为张某设定了抵押,办理了抵押登记。同年3月1日,王某将该房屋无偿租给李某1年,以此抵王某欠李某的借款。房屋交付后,李某向王某出具了借款还清的收据。同年4月1日,李某得知房屋上设有抵押后,与王某修订租赁合同,把起租日改为2013年1月1日。张某实现抵押权时,要求李某搬离房屋。下列哪些表述是正确的?

A. 王某、李某的借款之债消灭
B. 李某的租赁权可对抗张某的抵押权
C. 王某、李某修订租赁合同行为无效
D. 李某可向王某主张违约责任

233. 2016/3/56/多

王某向丁某借款100万元,后无力清偿,遂提出以自己所有的一幅古画抵债,双方约定第二天交付。对此,下列哪些说法是正确的?

A. 双方约定以古画抵债,等同于签订了另一份买卖合同,原借款合同失效,王某只能以交付古画履行债务
B. 双方交付古画的行为属于履行借款合同义务
C. 王某有权在交付古画前反悔,提出继续以现金偿付借款本息方式履行债务
D. 古画交付后,如果被鉴定为赝品,则王某应承担瑕疵担保责任

234. 2018回忆/任

甲向朋友乙借款。第一笔借款30万元,2018年4月1日到期,年利率为20%,有足额担保。第二笔借款30万元,2018年5月1日到期,年利率6%,没有担保。甲一直未还钱。2018年5月6日,甲委托丙代其向乙还第一笔借款,丙随即向乙转账30万元,转账时注明偿还第一笔借款。乙不同意,收到后表示这是还的第二笔借款。对于丙偿还的是哪一笔借款甲乙之间发生了争执,若不考虑产生的利息,下列说法正确的是:

A. 甲乙可以事后协商偿还的是哪一笔借款
B. 若甲乙事后不能达成协议,应认定为偿还的是第一笔
C. 若甲乙事后不能达成协议,应认定为偿还的是第二笔
D. 若甲乙事后不能达成协议,应认定为偿还的是两笔借款各还15万元

235. 2023回忆/多

甲公司因经营不善而歇业,欠司机潘

某10万元工资尚未支付。潘某讨要未果,私自将甲公司名下的一辆面包车开走。甲公司的母公司乙公司知道后,替甲公司偿还了8万元给潘某。对此,下列哪些说法是正确的?

A. 甲公司还欠潘某10万元
B. 甲公司还欠潘某2万元
C. 乙公司构成无因管理
D. 潘某属于自助行为

考点56 合同履行中的第三人

236. 2012/3/12/单

甲公司对乙公司负有交付葡萄酒的合同义务。丙公司和乙公司约定,由丙公司代甲公司履行,甲公司对此全不知情。下列哪一表述是正确的?

A. 虽然甲公司不知情,丙公司的履行仍然有法律效力
B. 因甲公司不知情,故丙公司代为履行后对甲公司不得追偿代为履行的必要费用
C. 虽然甲公司不知情,但如丙公司履行有瑕疵的,甲公司需就此对乙公司承担违约责任
D. 虽然甲公司不知情,但如丙公司履行有瑕疵从而承担违约责任的,丙公司可就该违约赔偿金向甲公司追偿

237. 2023 回忆/任

甲公司将某商品房开发项目发包给乙公司,工程款到期后甲公司无力支付,遂与乙公司签订《抵债协议》,约定甲公司将开发项目中的A楼卖给乙公司,以购房款折抵工程款。此前甲公司已将A楼出租给丙公司并交付,租期为10年,但甲公司并未告知乙公司。甲公司与乙公司办理A楼所有权转移登记后,丙公司拒不支付租金。据查,甲公司并未告知乙公司A楼的租赁情况。对此,下列说法正确的是:

A. 《抵债协议》于办理A楼所有权转移登记时生效
B. 甲公司应向乙公司承担违约责任
C. 丙公司应向甲公司支付剩余租金
D. 甲公司应对乙公司无法收取的租金承担连带保证责任

考点57 合同履行中的抗辩权

238. 2008/3/57/多

某热电厂从某煤矿购煤200吨,约定交货期限为2007年9月30日,付款期限为2007年10月31日。9月底,煤矿交付200吨煤,热电厂经检验发现煤的含硫量远远超过约定标准,根据政府规定不能在该厂区燃烧。基于上述情况,热电厂的哪些主张有法律依据?

A. 行使顺序履行抗辩权
B. 要求煤矿承担违约责任
C. 行使不安抗辩权
D. 解除合同

239. 2009/3/10/单

甲公司与乙公司签订服装加工合同,约定乙公司支付预付款一万元,甲公司加工服装1000套,3月10日交货,乙公司3月15日支付余款九万元。3月10日,甲公司仅加工服装900套,乙公司此时因濒临破产致函甲公司表示无力履行合同。下列哪一说法是正确的?

A. 因乙公司已支付预付款,甲公司无权中止履行合同
B. 乙公司有权以甲公司仅交付900套服装为由,拒绝支付任何货款
C. 甲公司有权以乙公司已不可能履行合同为由,请求乙公司承担违约责任
D. 因乙公司丧失履行能力,甲公司可行使顺序履行抗辩权

240. 2010/3/13/单

甲、乙订立一份价款为十万元的图书买卖合同,约定甲先支付书款,乙两个月后交付图书。甲由于资金周转困难只交付五万元,答应余款尽快支付,但乙不同意。两个月后甲要求乙交付图书,遭乙拒绝。对此,下列哪一表述是正确的?

A. 乙对甲享有同时履行抗辩权
B. 乙对甲享有不安抗辩权
C. 乙有权拒绝交付全部图书
D. 乙有权拒绝交付与五万元书款价值相当的部分图书

241. 2011/3/14/单

2011年5月6日,甲公司与乙公司签约,约定甲公司于6月1日付款,乙公司6月15日交付"连升"牌自动扶梯。合同签订后10日,乙公司销售他人的"连升"牌自动扶梯发生重大安全事故,质监局介入调查。合同签订后20日,甲、乙、丙公司三方合意,由丙公司承担付款义务。丙公司6月1日未付款。下列哪一表述是正确的?

A. 甲公司有权要求乙公司交付自动扶梯
B. 丙公司有权要求乙公司交付自动扶梯
C. 丙公司有权行使不安抗辩权
D. 乙公司有权要求甲公司和丙公司承担连带债务

242. 2014/3/12/单

甲公司向乙公司购买小轿车,约定7月1日预付10万元,10月1日预付20万元,12月1日乙公司交车时付清尾款。甲公司按时预付第一笔

款。乙公司于9月30日发函称因原材料价格上涨,需提高小轿车价格。甲公司于10月1日拒绝,等待乙公司答复未果后于10月3日向乙公司汇去20万元。乙公司当即拒收,并称甲公司迟延付款构成违约,要求解除合同,甲公司则要求乙公司继续履行。下列哪一表述是正确的?

A. 甲公司不构成违约
B. 乙公司有权解除合同
C. 乙公司可行使先履行抗辩权
D. 乙公司可要求提高合同价格

243. 2015/3/10/单

甲与乙公司签订的房屋买卖合同约定:"乙公司收到首期房款后,向甲交付房屋和房屋使用说明书;收到二期房款后,将房屋过户给甲。"甲交纳首期房款后,乙公司交付房屋但未立即交付房屋使用说明书。甲以此为由行使先履行抗辩权而拒不支付二期房款。下列哪一表述是正确的?

A. 甲的做法正确,因乙公司未完全履行义务
B. 甲不应行使先履行抗辩权,而应行使不安抗辩权,因乙公司有不能交付房屋使用说明书的可能性
C. 甲可主张解除合同,因乙公司未履行义务
D. 甲不能行使先履行抗辩权,因甲的付款义务与乙公司交付房屋使用说明书不形成主给付义务对应关系

244. 2022回忆/多

甲公司向乙公司购买一批货物,约定6月30日交货,甲公司支付货款500万元。同时还约定,任何一方履行迟延,需要向对方支付10万元的违约金,货物由乙公司负责办理托运。后乙公司未能在6月30日交货,甲公司也未支付货款。7月30日,乙公司将该批货物交给承运人丙公司承运,运输途中,遭遇山体滑坡,货物全部损毁。下列哪些说法是正确的?

A. 乙公司有权要求甲公司支付10万元迟延履行的违约金
B. 甲公司不需要承担迟延支付货款的违约责任
C. 对于货物损毁,甲公司无权请求乙公司承担赔偿责任
D. 丙公司应将收取的运费退还乙公司

考点58 情势变更

245. 2012/3/11/单

甲与乙教育培训机构就课外辅导达成协议,约定甲交费5万元,乙保证甲在接受乙的辅导后,高考分数能达到二本线。若未达到该目标,全额退费。结果甲高考成绩仅达去年二本线,与今年高考二本线尚差20分。关于乙的承诺,下列哪一表述是正确的?

A. 属于无效格式条款
B. 因显失公平而可变更
C. 因情势变更而可变更
D. 虽违背教育规律但属有效

246. 2012/3/60/多

甲公司与乙公司签订商品房包销合同,约定甲公司将其开发的10套房屋交由乙公司包销。甲公司将其中1套房屋卖给丙,丙向甲公司支付了首付款20万元。后因国家出台房地产调控政策,丙不具备购房资格,甲公司与丙之间的房屋买卖合同不能继续履行。下列哪些表述是正确的?

A. 甲公司将房屋出卖给丙的行为属于无权处分
B. 乙公司有权请求甲公司承担违约责任
C. 丙有权请求解除合同
D. 甲公司只需将20万元本金返还给丙

专题十五 合同的保全

考点59 合同的保全:债权人代位权与债权人撤销权

247. 2010/3/58/多

甲对乙享有2006年8月10日到期的六万元债权,到期后乙无力清偿。乙对丙享有五万元债权,清偿期已届满七个月,但乙未对丙采取法律措施。乙对丁还享有五万元人身损害赔偿请求权。后乙去世,无其他遗产,遗嘱中将上述十万元的债权赠与戊。对此,下列哪些选项是正确的?

A. 甲可向法院请求撤销乙的遗赠
B. 在乙去世前,甲可直接向法院请求丙向自己清偿
C. 在乙去世前,甲可直接向法院请求丁向自己清偿
D. 如甲行使代位权胜诉,行使代位权的诉讼费用和其他费用都应该从乙财产中支付

248. 2012/3/15/单

甲公司在2011年6月1日欠乙公司货款500万元,届期无力清偿。2010年12月1日,甲公司向丙公司赠送一套价值50万元的机器设备。2011年3月1日,甲公司向丁基金会捐赠50万元现金。2011年12月1日,甲公司向戊希望学校捐赠价值100万元的电脑。甲公司的3项赠与行为均尚未履行。下列哪一选项是正确的?

A. 乙公司有权撤销甲公司对丙公司的赠与
B. 乙公司有权撤销甲公司对丁基金会的捐赠

C. 乙公司有权撤销甲公司对戊学校的捐赠
D. 甲公司有权撤销对戊学校的捐赠

249． 2012/3/59/多

甲公司对乙公司享有5万元债权,乙公司对丙公司享有10万元债权。如甲公司对丙公司提起代位权诉讼,则针对甲公司、丙公司的下列哪些主张具有法律依据?

A. 有权主张乙公司对甲公司的抗辩
B. 有权主张丙公司对乙公司的抗辩
C. 有权主张代位权行使中对甲公司的抗辩
D. 有权要求法院追加乙公司为共同被告

250． 2013/3/90/任

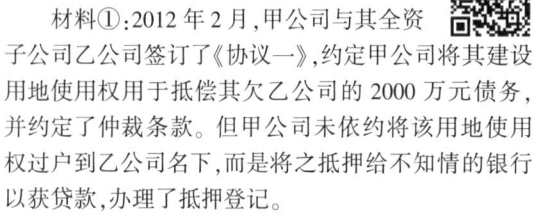

材料①:2012年2月,甲公司与其全资子公司乙公司签订了《协议一》,约定甲公司将其建设用地使用权用于抵偿其欠乙公司的2000万元债务,并约定了仲裁条款。但甲公司未依约将该用地使用权过户到乙公司名下,而是将之抵押给不知情的银行以获贷款,办理了抵押登记。

材料②:同年4月,甲公司、丙公司与丁公司签订了《协议二》,约定甲公司欠丁公司的5000万元债务由丙公司承担,且甲公司法定代表人张某为该笔债务提供保证,但未约定保证方式和期间。曾为该5000万元负债提供房产抵押担保的李某对《协议二》并不知情。同年5月,丁公司债权到期。

材料③:同年6月,丙公司丧失偿债能力。丁公司查知乙公司作为丙公司的股东(非发起人),对丙公司出资不实,尚有3000万元未注入丙公司。同年8月,乙公司既不承担出资不实的赔偿责任,又怠于向甲公司主张权利。

材料④:同年10月,甲公司股东戊公司与己公司签订了《协议三》,约定戊公司将其对甲公司享有的60%股权低价转让给己公司,戊公司承担甲公司此前的所有负债。

根据材料①、材料②和材料③,如丁公司向甲公司提起3000万元代位权诉讼,甲公司认为丁公司不能提起代位权之诉的下列抗辩理由中不能成立的是:

A. 甲公司对乙公司的债务是过户建设用地使用权,而非金钱债务
B.《协议一》有仲裁条款
C. 乙公司多次发函给甲公司要求清偿债务
D.《协议一》的2000万元数额低于乙公司出资不实的3000万元

251． 2016/3/58/多

乙向甲借款20万元,借款到期后,乙的下列哪些行为导致无力偿还甲的借款时,甲可申请法院予以撤销?

A. 乙将自己所有的财产用于偿还对他人的未到期债务
B. 乙与其债务人约定放弃对债务人财产的抵押权
C. 乙在离婚协议中放弃对家庭共有财产的分割
D. 乙父去世,乙放弃对父亲遗产的继承权

252． 2017/3/58/多

甲欠乙30万元到期后,乙多次催要未果。甲与丙结婚数日后即办理离婚手续,在《离婚协议书》中约定将甲婚前的一处住房赠与知悉甲欠乙债务的丙,并办理了所有权变更登记。乙认为甲侵害了自己的权益,聘请律师向法院起诉,请求撤销甲的赠与行为,为此向律师支付代理费2万元。下列哪些选项是正确的?

A.《离婚协议书》因恶意串通损害第三人利益而无效
B. 如甲证明自己有稳定工资收入及汽车等财产可供还债,法院应驳回乙的诉讼请求
C. 如乙仅以甲为被告,法院应追加丙为被告
D. 如法院认定乙的撤销权成立,应一并支持乙提出的由甲承担律师代理费的请求

253． 2019回忆/多

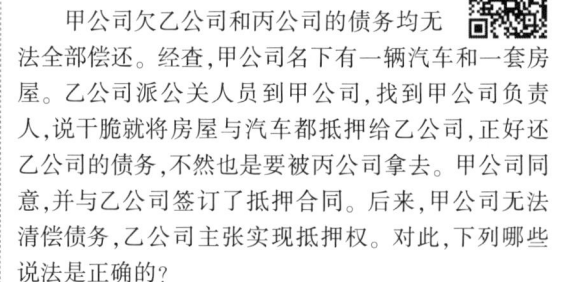

甲公司欠乙公司和丙公司的债务均无法全部偿还。经查,甲公司名下有一辆汽车和一套房屋。乙公司派公关人员到甲公司,找到甲公司负责人,说干脆就将房屋与汽车都抵押给乙公司,正好还乙公司的债务,不然也是要被丙公司拿去。甲公司同意,并与乙公司签订了抵押合同。后来,甲公司无法清偿债务,乙公司主张实现抵押权。对此,下列哪些说法是正确的?

A. 甲、乙公司之间的抵押合同因未办理登记而不生效
B. 甲、乙公司之间的抵押合同无效
C. 丙公司可撤销甲、乙公司之间的行为
D. 汽车和房屋的所有权依然属于甲公司

254． 2023回忆/任

甲公司欠乙公司1亿元货款即将到期,由于担心公司的重要财产被执行,遂和丙公司合谋,将价值9000万元的公司资产以4000万元的价格转让给丙公司。关于乙公司的救济,下列说法正确的是:

A. 乙公司有权请求法院撤销甲公司与丙公司之间的买卖合同
B. 乙公司有权请求确认甲公司与丙公司之间的买卖合同无效
C. 如果乙公司起诉撤销甲公司与丙公司之间的

买卖合同,应当自撤销事由发生之日起的1年内起诉

D. 如果乙公司请求确认甲公司与丙公司之间的买卖合同无效,则不受3年诉讼时效的限制

专题十六 保证和定金(债权性担保)

考点60 定金

255． 2010/3/14/单

甲、乙约定:甲将100吨汽油卖给乙,合同签订后三天交货,交货后十天内付货款。还约定,合同签订后乙应向甲支付十万元定金,合同在支付定金时生效。合同订立后,乙未交付定金,甲按期向乙交付了货物,乙到期未付款。对此,下列哪一表述是正确的?

A. 甲可请求乙支付定金
B. 乙未支付定金不影响买卖合同的效力
C. 甲交付汽油使得定金合同生效
D. 甲无权请求乙支付价款

256． 2022 回忆/任

李某有一清代瓷盘,急欲出售。刘某得知魏某想要以5万元求购该瓷盘,遂抢先找到李某购买,双方以1万元成交,约定3日后交付,刘某向李某支付了5000元定金。其后,刘某与魏某达成协议,刘某将瓷盘以5万元出售给魏某,魏某先行支付了1万元定金。3日后,在交付瓷盘时,李某失手把瓷盘摔坏了。下列选项说法正确的是:

A. 刘某应向魏某就1万的定金双倍返还
B. 李某应向刘某就5000元的定金双倍返还
C. 李某不需要就刘某支付的定金承担双倍返还的责任
D. 刘某可以请求法院减少双倍赔偿金额

考点61 保证合同的成立及保证方式

257． 2008/3/53/多

甲向乙借款5万元,乙要求甲提供担保,甲分别找到友人丙、丁、戊、己,他们各自作出以下表示,其中哪些构成保证?

A. 丙在甲向乙出具的借据上签署"保证人丙"
B. 丁向乙出具字据称"如甲到期不向乙还款,本人愿代还3万元"
C. 戊向乙出具字据称"如甲到期不向乙还款,由本人负责"
D. 己向乙出具字据称"如甲到期不向乙还款,由本人以某处私房抵债"

258． 2011/3/11/单

甲乙双方拟订的借款合同约定:甲向乙借款11万元,借款期限为1年。乙在签字之前,要求甲为借款合同提供担保。丙应甲要求同意担保,并在借款合同保证人一栏签字,保证期间为1年。甲将有担保签字的借款合同交给乙。乙要求从11万元中预先扣除1万元利息,同时将借款期限和保证期间均延长为2年。甲允,双方签字,乙依约将10万元交付给甲。下列哪一表述是正确的?

A. 丙的保证期间为1年
B. 丙无须承担保证责任
C. 丙应承担连带保证责任
D. 丙应对10万元本息承担保证责任

259． 2011/3/59/多

甲公司与乙公司签订10万元建材买卖合同后,乙交付建材,甲公司未付建材款。甲公司将该建材用于丙公司办公楼装修,丙公司需向甲公司支付15万元装修款,其中5万元已经支付完毕。丙公司给乙公司出具《担保函》:"本公司同意以欠甲公司的10万元装修款担保甲公司欠乙公司的10万元建材款。"乙公司对此并无异议。后,甲公司对乙公司的债务、丙公司对甲公司的债务均届期未偿,且甲公司怠于向丙公司主张债权。下列哪些表述是正确的?

A. 乙公司对丙公司享有应收账款质权
B. 丙公司应对乙公司承担保证责任
C. 乙公司可以对丙公司提起代位权诉讼
D. 乙公司可以要求并存债务承担人丙公司清偿债务

260． 2014/3/15/单

张某从甲银行分支机构乙支行借款20万元,李某提供保证担保。李某和甲银行又特别约定,如保证人不履行保证责任,债权人有权直接从保证人在甲银行及其支行处开立的任何账户内扣收。届期,张某、李某均未还款,甲银行直接从李某在甲银行下属的丙支行账户内扣划了18万元存款用于偿还张某的借款。下列哪一表述是正确的?

A. 李某与甲银行关于直接在账户内扣划款项的约定无效
B. 李某无须承担保证责任
C. 乙支行收回20万元全部借款本金和利息之前,李某不得向张某追偿
D. 乙支行应以自己的名义向张银行使追索权

261． 2015/3/13/单

方某、李某、刘某和张某签订借款合同,约定:"方某向李某借款100万元,刘某提供房屋抵押,张某提供保证。"除李某外其他人都签了字。刘某先把房本交给了李某,承诺过几天再作抵押登记。李某交付100万元后,方某到期未还款。下列哪一选

项是正确的?
A. 借款合同不成立
B. 方某应返还不当得利
C. 张某应承担保证责任
D. 刘某无义务办理房屋抵押登记

262． 2015/3/57/多
根据甲公司的下列哪些《承诺(保证)函》,如乙公司未履行义务,甲公司应承担保证责任?
A. 承诺:"积极督促乙公司还款,努力将丙公司的损失降到最低"
B. 承诺:"乙公司向丙公司还款,如乙公司无力还款,甲公司愿代为清偿"
C. 保证:"乙公司实际投资与注册资金相符"。实际上乙公司实际投资与注册资金不符
D. 承诺:"指定乙公司与丙公司签订保证合同"。乙公司签订了保证合同但拒不承担保证责任

263． 2022 回忆/单
甲公司向乙公司借款,丁公司在不超过2200万元的范围内对该借款承担担保责任。在约定期限内,甲公司一共向乙公司借款2015万元。核算完毕后,乙公司表示,免去其中的零头15万元,甲公司未作任何表示。经查,甲公司将借款中的500万元送给了丙公司,用来资助丙公司的项目运营,但未通知丁公司。下列哪一项说法是正确的?
A. 丁公司对2015万元承担保证责任
B. 丁公司对2000万元承担保证责任
C. 丁公司对1500万元承担保证责任
D. 甲公司将500万元送给丙公司未经过丁公司的同意,无效

考点62 保证人及其权利

264． 2011/3/54/多
甲公司从乙公司采购10袋菊花茶,约定:"在乙公司交付菊花茶后,甲公司应付货款10万元。"丙公司提供担保函:"若甲公司不依约付款,则由丙公司代为支付。"乙公司交付的菊花茶中有2袋经过硫磺熏蒸,无法饮用,价值2万元。乙公司要求甲公司付款未果,便要求丙公司付款10万元。下列哪些表述是正确的?
A. 如丙公司知情并向乙公司付款10万元,则丙公司只能向甲公司追偿8万元
B. 如丙公司不知情并向乙公司付款10万元,则乙公司会构成不当得利
C. 如甲公司付款债务诉讼时效已过,丙公司仍向乙公司付款8万元,则丙公司不得向甲公司追偿
D. 如丙公司放弃对乙公司享有的先诉抗辩权,

仍向乙公司付款8万元,则丙公司不得向甲公司追偿

考点63 共同保证

265． 2012/3/55/多
甲公司向乙银行借款100万元,丙、丁以各自房产分别向乙银行设定抵押,戊、已分别向乙银行出具承担全部责任的担保函,承担保证责任。下列哪些表述是正确的?
A. 乙银行可以就丙或者丁的房产行使抵押权
B. 丙承担担保责任后,可向甲公司追偿,也可要求丁清偿其应承担的份额
C. 乙银行可以要求戊或者已承担全部保证责任
D. 戊承担保证责任后,可向甲公司追偿,也可要求已清偿其应承担的份额

266． 2019 回忆/多
甲向乙借款1000万元,丙在借款合同中的保证栏签字,但没有约定保证方式,丁以自有的房屋对甲的借款向乙进行了抵押。下列说法正确的是:
A. 丙承担责任后可以向甲追偿
B. 丙以一般保证承担保证责任
C. 丁承担责任后可以向甲追偿
D. 丁承担责任后可以向丙追偿

考点64 保证期间与保证债务的诉讼时效

267． 2013/3/88/任
材料①:2012年2月,甲公司与其全资子公司乙公司签订了《协议一》,约定甲公司将其建设用地使用权用于抵偿其欠乙公司的2000万元债务,并约定了仲裁条款。但甲公司未依约将该用地使用权过户到乙公司名下,而是将之抵押给不知情的银行以获贷款,办理了抵押登记。

材料②:同年4月,甲公司、丙公司与丁公司签订了《协议二》,约定甲公司欠丁公司的5000万元债务由丙公司承担,且甲公司法定代表人张某为该笔债务提供保证,但未约定保证方式和期间。曾为该5000万元负债提供房产抵押担保的李某对《协议二》并不知情。同年5月,丁公司债权到期。

材料③:同年6月,丙公司丧失偿债能力。丁公司查知乙公司作为丙公司的股东(非发起人),对丙公司出资不实,尚有3000万元未注入丙公司。同年8月,乙公司既不承担出资不实的赔偿责任,又怠于向甲公司主张权利。

材料④:同年10月,甲公司股东戊公司与已公司签订了《协议三》,约定戊公司将其对甲公司享有的60%股权低价转让给已公司,戊公司承担甲公司此前的所有负债。

关于《协议二》中张某的保证期间和保证债务诉讼时效，下列表述正确的是：
A. 保证期间为2012年5月起6个月
B. 保证期间为2012年5月起2年
C. 保证债务诉讼时效从2012年5月起算
D. 保证债务诉讼时效从2012年11月起算

268． 2014/3/10/单 新法改编
甲公司与乙公司达成还款计划书，约定在2012年7月30日归还100万元，8月30日归还200万元，9月30日归还300万元。丙公司对三笔还款提供连带责任保证，但未约定保证期间。后甲公司同意乙公司将三笔还款均顺延3个月，丙公司对此不知情。乙公司一直未还款，甲公司仅于2013年3月15日起诉要求丙公司承担保证责任。关于丙公司保证责任，下列哪一表述是正确的？
A. 丙公司保证担保的主债权为300万元
B. 丙公司保证担保的主债权为500万元
C. 丙公司保证担保的主债权为600万元
D. 因延长还款期限未经保证人同意，丙公司不再承担保证责任

专题十七 合同的变更、转让和权利义务终止

考点65 合同的变更

269． 2014/3/90/任
张某、方某共同出资，分别设立甲公司和丙公司。2013年3月1日，甲公司与乙公司签订了开发某房地产项目的《合作协议一》，约定如下："甲公司将丙公司10%的股权转让给乙公司，乙公司在协议签订之日起三日内向甲公司支付首付款4000万元，尾款1000万元在次年3月1日之前付清。首付款用于支付丙公司从某国土部门购买A地块土地使用权。如协议签订之日起三个月内丙公司未能获得A地块土地使用权致双方合作失败，乙公司有权终止协议。"
《合作协议一》签订后，乙公司经甲公司指示向张某、方某支付了4000万元首付款。张某、方某配合甲公司将丙公司的10%的股权过户给了乙公司。
2013年5月1日，因张某、方某未将前述4000万元支付给丙公司致其未能向某国土部门及时付款，A地块土地使用权被收回挂牌卖掉。
2013年6月4日，乙公司向甲公司发函："鉴于土地使用权已被国土部门收回，故我公司终止协议，请贵公司返还4000万元。"甲公司当即回函："我公司已把股权过户到贵公司名下，贵公司无权终止协议，请贵公司依约支付1000万元尾款。"
2013年6月8日，张某、方某与乙公司签订了《合作协议二》，对继续合作开发房地产项目做了新的安排，并约定："本协议签订之日，《合作协议一》自动作废。"丁公司经甲公司指示，向乙公司送达了《承诺函》："本公司代替甲公司承担4000万元的返还义务。"乙公司对此未置可否。
关于张某、方某与乙公司签订的《合作协议二》，下列表述正确的是：
A. 有效
B. 无效
C. 可变更
D. 《合作协议一》被《合作协议二》取代

考点66 合同权利的概括转移

270． 2009/3/3/单
甲公司分立为乙丙两公司，约定由乙公司承担甲公司全部债务的清偿责任，丙公司继受甲公司全部债权。关于该协议的效力，下列哪一选项是正确的？
A. 该协议仅对乙丙两公司具有约束力，对甲公司的债权人并非当然有效
B. 该协议无效，应当由乙丙两公司对甲公司的债务承担连带清偿责任
C. 该协议有效，甲公司的债权人只能请求乙公司对甲公司的债务承担清偿责任
D. 该协议效力待定，应当由甲公司的债权人选择分立后的公司清偿债务

271． 2013/3/59/多
债的法定移转指依法使债权债务由原债权债务人转移给新的债权债务人。下列哪些选项属于债的法定移转的情形？
A. 保险人对第三人的代位求偿权
B. 企业发生合并或者分立时对原债权债务的承担
C. 继承人在继承遗产范围内对被继承人生前债务的清偿
D. 根据买卖不破租赁规则，租赁物的受让人对原租赁合同的承受

考点67 债权转让与债务承担

272． 2010/3/57/多
甲向乙借款300万元于2008年12月30日到期，丁提供保证担保，丁仅对乙承担保证责任。后乙从甲处购买价值50万元的货物，双方约定2009年1月1日付款。2008年10月1日，乙将债权让与丙，并于同月15日通知甲，但未告知丁。对此，下列哪些选项是正确的？
A. 2008年10月1日债权让与在乙丙之间生效
B. 2008年10月15日债权让与对甲生效

C. 2008年10月15日甲可向丙主张抵销50万元
D. 2008年10月15日后丁的保证债务继续有效

273． 2011/3/12/单
甲公司对乙公司享有10万元债权,乙公司对丙公司享有20万元债权。甲公司将其债权转让给丁公司并通知了乙公司,丙公司未经乙公司同意,将其债务转移给戊公司。如丁公司对戊公司提起代位权诉讼,戊公司下列哪一抗辩理由能够成立?

A. 甲公司转让债权未获乙公司同意
B. 丙公司转移债务未经乙公司同意
C. 乙公司已经要求戊公司偿还债务
D. 乙公司、丙公司之间的债务纠纷有仲裁条款约束

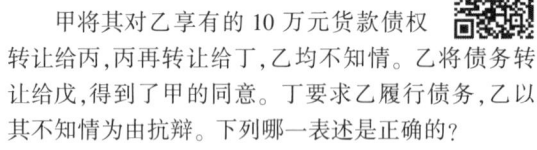

274． 2012/3/13/单
甲将其对乙享有的10万元货款债权转让给丙,丙再转让给丁,乙均不知情。乙将债务转让给戊,得到了甲的同意。丁要求乙履行债务,乙以其不知情为由抗辩。下列哪一表述是正确的?

A. 甲将债权转让给丙的行为无效
B. 丙将债权转让给丁的行为无效
C. 乙将债务转让给戊的行为无效
D. 如乙清偿10万元债务,则享有对戊的求偿权

275． 2012/3/88/任
甲公司将1台挖掘机出租给乙公司,为担保乙公司依约支付租金,丙公司担任保证人,丁公司以机器设备设置抵押。乙公司欠付10万元租金时,经甲公司、丙公司和丁公司口头同意,将6万元租金债务转让给戊公司。之后,乙公司为现金周转将挖掘机分别以45万元和50万元的价格先后出卖给丙公司和丁公司,丙公司和丁公司均已付款,但乙公司没有依约交付挖掘机。

因乙公司一直未向甲公司支付租金,甲公司便将挖掘机以48万元的价格出卖给王某,约定由乙公司直接将挖掘机交付给王某,王某首期付款20万元,尾款28万元待收到挖掘机后支付。此事,甲公司通知了乙公司。

王某未及取得挖掘机便死亡。王某临终立遗嘱,其遗产由其子大王和小王继承,遗嘱还指定小王为遗嘱执行人。因大王一直在外地工作,同意王某遗产由小王保管,没有进行遗产分割。在此期间,小王将挖掘机出卖给方某,没有征得大王的同意。

在乙公司将6万元租金债务转让给戊公司之后,关于丙公司和丁公司的担保责任,下列表述正确的是:

A. 丙公司仅需对乙公司剩余租金债务承担担保责任

B. 丁公司仅需对乙公司剩余租金债务承担担保责任
C. 丙公司仍应承担全部担保责任
D. 丁公司仍应承担全部担保责任

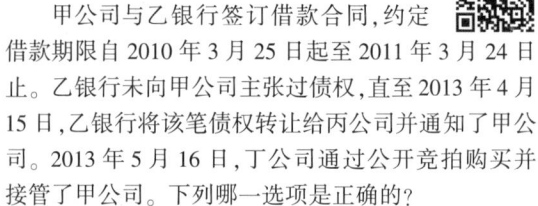

276． 2013/3/5/单
甲公司与乙银行签订借款合同,约定借款期限自2010年3月25日起至2011年3月24日止。乙银行未向甲公司主张过债权,直至2013年4月15日,乙银行将该笔债权转让给丙公司并通知了甲公司。2013年5月16日,丁公司通过公开竞拍购买并接管了甲公司。下列哪一选项是正确的?

A. 因乙银行转让债权通知了甲公司,故甲公司不得对丙公司主张诉讼时效的抗辩
B. 甲公司债务的诉讼时效从2013年4月15日起中断
C. 丁公司债务的诉讼时效从2013年5月16日起中断
D. 丁公司有权向丙公司主张诉讼时效的抗辩

277． 材料①:2012年2月,甲公司与其全资子公司乙公司签订了《协议一》,约定甲公司将其建设用地使用权用于抵偿其欠乙公司的2000万元债务,并约定了仲裁条款。但甲公司未依约将该用地使用权过户到乙公司名下,而是将之抵押给不知情的银行以获贷款,办理了抵押登记。

材料②:同年4月,甲公司、丙公司与丁公司签订了《协议二》,约定甲公司欠丁公司的5000万元债务由丙公司承担,且甲公司法定代表人张某为该笔债务提供保证,但未约定保证方式和期间。曾为该5000万元负债提供房产抵押担保的李某对《协议二》并不知情。同年5月,丁公司债权到期。

材料③:同年6月,丙公司丧失偿债能力。丁公司查知乙公司作为丙公司的股东(非发起人),对丙公司出资不实,尚有3000万元未注入丙公司。同年8月,乙公司既不承担出资不实的赔偿责任,又怠于向甲公司主张权利。

材料④:同年10月,甲公司股东戊公司与己公司签订了《协议三》,约定戊公司将其对甲公司享有的60%股权低价转让给己公司,戊公司承担甲公司此前的所有负债。请回答第(1)、(2)题。

(1) 2013/3/87/任
根据材料②,如丁公司主张债权,下列表述正确的是:

A. 丁公司有权向张某主张
B. 丁公司有权向李某主张
C. 丁公司有权向甲公司主张
D. 丁公司有权向丙公司主张

(2) 2013/3/91/任

根据材料④,关于《协议三》中债务承担的法律效力,下列表述正确的是:
A. 如未通知甲公司债权人,对甲公司债权人不发生效力
B. 如未经甲公司债权人同意,对甲公司债权人不发生效力
C. 因戊公司、己公司恶意串通而无效
D. 对戊公司、己公司有效

278. 2014/3/91/任

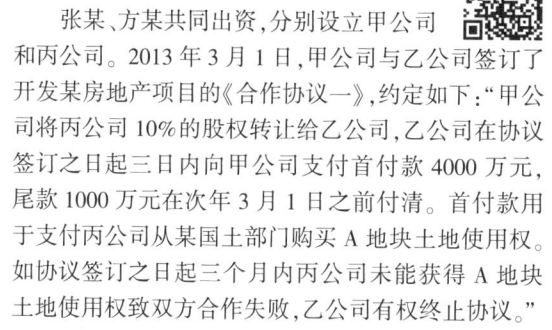

张某、方某共同出资,分别设立甲公司和丙公司。2013年3月1日,甲公司与乙公司签订了开发某房地产项目的《合作协议一》,约定如下:"甲公司将丙公司10%的股权转让给乙公司,乙公司在协议签订之日起三日内向甲公司支付首付款4000万元,尾款1000万元在次年3月1日之前付清。首付款用于支付丙公司从某国土部门购买A地块土地使用权。如协议签订之日起三个月内丙公司未能获得A地块土地使用权致双方合作失败,乙公司有权终止协议。"

《合作协议一》签订后,乙公司经甲公司指示向张某、方某支付了4000万元首付款。张某、方某配合甲公司将丙公司的10%的股权过户给了乙公司。

2013年5月1日,因张某、方某未将前述4000万元支付给丙公司致其未能向某国土部门及时付款,A地块土地使用权被收回挂牌卖掉。

2013年6月4日,乙公司向甲公司发函:"鉴于土地使用权已被国土部门收回,故我公司终止协议,请贵公司返还4000万元。"甲公司当即回函:"我公司已把股权过户到贵公司名下,贵公司无权终止协议,请贵公司依约支付1000万元尾款。"

2013年6月8日,张某、方某与乙公司签订了《合作协议二》,对继续合作开发房地产项目做了新的安排,并约定:"本协议签订之日,《合作协议一》自动作废。"丁公司经甲公司指示,向乙公司送达了《承诺函》:"本公司代替甲公司承担4000万元的返还义务。"乙公司对此未置可否。

关于丁公司的《承诺函》,下列表述正确的是:
A. 构成单方允诺
B. 构成保证
C. 构成并存的债务承担
D. 构成免责的债务承担

279. 2015/3/12/单

甲、乙两公司签订协议,约定甲公司向乙公司采购面包券。双方交割完毕,面包券上载明"不记名、不挂失,凭券提货"。甲公司将面包券转让给张某,后张某因未付款等原因被判处合同诈骗罪。面包券全部流入市场。关于协议和面包券的法律性质,下列哪一表述是正确的?
A. 面包券是一种物权凭证
B. 甲公司有权解除与乙公司的协议
C. 如甲公司通知乙公司停止兑付面包券,乙公司应停止兑付
D. 如某顾客以合理价格从张某处受让面包券,该顾客有权请求乙公司兑付

280. 2015/3/88/任

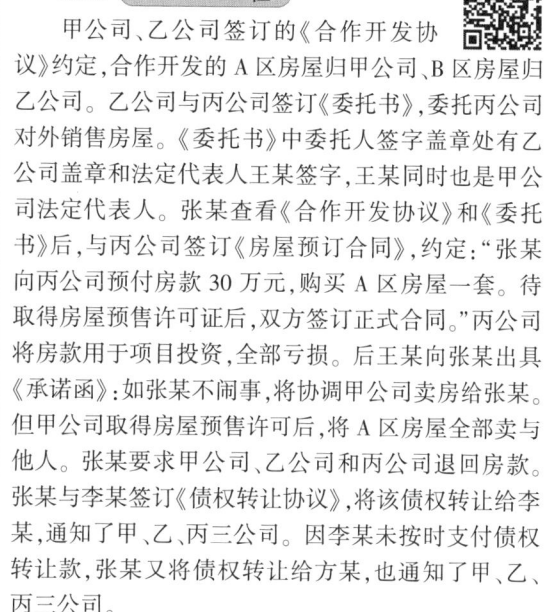

甲公司、乙公司签订的《合作开发协议》约定,合作开发的A区房屋归甲公司、B区房屋归乙公司。乙公司与丙公司签订《委托书》,委托丙公司对外销售房屋。《委托书》中委托人签字盖章处有乙公司盖章和法定代表人王某签字,王某同时也是甲公司法定代表人。张某查看《合作开发协议》和《委托书》后,与丙公司签订《房屋预订合同》,约定:"张某向丙公司预付房款30万元,购买A区房屋一套。待取得房屋预售许可证后,双方签订正式合同。"丙公司将房款用于项目投资,全部亏损。后王某向张某出具《承诺函》:如张某不闹事,将协调甲公司卖房给张某。但甲公司取得房屋预售许可后,将A区房屋全部卖与他人。张某要求甲公司、乙公司和丙公司退回房款。张某与李某签订《债权转让协议》,将该债权转让给李某,通知了甲、乙、丙三公司。因李某未按时支付债权转让款,张某又将债权转让给方某,也通知了甲、乙、丙三公司。

关于30万元预付房款,下列表述正确的是:
A. 由丙公司退给李某
B. 由乙公司和丙公司退给李某
C. 由丙公司退给方某
D. 由乙公司和丙公司退给方某

281. 2017/3/9/单

甲经乙公司股东丙介绍购买乙公司矿粉,甲依约预付了100万元货款,乙公司仅交付部分矿粉,经结算欠甲50万元货款。乙公司与丙商议,由乙公司和丙以欠款人的身份向甲出具欠条。其后,乙公司未按期支付。关于丙在欠条上签名的行为,下列哪一选项是正确的?
A. 构成第三人代为清偿
B. 构成免责的债务承担
C. 构成并存的债务承担
D. 构成无因管理

考点68 合同的消灭:合同解除

282. 2009/3/11/单

关于合同解除的表述,下列哪一选项是正确的?

A. 赠与合同的赠与人享有任意解除权
B. 承揽合同的承揽人享有任意解除权
C. 没有约定保管期间保管合同的保管人享有任意解除权
D. 中介合同的中介人享有任意解除权

283． 2011/3/13/单

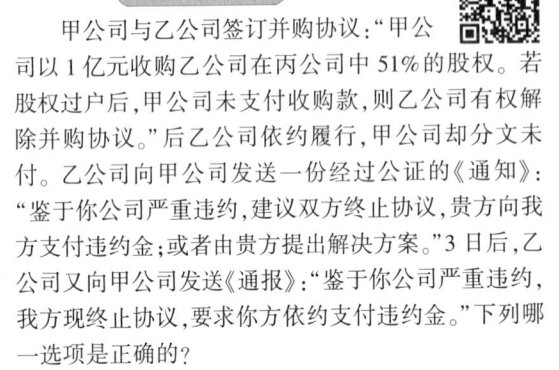

甲公司与乙公司签订并购协议："甲公司以1亿元收购乙公司在丙公司中51%的股权。若股权过户后，甲公司未支付收购款，则乙公司有权解除并购协议。"后乙公司依约履行，甲公司却分文未付。乙公司向甲公司发送一份经过公证的《通知》："鉴于你公司严重违约，建议双方终止协议，贵方向我方支付违约金；或者由贵方提出解决方案。"3日后，乙公司又向甲公司发送《通报》："鉴于你公司严重违约，我方现终止协议，要求你方依约支付违约金。"下列哪一选项是正确的？

A.《通知》送达后，并购协议解除
B.《通报》送达后，并购协议解除
C. 甲公司对乙公司解除并购协议的权利不得提出异议
D. 乙公司不能既要求终止协议，又要求甲公司支付违约金

284． 张某、方某共同出资，分别设立甲公司和丙公司。2013年3月1日，甲公司与乙公司签订了开发某房地产项目的《合作协议一》，约定如下："甲公司将丙公司10%的股权转让给乙公司，乙公司在协议签订之日起三日内向甲公司支付首付款4000万元，尾款1000万元在次年3月1日之前付清。首付款用于支付丙公司从某国土部门购买A地块土地使用权。如协议签订之日起三个月内丙公司未能获得A地块土地使用权致双方合作失败，乙公司有权终止协议。"

《合作协议一》签订后，乙公司经甲公司指示向张某、方某支付了4000万元首付款。张某、方某配合甲公司将丙公司的10%的股权过户给了乙公司。

2013年5月1日，因张某、方某未将前述4000万元支付给丙公司致其未能向某国土部门及时付款，A地块土地使用权被收回挂牌卖掉。

2013年6月4日，乙公司向甲公司发函："鉴于土地使用权已被国土部门收回，故我公司终止协议，请贵公司返还4000万元。"甲公司当即回函："我公司已把股权过户到贵公司名下，贵公司无权终止协议，请贵公司依约支付1000万元尾款。"

2013年6月8日，张某、方某与乙公司签订了《合作协议二》，对继续合作开发房地产项目做了新的安排，并约定："本协议签订之日，《合作协议一》自动作废。"丁公司经甲公司指示，向乙公司送了《承诺函》："本公司代替甲公司承担4000万元的返还义

务。"乙公司对此未置可否。请回答第(1)、(2)题。

(1) 2014/3/87/任

关于2013年6月4日乙公司向甲公司发函，下列表述正确的是：

A. 行使的是约定解除权
B. 行使的是法定解除权
C. 有权要求返还4000万元
D. 无权要求返还4000万元

(2) 2014/3/89/任

关于甲公司的回函，下列表述正确的是：

A. 甲公司对乙公司解除合同提出了异议
B. 甲公司对乙公司提出的异议理由成立
C. 乙公司不向甲公司支付尾款构成违约
D. 乙公司可向甲公司主张不安抗辩权拒不向甲公司支付尾款

考点69 合同的消灭：其他方式

285． 2012/3/14/单

乙在甲提存机构办好提存手续并通知债权人丙后，将2台专业相机、2台天文望远镜交甲提存。后乙另行向丙履行了提存之债，要求取回提存物。但甲机构工作人员在检修自来水管道时因操作不当引起大水，致乙交存的物品严重毁损。下列哪一选项是错误的？

A. 甲机构构成违约行为
B. 甲机构应承担赔偿责任
C. 乙有权主张赔偿财产损失
D. 丙有权主张赔偿财产损失

专题十八　违约责任

考点70 违约责任的构成与免责

286． 2009/3/57/多

孙女士于2004年5月1日从某商场购买一套化妆品，使用后皮肤红肿出疹，就医不愈花费巨大。2005年4月，孙女士多次交涉无果将商场诉至法院。下列哪些说法是正确的？

A. 孙女士可以要求商场承担违约责任
B. 孙女士可以要求商场承担侵权责任
C. 孙女士可以要求商场承担缔约过失责任
D. 孙女士可以要求撤销合同

287． 2015/3/58/多

赵某从商店购买了一台甲公司生产的家用洗衣机，洗涤衣物时，该洗衣机因技术缺陷发生爆裂，叶轮飞出造成赵某严重人身损害并毁坏衣物。赵某的下列哪些诉求是正确的？

A. 商店应承担更换洗衣机或退货、赔偿衣物损失和赔偿人身损害的违约责任
B. 商店应按违约责任更换洗衣机或者退货,也可请求甲公司按侵权责任赔偿衣物损失和人身损害
C. 商店或者甲公司应赔偿因洗衣机缺陷造成的损害
D. 商店或者甲公司应赔偿物质损害和精神损害

288． 2021回忆/多

张大爷有一养育多年的宠物狗,感情颇深。因为搬家,张大爷与甲公司订立了宠物托运合同,甲公司又与乙快递公司订立了运输合同。乙快递公司员工朱某为了节省成本擅自改变了运输方式导致宠物狗死亡,张大爷因伤心过度致心脏病复发住院一周。关于张大爷可采取的救济方式,下列哪些说法是正确的?
A. 要求甲公司承担违约责任
B. 要求乙公司承担违约责任
C. 要求朱某承担赔偿责任
D. 请求违约赔偿,也可以一并主张精神损害赔偿

289． 2023回忆/单

甲因参加某自行车比赛,在乙处购买自行车,约定由乙运输。乙在运输途中遭遇山洪暴发,道路完全阻断,抢修数日后才通行。乙运输到目的地时,自行车比赛已经结束。对此,下列哪一说法是正确的?
A. 甲有权以合同目的无法实现为由解除合同
B. 乙应承担迟延履行的违约责任
C. 不可抗力是乙应承担的商业风险
D. 乙无权因不可抗力主张免除违约责任

考点71 违约责任的形式

290． 甲公司与乙公司签订了一份手机买卖合同,约定:甲公司供给乙公司某型号手机1000部,每部单价1000元,乙公司支付定金30万元,任何一方违约应向对方支付合同总价款30%的违约金。合同签订后,乙公司向甲公司支付了30万元定金,并将该批手机转售给丙公司,每部单价1100元,指明由甲公司直接交付给丙公司。但甲公司未按约定期间交货。请回答(1)~(3)题。

(1) 2010/3/91/任

关于返还定金和支付违约金,乙公司向甲公司提出请求,下列表述正确的是:
A. 请求甲公司双倍返还定金60万元并支付违约金30万元
B. 请求甲公司双倍返还定金40万元并支付违约金30万元

C. 请求甲公司双倍返还定金60万元或者支付违约金30万元
D. 请求甲公司双倍返还定金40万元或者支付违约金30万元

(2) 2010/3/92/任

关于甲公司违约时继续履行债务,下列表述错误的是:
A. 乙公司在请求甲公司支付违约金以后,就不能请求其继续履行债务
B. 乙公司在请求甲公司支付违约金的同时,还可请求其继续履行债务
C. 乙公司在请求甲公司继续履行债务以后,就不能请求其支付违约金
D. 乙公司可选择请求甲公司支付违约金,或请求其继续履行债务

(3) 2010/3/93/任

关于甲、乙、丙公司间违约责任的承担,下列表述正确的是:
A. 如乙公司未向丙公司承担违约责任,则丙公司有权请求甲公司向自己承担违约责任
B. 如乙公司未向丙公司承担违约责任,则丙公司无权请求甲公司向自己承担违约责任
C. 如甲公司迟延向丙公司交货,则丙公司有权请求乙公司承担迟延交货的违约责任
D. 如甲公司迟延向丙公司交货,则丙公司无权请求乙公司承担迟延交货的违约责任

291． 2012/3/1/单

张某从银行贷得80万元用于购买房屋,并以该房屋设定了抵押。在借款期间房屋被洪水冲毁。张某尽管生活艰难,仍想方设法还清了银行贷款。对此,周围多有议论。根据社会主义法治理念和民法有关规定,下列哪一观点可以成立?
A. 甲认为,房屋被洪水冲毁属于不可抗力,张某无须履行还款义务。坚持还贷是多此一举
B. 乙认为,张某已不具备还贷能力,无须履行还款义务。坚持还贷是为难自己
C. 丙认为,张某对房屋的毁损没有过错,且此情况不止一家,银行应将贷款作坏账处理。坚持还贷是一厢情愿
D. 丁认为,张某与银行的贷款合同并未因房屋被冲毁而消灭。坚持还贷是严守合约、诚实信用

292． 2013/3/14/单

甲乙签订一份买卖合同,约定违约方应向对方支付18万元违约金。后甲违约,给乙造成损失15万元。下列哪一表述是正确的?
A. 甲应向乙支付违约金18万元,不再支付其他

费用或者赔偿损失
B．甲应向乙赔偿损失 15 万元,不再支付其他费用或者赔偿损失
C．甲应向乙赔偿损失 15 万元并支付违约金 18 万元,共计 33 万元
D．甲应向乙赔偿损失 15 万元及其利息

293． 2017/3/13/单

甲、乙两公司约定:甲公司向乙公司支付 5 万元研发费用,乙公司完成某专用设备的研发生产后双方订立买卖合同,将该设备出售给甲公司,价格暂定为 100 万元,具体条款另行商定。乙公司完成研发生产后,却将该设备以 120 万元卖给丙公司,甲公司得知后提出异议。下列哪一选项是正确的?
A．甲、乙两公司之间的协议系承揽合同
B．甲、乙两公司之间的协议系附条件的买卖合同
C．乙、丙两公司之间的买卖合同无效
D．甲公司可请求乙公司承担违约责任

294． 2023 回忆/多

王某在李某的手机店内购买一部新手机,使用一个月后出现故障,遂去张某的维修店维修,发现该手机在购买前有使用记录,属于翻新机。对此,王某的下列哪些做法是正确的?
A．请求李某返还部分手机款
B．解除手机买卖合同
C．基于显失公平撤销手机买卖合同
D．基于欺诈撤销手机买卖合同

专题十九 转移财产权利合同

考点72 买卖合同的成立与风险负担

295． 2013/3/61/多

甲乙约定卖方甲负责将所卖货物运送至买方乙指定的仓库。甲如约交货,乙验收收货,但甲未将产品合格证和原产地证明文件交给乙。乙已经支付80%的货款。交货当晚,因山洪暴发,乙仓库内的货物全部毁损。下列哪些表述是正确的?
A．乙应当支付剩余 20% 的货款
B．甲未交付产品合格证与原产地证明,构成违约,但货物损失由乙承担
C．乙有权要求解除合同,并要求甲返还已支付的 80% 货款
D．甲有权要求乙支付剩余的 20% 货款,但应补交已经毁损的货物

296． 2016/3/57/多

甲公司借用乙公司的一套设备,在使用过程中不慎损坏一关键部件,于是甲公司提出买下该套设备,乙公司同意出售。双方还口头约定在甲公司支付价款前,乙公司保留该套设备的所有权。不料在支付价款前,甲公司生产车间失火,造成包括该套设备在内的车间所有财物被烧毁。对此,下列哪些选项是正确的?
A．乙公司已经履行了交付义务,风险责任应由甲公司负担
B．在设备被烧毁时,所有权属于乙公司,风险责任应由乙公司承担
C．设备虽然已经被烧毁,但甲公司仍然需要支付原定价款
D．双方关于该套设备所有权保留的约定应采用书面形式

297． 2018 回忆/多

乙有一台高配电脑 A,由于使用不习惯,决定转让。甲知晓后,出于工作需要,表示愿意出原价购买,乙同意,但表示必须在甲付款后才能交付电脑。甲依约定向乙支付了约定的价款,但乙在交付时却将另一台低配的电脑 B 交付给了甲。甲使用时发现,根本无法处理工作中需要的大型软件,检查后发现乙交付的电脑有问题。三天后,甲家突然意外失火,导致电脑被焚毁。关于电脑的损失承担,下列说法正确的是:
A．甲通知乙要求解除合同后,电脑损失的风险由乙承担
B．甲通知乙要求解除合同前,电脑损失的风险由乙承担
C．甲通知乙要求解除合同前,电脑损失的风险由甲承担
D．甲通知乙要求解除合同后,电脑损失的风险由甲承担

考点73 一物多卖

298． 2013/3/11/单

甲有件玉器,欲转让,与乙签订合同,约好 10 日后交货付款;第二天,丙见该玉器,愿以更高的价格购买,甲遂与丙签订合同,丙当即支付了 80% 的价款,约好 3 天后交货;第三天,甲又与丁订立合同,将该玉器卖给丁,并当场交付,但丁仅支付了 30% 的价款。后乙、丙均要求甲履行合同,诉至法院。下列哪一表述是正确的?
A．应认定丁取得了玉器的所有权
B．应支持丙要求甲交付玉器的请求
C．应支持乙要求甲交付玉器的请求
D．第一份合同有效,第二、三份合同均无效

299． 2016/3/12/单

甲为出售一台挖掘机分别与乙、丙、

丁、戊签订买卖合同,具体情形如下:2016年3月1日,甲胁迫乙订立合同,约定货到付款;4月1日,甲与丙签订合同,丙支付20%的货款;5月1日,甲与丁签订合同,丁支付全部货款;6月1日,甲与戊签订合同,甲将挖掘机交付给戊。上述买受人均要求实际履行合同,就履行顺序产生争议。关于履行顺序,下列哪一选项是正确的?

A. 戊、丙、丁、乙
B. 戊、丁、丙、乙
C. 乙、丁、丙、戊
D. 丁、戊、乙、丙

考点74 特种买卖合同

300. 2009/3/59/多
曾某购买某汽车销售公司的轿车一辆,总价款20万元,约定分10次付清,每次两万元,每月的第一天支付。曾某按期支付六次共计12万元后,因该款汽车大幅降价,曾某遂停止付款,经催告后,依然不履行。下列哪些表述是正确的?

A. 汽车销售公司有权要求曾某一次性付清余下的8万元价款
B. 汽车销售公司有权通知曾某解除合同
C. 汽车销售公司有权收回汽车,并且收取曾某汽车使用费
D. 汽车销售公司有权收回汽车,但不退还曾某已经支付的12万元价款

301. 2012/3/9/单
甲将其1辆汽车出卖给乙,约定价款30万元。乙先付了20万元,余款在6个月内分期支付。在分期付款期间,甲先将汽车交付给乙,但明确约定付清全款后甲才将汽车的所有权移转给乙。嗣后,甲又将该汽车以20万元的价格卖给不知情的丙,并以指示交付的方式完成交付。下列哪一表述是正确的?

A. 在乙分期付款期间,汽车已经交付给乙,乙即取得汽车的所有权
B. 在乙分期付款期间,汽车虽然已经交付给乙,但甲保留了汽车的所有权,故乙不能取得汽车的所有权
C. 丙对甲、乙之间的交易不知情,可以依据善意取得制度取得汽车所有权
D. 丙不能依甲的指示交付取得汽车所有权

302. 2016/3/61/多 新法改编
周某以6000元的价格向吴某出售一台电脑,双方约定五个月内付清货款,每月支付1200元,在全部价款付清前电脑所有权不转移。合同生效后,周某将电脑交给吴某使用。其间,电脑出现故障,吴某将电脑交周某修理,但周某修好后以6200元的价格将该电脑出售并交付给不知情的王某。对此,下列哪些说法是正确的?

A. 王某可以取得该电脑所有权
B. 在吴某无力支付最后一个月的价款时,经催告后合理期限内不履行的,周某可行使取回权
C. 如吴某未支付到期货款达1800元,经催告后合理期限内不履行的,周某可要求其一次性支付剩余货款
D. 如吴某未支付到期货款达1800元,经催告后合理期限内不履行的,周某可要求解除合同,并要求吴某支付一定的电脑使用费

303. 2018回忆/多
甲将一套房屋以200万元的价格卖给了乙,双方约定:"全部价款分10次付清,每期20万元,在乙支付完毕价款前,甲保留房屋的所有权。"甲向乙交付了房屋。乙支付第4期价款后,甲为乙办理了过户登记,但乙一直没有支付第5期与第6期价款,经催告后依然不履行。对此,下列说法正确的是:

A. 房屋所有权人依然是甲
B. 乙已经取得房屋的所有权
C. 甲有权请求乙一次支付剩余的全部价款
D. 甲有权解除房屋买卖合同,并请求乙返还房屋

考点75 商品房买卖合同

304. 2012/3/10/单
甲公司未取得商铺预售许可证,便与李某签订了《商铺认购书》,约定李某支付认购金即可取得商铺优先认购权,商铺正式认购时甲公司应优先通知李某选购。双方还约定了认购面积和房价,但对楼号、房型未作约定。李某依约支付了认购金。甲公司取得预售许可后,未通知李某前来认购,将商铺售罄。关于《商铺认购书》,下列哪一表述是正确的?

A. 无效,因甲公司未取得预售许可证即对外销售
B. 不成立,因合同内容不完整
C. 甲公司未履行通知义务,构成根本违约
D. 甲公司须承担继续履行的违约责任

305. 2016/3/13/单
2013年甲购买乙公司开发的商品房一套,合同约定面积为135平米。2015年交房时,住建部门的测绘报告显示,该房的实际面积为150平米。对此,下列哪一说法是正确的?

A. 房屋买卖合同存在重大误解,乙公司有权请求予以撤销

B. 甲如在法定期限内起诉请求解除房屋买卖合同,法院应予支持
C. 如双方同意房屋买卖合同继续履行,甲应按实际面积支付房款
D. 如双方同意房屋买卖合同继续履行,甲仍按约定面积支付房款

306． 2017/3/59/多
冯某与丹桂公司订立商品房买卖合同,购买了该公司开发的住宅楼中的一套住房。合同订立后,冯某发现该房屋存在问题,要求解除合同。就冯某提出的解除合同的理由,下列哪些选项是正确的?
A. 房屋套内建筑面积与合同约定面积误差比绝对值超过5%的
B. 商品房买卖合同订立后,丹桂公司未告知冯某又将该住宅楼整体抵押给第三人的
C. 房屋交付使用后,房屋主体结构质量经核验确属不合格的
D. 房屋存在质量问题,在保修期内丹桂公司拒绝修复的

考点76 供用电、水、气、热力合同

307． 2017/3/55/多
九华公司在未接到任何事先通知的情况下突然被断电,遭受重大经济损失。下列哪些情况下供电公司应承担赔偿责任?
A. 因供电设施检修中断供电
B. 为保证居民生活用电而拉闸限电
C. 因九华公司违法用电而中断供电
D. 因电线被超高车辆挂断而断电

308． 2014/3/60/多
甲公司与小区业主吴某订立了供热合同。因吴某要出国进修半年,向甲公司申请暂停供热未果,遂拒交上一期供热费。下列哪些表述是正确的?
A. 甲公司可以直接解除供热合同
B. 经催告吴某在合理期限内未交费,甲公司可以解除供热合同
C. 经催告吴某在合理期限内未交费,甲公司可以中止供热
D. 甲公司可以要求吴某承担违约责任

考点77 赠与合同

309． 2014/3/4/单
宗某患尿毒症,其所在单位甲公司组织员工捐款20万元用于救治宗某。此20万元存放于专门设立的账户中。宗某医治无效死亡,花了15万元医疗费。关于余下5万元,下列哪一表述是正确的?
A. 应归甲公司所有
B. 应归宗某继承人所有
C. 应按比例退还员工
D. 应用于同类公益事业

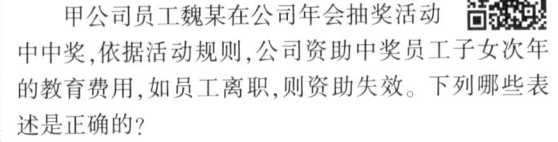

310． 2014/3/61/多
甲公司员工魏某在公司年会抽奖活动中中奖,依据活动规则,公司资助中奖员工子女次年的教育费用,如员工离职,则资助失效。下列哪些表述是正确的?
A. 甲公司与魏某成立附条件赠与
B. 甲公司与魏某成立附义务赠与
C. 如魏某次年离职,甲公司无给付义务
D. 如魏某次年未离职,甲公司在给付前可撤销资助

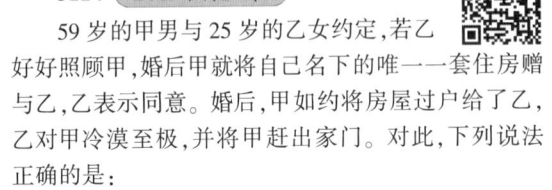

311． 2019回忆/单
59岁的甲男与25岁的乙女约定,若乙好好照顾甲,婚后甲就将自己名下的唯一一套住房赠与乙,乙表示同意。婚后,甲如约将房屋过户给了乙,乙对甲冷漠至极,并将甲赶出家门。对此,下列说法正确的是:
A. 甲可向法院主张撤销该婚姻
B. 甲可主张与乙之间的婚姻无效
C. 甲可撤销对于乙的赠与
D. 赠与是真实意思,甲不能撤销

考点78 借款合同

312． 2015/3/51/多
自然人甲与乙签订了年利率为30%、为期1年的1000万元借款合同。后双方又签订了房屋买卖合同,约定:"甲把房屋卖给乙,房款为甲的借款本息之和。甲须在一年内以该房款分6期回购房屋。如甲不回购,乙有权直接取得房屋所有权。"乙交付借款时,甲出具收到全部房款的收据。后甲未按约定回购房屋,也未把房屋过户给乙。因房屋价格上涨至3000万元,甲主张偿还借款本息。下列哪些选项是正确的?
A. 甲乙之间是借贷合同关系,不是房屋买卖合同关系
B. 应在不超过银行同期贷款利率的四倍以内承认借款利息
C. 乙不能获得房屋所有权
D. 因甲未按约定偿还借款,应承担违约责任

313． 2017/3/90/任
甲服装公司与乙银行订立合同,约定

甲公司向乙银行借款300万元,用于购买进口面料。同时,双方订立抵押合同,约定甲公司以其现有的以及将有的生产设备、原材料、产品为前述借款设立抵押。借款合同和抵押合同订立后,乙银行向甲公司发放了贷款,但未办理抵押登记。之后,根据乙银行要求,丙为此项贷款提供连带责任保证,丁以一台大型挖掘机作质押并交付。

如甲公司违反合同约定将借款用于购买办公用房,则乙银行享有的权利有:
A. 提前收回借款
B. 解除借款合同
C. 请求甲公司按合同约定支付违约金
D. 对甲公司所购办公用房享有优先受偿权

考点79 租赁合同

314. 〔2009/3/60/多〕
甲将自己的一套房屋租给乙住,乙又擅自将房屋租给丙住。丙是个飞镖爱好者,因练飞镖将房屋的墙面损坏。下列哪些选项是正确的?
A. 甲有权要求解除与乙的租赁合同
B. 甲有权要求乙赔偿墙面损坏造成的损失
C. 甲有权要求丙搬出房屋
D. 甲有权要求丙支付租金

315. 〔2011/3/57/多〕
丁某将其所有的房屋出租给方某,方某将该房屋转租给唐某。下列哪些表述是正确的?
A. 丁某在租期内基于房屋所有权可以对方某主张返还请求权,方某可以基于其与丁某的合法的租赁关系主张抗辩权
B. 方某未经丁某同意将房屋转租,并已实际交付给唐某租用,则丁某无权请求唐某返还房屋
C. 如丁某与方某的租赁合同约定,方某未经丁某同意将房屋转租,丁某有权解除租赁合同,则在合同解除后,其有权请求唐某返还房屋
D. 如丁某与方某的租赁合同约定,方某未经丁某同意将房屋转租,丁某有权解除租赁合同,则在合同解除后,在丁某向唐某请求返还房屋时,唐某可以基于与方某的租赁关系进行有效的抗辩

316. 〔2013/3/10/单〕
甲与乙订立房屋租赁合同,约定租期5年。半年后,甲将该出租房屋出售给丙,但未通知乙。不久,乙以其房屋优先购买权受侵害为由,请求法院判决甲丙之间的房屋买卖合同无效。下列哪一表述是正确的?
A. 甲出售房屋无须通知乙

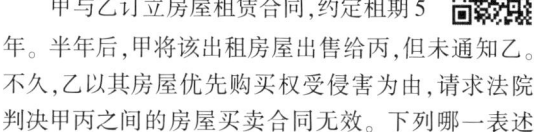

B. 丙有权根据善意取得规则取得房屋所有权
C. 甲侵害了乙的优先购买权,但甲丙之间的合同有效
D. 甲出售房屋应当征得乙的同意

317. 〔2014/3/14/单〕
孙某与李某签订房屋租赁合同,李某承租后与陈某签订了转租合同,孙某表示同意。但是,孙某在与李某签订租赁合同之前,已经把该房租给了王某并已交付。李某、陈某、王某均要求继续租赁该房屋。下列哪一表述是正确的?
A. 李某有权要求王某搬离房屋
B. 陈某有权要求王某搬离房屋
C. 李某有权解除合同,要求孙某承担赔偿责任
D. 陈某有权解除合同,要求孙某承担赔偿责任

318. 〔2015/3/11/单〕
甲将房屋租给乙,在租赁期内未通知乙就把房屋出卖并过户给不知情的丙。乙得知后劝丙退出该交易,丙拒绝。关于乙可以采取的民事救济措施,下列哪一选项是正确的?
A. 请求解除租赁合同,因甲出卖房屋未通知乙,构成重大违约
B. 请求法院确认买卖合同无效
C. 主张由丙承担侵权责任,因丙侵犯了乙的优先购买权
D. 主张由甲承担赔偿责任,因甲出卖房屋未通知乙而侵犯了乙的优先购买权

319. 〔2015/3/59/多〕
甲将其临街房屋和院子出租给乙作为汽车修理场所。经同意,乙先后两次自费扩建多间房屋作为烤漆车间。乙在又一次扩建报批过程中发现,甲出租的全部房屋均未经过城市规划部门批准,属于违章建筑。下列哪些选项是正确的?
A. 租赁合同无效
B. 因甲、乙对于扩建房屋都有过错,应分担扩建房屋的费用
C. 因甲未告知乙租赁物为违章建筑,乙可解除租赁合同
D. 乙可继续履行合同,待违章建筑被有关部门确认并影响租赁物使用时,再向甲主张违约责任

320. 〔2016/3/60/多〕
居民甲将房屋出租给乙,乙经甲同意对承租房进行了装修并转租给丙。丙擅自更改房屋承重结构,导致房屋受损。对此,下列哪些选项是正确的?
A. 无论有无约定,乙均有权于租赁期满时请求

甲补偿装修费用
B. 甲可请求丙承担违约责任
C. 甲可请求丙承担侵权责任
D. 甲可请求乙承担违约责任

321． 2017/3/8/单
甲以某商铺作抵押向乙银行借款，抵押权已登记，借款到期后甲未偿还。甲提前得知乙银行将起诉自己，在乙银行起诉前将该商铺出租给不知情的丙，预收了1年租金。半年后经乙银行请求，该商铺被法院委托拍卖，由丁竞买取得。下列哪一选项是正确的？
A. 甲与丙之间的租赁合同无效
B. 丁有权请求丙腾退商铺，丙有权要求丁退还剩余租金
C. 丁有权请求丙腾退商铺，丙无权要求丁退还剩余租金
D. 丙有权要求丁继续履行租赁合同

322． 2017/3/60/多
居民甲经主管部门批准修建了一排临时门面房，核准使用期限为2年，甲将其中一间租给乙开餐馆，租期2年。期满后未办理延长使用期限手续，甲又将该房出租给了丙，并签订了1年的租赁合同。因租金问题，发生争议。下列哪些选项是正确的？
A. 甲与乙的租赁合同无效
B. 甲与丙的租赁合同无效
C. 甲无权将该房继续出租给丙
D. 甲无权向丙收取该年租金

323． 2022回忆/多
甲、乙签订租房合同，甲将一套房屋租给乙。租赁期限内，甲将房屋卖给丙，办理了过户登记。下列哪些说法是正确？
A. 租赁期限内，乙有权继续承租该房屋
B. 乙可以优先购买权被侵害为由向甲主张赔偿
C. 乙可以优先购买权被侵害为由向丙主张赔偿
D. 租赁期满后，若丙要继续出租房屋，乙在同等条件下享有优先承租权

考点80 融资租赁合同

324． 2016/3/88/任
甲、乙、丙三人签订合伙协议并开始经营，但未取字号，未登记，也未推举负责人。其间，合伙人与顺利融资租赁公司签订融资租赁合同，租赁淀粉加工设备一台，约定租赁期限届满后设备归承租人所有。合同签订后，出租人按照承租人的选择和要求向设备生产商丁公司支付了价款。
如租赁期间因设备自身原因停机，造成承租人损

失。下列说法正确的是：
A. 出租人应减少租金
B. 应由丁公司修理并赔偿损失
C. 承租人向丁公司请求承担责任时，出租人有协助义务
D. 出租人与丁公司承担连带责任

325． 2017/3/61/多
甲融资租赁公司与乙公司签订融资租赁合同，约定乙公司向甲公司转让一套生产设备，转让价为评估机构评估的市场价200万元，再租给乙公司使用2年，乙公司向甲公司支付租金300万元。合同履行过程中，因乙公司拖欠租金，甲公司诉至法院。下列哪些选项是正确的？
A. 甲公司与乙公司之间为资金拆借关系
B. 甲公司与乙公司之间为融资租赁合同关系
C. 甲公司与乙公司约定的年利率超过24%的部分无效
D. 甲公司已取得生产设备的所有权

专题二十 完成工作交付成果合同

考点81 承揽合同

326． 2014/3/11/单
方某为送汤某生日礼物，特向余某定做一件玉器。订货单上，方某指示余某将玉器交给汤某，并将订货情况告知汤某。玉器制好后，余某委托朱某将玉器交给汤某，朱某不慎将玉器碰坏。下列哪一表述是正确的？
A. 汤某有权要求余某承担违约责任
B. 汤某有权要求朱某承担侵权责任
C. 方某有权要求朱某承担侵权责任
D. 方某有权要求余某承担违约责任

327． 2022回忆/任
万某自购名贵布料交给佟某，让佟某为其女友量身定制旗袍。因材质复杂，佟某需要额外购入设备，花费5000元。万某与佟某约定6月15日完工，万某预付了2万元工钱（包含5000元设备购置费）。6月13日，万某跟女友分手，通知佟某停止制作旗袍，此时旗袍已经接近完工。下列说法正确的是：
A. 万某需承担制作旗袍的大部分费用
B. 万某有权解除合同
C. 所购设备所有权归佟某
D. 未完工旗袍所有权由万某、佟某共有

考点82 建设工程合同

328． 2010/3/59/多
甲公司将一工程发包给乙建筑公司，

经甲公司同意,乙公司将部分非主体工程分包给丙建筑公司,丙公司又将其中一部分分包给丁建筑公司。后丁公司因工作失误致使工程不合格,甲公司欲索赔。对此,下列哪些说法是正确的?
 A. 上述工程承包合同均无效
 B. 丙公司在向乙公司赔偿损失后,有权向丁公司追偿
 C. 甲公司有权要求丁公司承担民事责任
 D. 法院可收缴丙公司由于分包已经取得的非法所得

329． 2012/3/61/多
甲公司与乙公司签订建设工程施工合同,将工程发包给乙公司施工,约定乙公司垫资1000万元,未约定垫资利息。甲公司、乙公司经备案的中标合同中工程造价为1亿元,但双方私下约定的工程造价为8000万元,均未约定工程价款的支付时间。7月1日,乙公司将经竣工验收合格的建设工程实际交付给甲公司,甲公司一直拖欠工程款。关于乙公司,下列哪些表述是正确的?
 A. 1000万元垫资应按工程欠款处理
 B. 有权要求甲公司支付1000万元垫资自7月1日起的利息
 C. 有权要求甲公司支付1亿元
 D. 有权要求甲公司支付1亿元自7月1日起的利息

330． 2015/3/14/单
甲公司与没有建筑施工资质的某施工队签订合作施工协议,由甲公司投标乙公司的办公楼建筑工程,施工队承建并向甲公司交纳管理费。中标后,甲公司与乙公司签订建筑施工合同。工程由施工队负责施工。办公楼竣工验收合格交付给乙公司。乙公司尚有部分剩余工程款未支付。下列哪一选项是正确的?
 A. 合作施工协议有效
 B. 建筑施工合同属于效力待定
 C. 施工队有权向甲公司主张工程款
 D. 甲公司有权拒绝支付剩余工程款

331． 2017/3/55/多
甲公司以一地块的建设用地使用权作抵押向乙银行借款3000万元,办理了抵押登记。其后,甲公司在该地块上开发建设住宅楼,由丙公司承建。甲公司在取得预售许可后与丁订立了商品房买卖合同,丁交付了80%的购房款。现住宅楼已竣工验收,但甲公司未能按期偿还乙银行借款,并欠付丙公司工程款1500万元,乙银行和丙公司同时主张权利,法院拍卖了该住宅楼。下列哪些选项是正确的?

 A. 乙银行对建设用地使用权拍卖所得价款享有优先受偿权
 B. 乙银行对该住宅楼拍卖所得价款享有优先受偿权
 C. 丙公司对该住宅楼及其建设用地使用权的优先受偿权优先于乙银行的抵押权
 D. 丙公司对该住宅楼及其建设用地使用权的优先受偿权不得对抗丁对其所购商品房的权利

332． 2017/3/62/多
甲房地产开发公司开发一个较大的花园公寓项目,作为发包人,甲公司将该项目的主体工程发包给了乙企业,签署了建设工程施工合同。乙企业一直未取得建筑施工企业资质。现该项目主体工程已封顶完工。就相关合同效力及工程价款,下列哪些说法是正确的?
 A. 该建设工程施工合同无效
 B. 因该项目主体工程已封顶完工,故建设工程施工合同不应认定为无效
 C. 该项目主体工程经竣工验收合格,则乙企业可参照合同约定请求甲公司支付工程价款
 D. 该项目主体工程经竣工验收不合格,经修复后仍不合格的,乙企业不能主张工程价款

333． 2023 回忆/单
甲公司将某工程以100万元的价格发包给乙公司,乙公司以80万元的价格转包给刘某,并预付给刘某20万元。刘某实际完成了工程施工且验收合格。后乙公司资不抵债,刘某起诉甲公司要求其支付工程款60万元,法院追加乙公司为第三人,刘某未变更诉讼请求。后法院查明,甲公司尚欠付乙公司50万元工程款。关于法院的判决,下列哪一选项是正确的?
 A. 判决甲公司支付刘某50万元
 B. 判决甲公司支付刘某60万元
 C. 判决甲公司支付刘某50万元,乙公司支付刘某10万元
 D. 判决乙公司支付刘某60万元

专题二十一 提供劳务合同

考点83 运输合同

334． 2019 回忆/多
甲带3岁孩子(按规定免票)乘坐长途客车,途中客车与乙驾驶的轿车相撞发生交通事故。甲身体受轻伤,随身携带的电脑损坏,就医花费1000元,修理电脑花费2000元。孩子造成脑震荡,就医花费5万元。对此,下列说法正确的是:

A. 若客车司机无过错,则对于电脑损失客运公司不需要承担责任
B. 孩子的损失,可请求客运公司承担责任
C. 孩子免票,公司不承担责任
D. 甲有权请求客运公司与乙承担连带责任

考点84　保管合同与仓储合同

335．2010/3/61/多
关于保管合同和仓储合同,下列哪些说法是错误的?
A. 二者都是有偿合同
B. 二者都是实践性合同
C. 寄存人和存货人均有权随时提取保管物或仓储物而无须承担责任
D. 因保管人保管不善造成保管物或仓储物毁损、灭失的,保管人承担严格责任

336．2023回忆/单
甲与乙银行签订了《银行保险柜协议》,期限为10年,保险柜的钥匙由甲自己保管。合同签订后甲在该保险柜中放入若干金条。关于《银行保险柜协议》的合同性质,下列哪一说法是正确的?
A. 租赁合同
B. 保管合同
C. 仓储合同
D. 委托合同

337．2023回忆/任
外卖小哥甲在送外卖路上看见乙跳河自杀,于是将自己的手机等财物交给路人丙保管,从十米高的桥上跳下去救人,导致背部受伤。救助过程中,乙因不断挣扎致手臂脱臼。路人丙由于专注于现场,不慎将甲的手机摔坏。对此,下列说法正确的是:
A. 甲有权请求丙赔偿手机的损失
B. 甲有权请求乙赔偿手机的损失
C. 甲可以请求乙适当补偿其人身损害
D. 甲应赔偿乙的人身损害

考点85　委托合同

338．2013/3/60/多
某律师事务所指派吴律师担任某案件的一、二审委托代理人。第一次开庭后,吴律师感觉案件复杂,本人和该事务所均难以胜任,建议不再继续代理。但该事务所坚持代理。一审判决委托人败诉。下列哪些表述是正确的?
A. 律师事务所有权单方解除委托合同,但须承担赔偿责任
B. 律师事务所在委托人一审败诉后不能单方解除委托合同

C. 即使一审胜诉,委托人也可解除委托合同,但须承担赔偿责任
D. 只有存在故意或者重大过失时,该律师事务所才对败诉承担赔偿责任

考点86　物业服务合同

339．2010/3/8/单　新法改编
北林公司是某小区业主选聘的物业服务企业。关于业主与北林公司的权利义务,下列哪一选项是正确的?
A. 北林公司公开作出的服务承诺及制定的服务细则,不是物业服务合同的组成部分
B. 业主甲将房屋租给他人使用,约定由承租人交纳物业费,北林公司有权请求业主甲对该物业费的交纳承担责任
C. 业主乙拖欠半年物业服务费,北林公司要求业主委员会支付欠款,业主委员会无权拒绝
D. 业主丙出国进修两年返家,北林公司要求其补交两年的物业管理费,丙有权以两年未接受物业服务为由予以拒绝

考点87　行纪合同

340．2009/3/61/多
甲将10吨大米委托乙商行出售。双方只约定,乙商行以自己名义对外销售,每公斤售价两元,乙商行的报酬为价款的5%。下列哪些说法是正确的?
A. 甲与乙商行之间成立行纪合同关系
B. 乙商行为销售大米支出的费用应由自己负担
C. 如乙商行以每公斤2.5元的价格将大米售出,双方对多出价款的分配无法达成协议,则应平均分配
D. 如乙商行与丙食品厂订立买卖大米的合同,则乙商行对该合同直接享有权利、承担义务

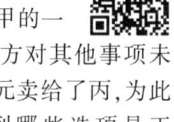

341．2010/3/60/多
甲委托乙寄售行以行名义将甲的一台仪器以3000元出售,除酬金外双方对其他事项未作约定。其后,乙将该仪器以3500元卖给了丙,为此乙多支付费用100元。对此,下列哪些选项是正确的?
A. 甲与乙订立的是中介合同
B. 高于约定价格卖得的500元属于甲
C. 如仪器出现质量问题,丙应向乙主张违约责任
D. 乙无权要求甲承担100元费用

考点88　中介合同

342．2015/3/15/单
刘某与甲房屋中介公司签订合同,委

托甲公司帮助出售房屋一套。关于甲公司的权利义务,下列哪一说法是错误的?

A. 如有顾客要求上门看房时,甲公司应及时通知刘某
B. 甲公司可代刘某签订房屋买卖合同
C. 如促成房屋买卖合同成立,甲公司可向刘某收取报酬
D. 如促成房屋买卖合同成立,甲公司自行承担居间活动费用

考点89 旅游合同与旅游纠纷

343． 2011/3/60/多

梁某与甲旅游公司签订合同,约定梁某参加甲公司组织的旅游团赴某地旅游。旅游出发前15日,梁某因出差通知甲公司,由韩某替代跟团旅游。旅游行程一半,甲公司不顾韩某反对,将其旅游业务转给乙公司。乙公司组织游客参观某森林公园,该公园所属观光小火车司机操作失误致火车脱轨,韩某遭受重大损害。下列哪些表述是正确的?

A. 即使甲公司不同意,梁某仍有权将旅游合同转让给韩某
B. 韩某有权请求甲公司和乙公司承担连带责任
C. 韩某有权请求某森林公园承担赔偿责任
D. 韩某有权请求小火车司机承担赔偿责任

344． 2014/3/67/多

甲参加乙旅行社组织的旅游活动。未经甲和其他旅游者同意,乙旅行社将本次业务转让给当地的丙旅行社。丙旅行社聘请丁公司提供大巴运输服务。途中,由于丁公司司机黄某酒后驾驶与迎面违章变道的个体运输户刘某货车相撞,造成甲受伤。甲的下列哪些请求能够获得法院的支持?

A. 请求丁公司和黄某承担连带赔偿责任
B. 请求黄某与刘某承担连带赔偿责任
C. 请求乙旅行社和丙旅行社承担连带赔偿责任
D. 请求刘某承担赔偿责任

专题二十二　技术合同

考点90 技术开发合同

345． 2008/3/62/多

甲研究所与刘某签订了一份技术开发合同,约定由刘某为甲研究所开发一套软件。3个月后,刘某按约定交付了技术成果,甲研究所未按约定支付报酬。由于没有约定技术成果的归属,双方发生争执。下列哪些选项是正确的?

A. 申请专利的权利属于刘某,但刘某无权获得报酬

B. 申请专利的权利属于刘某,且刘某有权获得约定的报酬
C. 如果刘某转让专利申请权,甲研究所享有以同等条件优先受让的权利
D. 如果刘某取得专利权,甲研究所可以免费实施该专利

346． 2010/3/62/多

甲乙丙三人合作开发一项技术,合同中未约定权利归属。该项技术开发完成后,甲、丙想要申请专利,而乙主张通过商业秘密来保护。对此,下列哪些选项是错误的?

A. 甲、丙不得申请专利
B. 甲、丙可申请专利,申请批准后专利权归甲、乙、丙共有
C. 甲、丙可申请专利,申请批准后专利权归甲、丙所有,乙有免费实施的权利
D. 甲、丙不得申请专利,但乙应向甲、丙支付补偿费

347． 2010/3/65/多

甲公司聘请乙专职从事汽车发动机节油技术开发。因开发进度没有达到甲公司的要求,甲公司减少了给乙的开发经费。乙于2007年3月辞职到丙公司,获得了更高的薪酬和更多的开发经费。2008年1月,乙成功开发了一种新型汽车节油装置技术。关于该技术专利申请权的归属,下列哪些选项是错误的?

A. 甲公司
B. 乙
C. 丙公司
D. 甲公司和丙公司共有

348． 2011/3/15/单

甲公司与乙公司签订一份技术开发合同,未约定技术秘密成果的归属。甲公司按约支付了研究开发经费和报酬后,乙公司交付了全部技术成果资料。后甲公司在未告知乙公司的情况下,以普通使用许可的方式许可丙公司使用该技术,乙公司在未告知甲公司的情况下,以独占使用许可的方式许可丁公司使用该技术。下列哪一说法是正确的?

A. 该技术成果的使用权仅属于甲公司
B. 该技术成果的转让权仅属于乙公司
C. 甲公司与丙公司签订的许可使用合同无效
D. 乙公司与丁公司签订的许可使用合同无效

349． 2012/3/64/多

工程师王某在甲公司的职责是研发电脑鼠标。下列哪些说法是错误的?

A. 王某利用业余时间研发的新鼠标的专利申请

权属于甲公司
B. 如王某没有利用甲公司物质技术条件研发出新鼠标,其专利申请权属于王某
C. 王某主要利用了单位物质技术条件研发出新型手机,其专利申请权属于王某
D. 如王某辞职后到乙公司研发出新鼠标,其专利申请权均属于乙公司

考点91 技术转让合同和技术许可合同

350． 2008/3/67/单

甲公司于2004年5月10日申请一项汽车轮胎的实用新型的专利,2007年6月1日获得专利权,2008年5月10日与乙公司签订一份专利独占实施许可合同。下列哪一选项是正确的?①
A. 该合同属于技术转让合同
B. 该合同的有效期不得超过10年
C. 乙公司不得许可第三人实施该专利技术
D. 乙公司经甲公司授权可以自己的名义起诉侵犯该专利技术的人

351． 2009/3/62/多

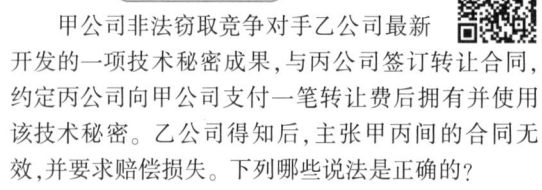

甲公司非法窃取竞争对手乙公司最新开发的一项技术秘密成果,与丙公司签订转让合同,约定丙公司向甲公司支付一笔转让费后拥有并使用该技术秘密。乙公司得知后,主张甲丙间的合同无效,并要求赔偿损失。下列哪些说法是正确的?
A. 如丙公司不知道或不应当知道甲公司窃取技术秘密的事实,则甲丙间的合同有效
B. 如丙公司为善意,有权继续使用该技术秘密,乙公司不得要求丙公司支付费用,只能要求甲公司承担责任
C. 如丙公司明知甲公司窃取技术秘密的事实仍与其订立合同,不得继续使用该技术秘密,并应当与甲公司承担连带赔偿责任
D. 不论丙公司取得该技术秘密权时是否为善意,该技术转让合同均无效

352． 2012/3/16/单

甲公司与乙公司签订一份专利实施许可合同,约定乙公司在专利有效期限内独占实施甲公司的专利技术,并特别约定乙公司不得擅自改进该专利技术。后乙公司根据消费者的反馈意见,在未经甲公司许可的情形下对专利技术做了改进,并对改进技术采取了保密措施。下列哪一说法是正确的?
A. 甲公司有权自己实施该专利技术
B. 甲公司无权要求分享改进技术
C. 乙公司改进技术侵犯了甲公司的专利权
D. 乙公司改进技术属于违约行为

353． 2013/3/16/单

甲公司向乙公司转让了一项技术秘密。技术转让合同履行完毕后,经查该技术秘密是甲公司通过不正当手段从丙公司获得的,但乙公司对此并不知情,且支付了合理对价。下列哪一表述是正确的?
A. 技术转让合同有效,但甲公司应向丙公司承担侵权责任
B. 技术转让合同无效,甲公司和乙公司应向丙公司承担连带责任
C. 乙公司可在其取得时的范围内继续使用该技术秘密,但应向丙公司支付合理的使用费
D. 乙公司有权要求甲公司返还其支付的对价,但不能要求甲公司赔偿其因此受到的损失

354． 2014/3/16/单

甲研究院研制出一种新药技术,向我国有关部门申请专利后,与乙制药公司签订了专利申请权转让合同,并依法向国务院专利行政主管部门办理了登记手续。下列哪一表述是正确的?
A. 乙公司依法获得药品生产许可证之前,专利申请权转让合同未生效
B. 专利申请权的转让合同自向国务院专利行政主管部门登记之日起生效
C. 专利申请权的转让自向国务院专利行政主管部门登记之日起生效
D. 如该专利申请因缺乏新颖性被驳回,乙公司可以不能实现合同目的为由请求解除专利申请权转让合同

考点92 技术服务合同

355． 2021回忆/单

甲、乙两公司约定:甲公司委托乙公司制造一个特定的冶炼炉,高20米,宽30米,甲公司提供明确的参数,乙公司准备材料,利用乙公司的技术设计制造完成,并负责安装和后期的维修、保养。该合同属于:
A. 提供劳务合同 B. 建设工程合同
C. 技术服务合同 D. 买卖合同

专题二十三 合伙合同

考点93 合伙合同

356． 2008/3/4/单

甲、乙因合伙经商向丙借款3万元,甲

---
① 原为多选题,根据新法答案有变化,调整为单选题。

于约定时间携带3万元现金前往丙家还款,丙因忘却此事而外出,甲还款未果。甲返回途中,将装有现金的布袋夹放在自行车后座,路经闹市时被人抢夺,不知所踪。下列哪一选项是正确的?
A. 丙仍有权请求甲、乙偿还3万元借款
B. 丙丧失请求甲、乙偿还3万元借款的权利
C. 丙无权请求乙偿还3万元借款
D. 甲、乙有权要求丙承担此款被抢夺的损失

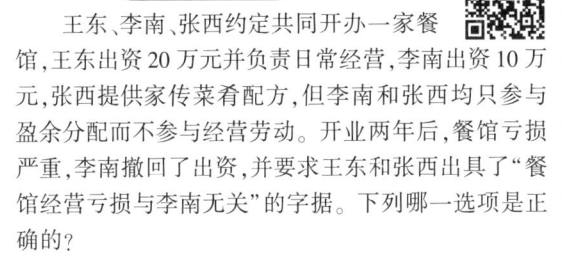

357. 2009/3/2/单
王东、李南、张西约定共同开办一家餐馆,王东出资20万元并负责日常经营,李南出资10万元,张西提供家传菜肴配方,但李南和张西均只参与盈余分配而不参与经营劳动。开业两年后,餐馆亏损严重,李南撤回了出资,并要求王东和张西出具了"餐馆经营亏损与李南无关"的字据。下列哪一选项是正确的?
A. 王东、李南为合伙人,张西不是合伙人
B. 王东、张西为合伙人,李南不是合伙人
C. 王东、李南、张西均为合伙人
D. 王东和张西所出具的字据无效

358. 2016/3/2/单
甲企业是由自然人安琥与乙企业(个人独资)各出资50%设立的普通合伙企业,欠丙企业货款50万元,由于经营不善,甲企业全部资产仅剩20万元。现所欠货款到期,相关各方因货款清偿发生纠纷。对此,下列一表述是正确的?
A. 丙企业只能要求安琥与乙企业各自承担15万元的清偿责任
B. 丙企业只能要求甲企业承担清偿责任
C. 欠款应先以甲企业的财产偿还,不足部分由安琥与乙企业承担无限连带责任
D. 就乙企业对丙企业的应偿债务,乙企业投资人不承担责任

359. 甲、乙、丙三人签订合伙协议并开始经营,但未取字号,未登记,也未推举负责人。其间,合伙人与顺利融资租赁公司签订融资租赁合同,租赁淀粉加工设备一台,约定租赁期限届满后设备归承租人所有。合同签订后,出租人按承租人的选择和要求向设备生产商丁公司支付了价款。请回答(1)、(2)题。

(1) 2016/3/86/任
如果承租人不履行支付价款的义务,出租人起诉,适格被告是:
A. 合伙企业
B. 甲、乙、丙全体
C. 甲、乙、丙中的任何人
D. 丁公司

(2) 2016/3/87/任
乙在经营期间发现风险太大,提出退伙,甲、丙表示同意,并通知了出租人,但出租人表示反对,认为乙退出后会加大合同不履行的风险。下列说法正确的是:
A. 经出租人同意,乙可以退出
B. 乙可以退出,无需出租人同意
C. 乙必须向出租人提供有效担保后才能退出
D. 乙退出后对合伙债务不承担责任

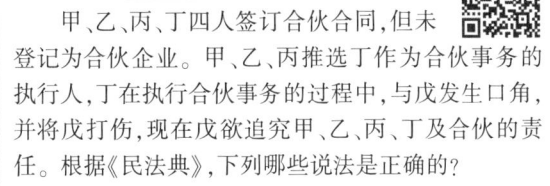

360. 2020回忆/多
甲、乙、丙、丁四人签订合伙合同,但未登记为合伙企业。甲、乙、丙推选丁作为合伙事务的执行人,丁在执行合伙事务的过程中,与戊发生口角,并将戊打伤,现在戊欲追究甲、乙、丙、丁及合伙的责任。根据《民法典》,下列哪些说法是正确的?
A. 甲、乙、丙不应与丁承担连带责任
B. 应由丁自己承担责任
C. 应由合伙承担用人单位责任
D. 应由合伙与丁承担连带责任

专题二十四 无因管理、不当得利

考点94 无因管理

361. 2008/3/55/多
下列行为中,哪些构成无因管理?
A. 甲错把他人的牛当成自家的而饲养
B. 乙见邻居家中失火恐殃及自己家,遂用自备的灭火器救火
C. 丙(15岁)租车将在体育课上昏倒的同学送往医院救治
D. 丁见门前马路下水道井盖被盗致路人跌伤,遂自购一井盖铺上

362. 2009/3/12/单
张某外出,台风将至。邻居李某担心张某年久失修的房子被风刮倒,祸及自家,就雇人用几根木料支撑住张某的房子,但张某的房子仍然不敌台风,倒塌之际压死了李某养的数只鸡。下列哪一说法是正确的?
A. 李某初衷是为自己,故不构成无因管理
B. 房屋最终倒塌,未达管理效果,故无因管理不成立
C. 李某的行为构成无因管理
D. 张某不需支付李某固房费用,但应赔偿房屋倒塌给李某造成的损失

363. 2011/3/20/单
刘某承包西瓜园,收获季节突然病故。

好友刁某因联系不上刘某家人，便主动为刘某办理后事和照看西瓜园，并将西瓜卖出，获益5万元。其中，办理后事花费1万元，摘卖西瓜雇工费以及其他必要费用共5000元。刁某认为自己应得劳务费5000元。关于刁某的行为，下列哪一说法是正确的？

A. 5万元属于不当得利
B. 应向刘某家人给付3万元
C. 应向刘某家人给付4万元
D. 应向刘某家人给付3.5万元

364． 2011/3/90/任

甲公司与乙公司约定，由甲公司向乙公司交付1吨药材，乙公司付款100万元。乙公司将药材转卖给丙公司，并约定由甲公司向丙公司交付，丙公司收货后3日内应向乙支付价款120万元。

张某以自有汽车为乙公司的债权提供抵押担保，未办理抵押登记。抵押合同约定："在丙公司不付款时，乙公司有权就出卖该汽车的价款清偿自己的债权。"李某为这笔货款出具担保函："在丙公司不付款时，由李某承担保证责任"。丙公司收到药材后未依约向乙公司支付120万元，乙公司向张某主张实现抵押权，同时要求李某承担保证责任。

张某见状，便将其汽车赠与刘某。刘某将该汽车作为出资，与钱某设立丁酒店有限责任公司，并办理完出资手续。

丁公司员工方某驾驶该车接送酒店客人时，为躲避一辆逆行摩托车，将行人赵某撞伤。方某自行决定以丁公司名义将该车放在戊公司维修，为获得维修费的八折优惠，方某以其名义与戊公司相关的庚公司为该车购买一套全新座垫。汽车修好后，方某将车取走交丁公司投入运营。戊公司要求丁公司支付维修费，否则对汽车行使留置权，丁公司回函请宽限一周。庚公司要求丁公司支付座垫费，丁公司拒绝。

关于汽车维修合同，下列表述正确的是：

A. 方某构成无因管理
B. 方某构成无权代理
C. 方某构成无权处分
D. 方某构成表见代理

365． 2013/3/21/单

下列哪一情形会引起无因管理之债？

A. 甲向乙借款，丙在明知诉讼时效已过后擅自代甲向乙还本付息
B. 甲在自家门口扫雪，顺便将邻居乙的小轿车上的积雪清扫干净
C. 甲与乙结婚后，乙生育一子丙，甲抚养丙5年后才得知丙是乙和丁所生
D. 甲拾得乙遗失的牛，寻找失主未果后牵回暂养。因地震致屋塌牛死，甲出卖牛皮、牛肉获价款若干

366． 2014/3/20/单

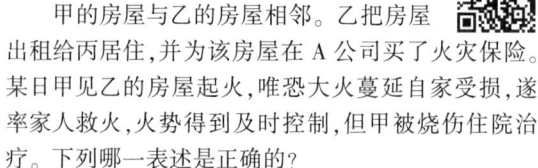

甲的房屋与乙的房屋相邻。乙把房屋出租给丙居住，并为该房屋在A公司买了火灾保险。某日甲见乙的房屋起火，唯恐大火蔓延自家受损，遂率家人救火，火势得到及时控制，但甲被烧伤住院治疗。下列哪一表述是正确的？

A. 甲主观上为避免自家房屋受损，不构成无因管理，应自行承担医疗费用
B. 甲依据无因管理只能向乙主张医疗费赔偿，因乙是房屋所有人
C. 甲依据无因管理只能向丙主张医疗费赔偿，因丙是房屋实际使用人
D. 甲依据无因管理不能向A公司主张医疗费赔偿，因甲欠缺为A公司的利益实施管理的主观意思

考点95 不当得利

367． 2011/3/19/单

下列哪一情形不产生不当得利之债？

A. 甲向乙借款10万元，1年后根据约定偿还本息15万元
B. 甲不知诉讼时效已过，向债权人乙清偿债务
C. 甲久别归家，误把乙的鸡当成自家的吃掉
D. 甲雇用的装修工人，误把邻居乙的装修材料用于甲的房屋装修

368． 2012/3/20/单

甲将某物出售于乙，乙转售于丙，甲应乙的要求，将该物直接交付于丙。下列哪一说法是错误的？

A. 如仅甲、乙间买卖合同无效，则甲有权向乙主张不当得利返还请求权
B. 如仅乙、丙间买卖合同无效，则乙有权向丙主张不当得利返还请求权
C. 如甲、乙间以及乙、丙间买卖合同均无效，甲无权向丙主张不当得利返还请求权
D. 如甲、乙间以及乙、丙间买卖合同均无效，甲有权向乙、乙有权向丙主张不当得利返还请求权

369． 2013/3/20/单

下列哪一情形产生了不当得利之债？

A. 甲欠乙款超过诉讼时效后，甲向乙还款
B. 甲欠乙款，提前支付全部利息后又在借期届满前提前还款
C. 甲向乙支付因前晚打麻将所输掉的2000元现金
D. 甲在乙银行的存款账户因银行电脑故障多出1万元

370. 2015/3/61/多

甲遗失其为乙保管的迪亚手表,为偿还乙,甲窃取丙的美茄手表和4000元现金。甲将美茄手表交乙,因美茄手表比迪亚手表便宜1000元,甲又从4000元中补偿乙1000元。乙不知甲盗窃情节。乙将美茄手表赠与丁,又用该1000元的一半支付某自来水公司水费,另一半购得某商场一件衬衣。下列哪些说法是正确的?

A. 丙可请求丁返还手表
B. 丙可请求甲返还3000元、请求自来水公司和商场各返还500元
C. 丙可请求乙返还1000元不当得利
D. 丙可请求甲返还4000元不当得利

371. 2015/3/90/任

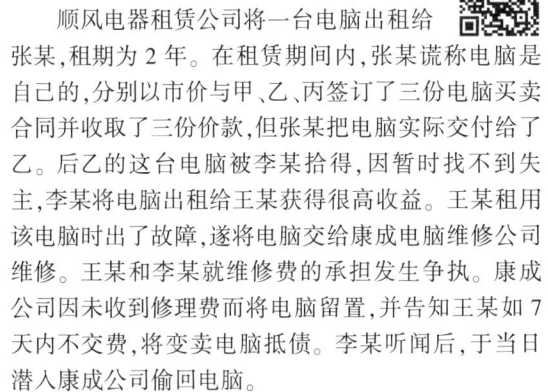

顺风电器租赁公司将一台电脑出租给张某,租期为2年。在租赁期间内,张某谎称电脑是自己的,分别以市价与甲、乙、丙签了三份电脑买卖合同并收取了三份价款,但张某把电脑实际交付给了乙。后乙的这台电脑被李某拾得,因暂时找不到失主,李某将电脑出租给王某获得很高收益。王某租用该电脑时出了故障,遂将电脑交给康成电脑维修公司维修。王某和李某就维费的承担发生争执。康成公司因未收到修理费而将电脑留置,并告知王某如7天内不交费,将变卖电脑抵债。李某听闻后,于当日潜入康成公司偷回电脑。

如乙请求李某返还电脑和所获利益,下列说法正确的是:

A. 李某向乙返还所获利益时,应以乙所受损失为限
B. 李某应将所获利益作为不当得利返还给乙,但可以扣除支出的必要费用
C. 乙应以所有权人身份而非不当得利债权人身份请求李某返还电脑
D. 如李某拒绝返还电脑,需向乙承担侵权责任

第四编 人格权

专题二十五 人格权

考点96 生命权、身体权、健康权

372. 2016/3/22/单

下列哪一情形构成对生命权的侵犯?

A. 甲女视其长发如生命,被情敌乙尽数剪去
B. 丙应丁要求,协助丁完成自杀行为
C. 戊为报复欲置己于死地,结果将己打成重伤

D. 庚医师因误诊致辛出生即残疾,辛认为庚应对自己的错误出生负责

373. 2019回忆/多

彭某因车祸双腿截肢,安装了科技含量高且只能由专业人员拆卸的假肢,一日与秦某发生口角,秦某一怒之下将彭某的假肢打碎,彭某精神遭受严重打击。关于本案,下列哪些说法正确?

A. 彭某的生命健康权遭受了侵害
B. 彭某的身体权遭受了侵害
C. 彭某的所有权遭受了侵害
D. 彭某可就假肢毁损向秦某主张精神损害赔偿

考点97 姓名权与名称权

374. 2009/3/24/单

朴某系知名美容专家。某医院未经朴某同意,将其作为医院美容专家在医院网站上使用了朴某照片和简介,且将朴某名字和简介错误地安在了其他专家的照片旁。下列哪一说法是正确的?

A. 医院未侵犯朴某的姓名权
B. 医院未侵犯朴某的肖像权
C. 医院侵犯了朴某的肖像权和姓名权
D. 医院侵犯了朴某的荣誉权

375. 2010/3/68/多

女青年牛某因在一档电视相亲节目中言词犀利而受到观众关注,一时应者如云。有网民对其发动"人肉搜索",在相关网站首次披露牛某的曾用名、儿时相片、家庭背景、恋爱史等信息,并有人在网站上捏造牛某曾与某明星有染的情节。关于网民的行为,下列哪些说法是正确的?

A. 侵害牛某的姓名权
B. 侵害牛某的肖像权
C. 侵害牛某的隐私权
D. 侵害牛某的名誉权

376. 2017/3/17/单

高甲患有精神病,其父高乙为监护人。2009年高甲与陈小美经人介绍认识,同年12月陈小美以其双胞胎妹妹陈小丽的名义与高甲登记结婚,2011年生育一子高小甲。2012年高乙得知儿媳的真实姓名为陈小美,遂向法院起诉。诉讼期间,陈小美将一直由其抚养的高小甲户口迁往自己原籍,并将高小甲改名为陈龙,高乙对此提出异议。下列哪一选项是正确的?

A. 高甲与陈小美的婚姻属无效婚姻
B. 高甲与陈小美的婚姻属可撤销婚姻
C. 陈小美为高小甲改名的行为侵害了高小甲的合法权益
D. 陈小美为高小甲改名的行为未侵害高甲的合法权益

考点98 肖像权

377．2008/3/15/单
赵某系全国知名演员,张某经多次整容后外形酷似赵某,此后多次参加营利性模仿秀表演,承接并拍摄了一些商业广告。下列哪一选项是正确的?
A．张某故意整容成赵某外形的行为侵害了赵某的肖像权
B．张某整容后参加营利性模仿秀表演侵害了赵某的肖像权
C．张某整容后承接并拍摄商业广告的行为侵害了赵某的名誉权
D．张某的行为不构成对赵某人格权的侵害

378．2010/3/22/单
某"二人转"明星请某摄影爱好者为其拍摄个人写真,摄影爱好者未经该明星同意将其照片卖给崇拜该明星的广告商,广告商未经该明星、摄影爱好者同意将该明星照片刊印在广告单上。对此,下列哪一选项是正确的?
A．照片的著作权属于该明星,但由摄影爱好者行使
B．广告商侵犯了该明星的肖像权
C．广告商侵犯了该明星的名誉权
D．摄影爱好者卖照片给广告商,不构成侵权

379．2011/3/24/单
甲到乙医院做隆鼻手术效果很好。乙为了宣传,分别在美容前后对甲的鼻子进行拍照(仅见鼻子和嘴部),未经甲同意将照片发布到丙网站的广告中,介绍该照片时使用甲的真实姓名。丙网站在收到甲的异议后立即作了删除。下列哪一说法是正确的?
A．乙医院和丙网站侵犯了甲的姓名权,应承担连带赔偿责任
B．乙医院和丙网站侵犯了甲的姓名权,应承担按份赔偿责任
C．乙医院侵犯了甲的姓名权
D．乙医院和丙网站侵犯了甲的姓名权和肖像权,但丙网站可免于承担赔偿责任

380．2017/3/21/单
摄影爱好者李某为好友丁某拍摄了一组生活照,并经丁某同意上传于某社交媒体群中。蔡某在社交媒体群中看到后,擅自将该组照片上传于某营利性摄影网站,获得报酬若干。对蔡某的行为,下列哪一说法是正确的?
A．侵害了丁某的肖像权和身体权
B．侵害了丁某的肖像权和李某的著作权
C．侵害了丁某的身体权和李某的著作权
D．不构成侵权

381．2018回忆/多
某考研培训机构,未经名师甲许可,使用甲的照片作为宣传资料的封皮照片。该市晚报记者看到该机构宣传后,以一线名师甲加盟某考研培训机构为题进行了报道,并配有甲的照片(面部做了马赛克处理)。对此,下列说法正确的是:
A．考研培训机构侵犯了甲的肖像权
B．考研培训机构侵犯了甲的姓名权
C．晚报不侵犯甲的肖像权
D．晚报侵犯了甲的肖像权

382．2023回忆/单
大厨刘某擅长烧菜,在直播平台制作发布了视频《老刘油爆大虾》。李某看到后,用AI换脸技术制作发布了视频《老李油爆大虾》,视频其他内容均未改动。李某侵犯了刘某的下列哪一权利?
A．肖像权　　　B．姓名权
C．名誉权　　　D．著作权

考点99 名誉权

383．2008/3/61/多
张某旅游时抱着当地一小女孩拍摄了一张照片,并将照片放在自己的博客中,后来发现该照片被用在某杂志的封面,并配以"母女情深"的文字说明。张某并未结婚,朋友看到杂志后纷纷询问张某,熟人对此也议论纷纷,张某深受困扰。下列哪些说法是正确的?
A．杂志社侵害了张某的肖像权
B．杂志社侵害了张某的名誉权
C．杂志社侵害了张某的隐私权
D．张某有权向杂志社要求精神损害赔偿

384．2011/3/66/多
甲女委托乙公司为其拍摄一套艺术照。不久,甲女发现丙网站有其多张半裸照片,受到众人嘲讽和指责。经查,乙公司未经甲女同意将其照片上传到公司网站做宣传,丁男下载后将甲女头部移植至他人半裸照片,上传到丙网站。下列哪些说法是正确的?
A．乙公司侵犯了甲女的肖像权
B．丁男侵犯了乙公司的著作权
C．丁男侵犯了甲女的名誉权
D．甲女有权主张精神损害赔偿

385．2013/3/22/多
甲用其拾得的乙的身份证在丙银行办理了信用卡,并恶意透支,致使乙的姓名被列入银行不良信用记录名单。经查,丙银行在办理发放信用卡之前,曾通过甲在该行留下的乙的电话(实为甲的电

话)核实乙是否申请办理了信用卡。根据我国现行法律规定,下列哪些表述是正确的?①
A. 甲侵犯了乙的姓名权
B. 甲侵犯了乙的名誉权
C. 甲侵犯了乙的信用权
D. 丙银行不应承担责任

386. 2022 回忆/多

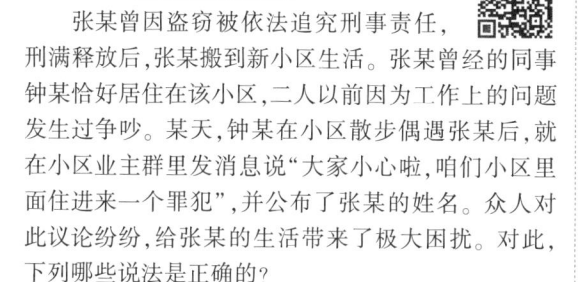

张某曾因盗窃被依法追究刑事责任,刑满释放后,张某搬到新小区生活。张某曾经的同事钟某恰好居住在该小区,二人以前因为工作上的问题发生过争吵。某天,钟某在小区散步偶遇张某后,就在小区业主群里发消息说"大家小心啦,咱们小区里面住进来一个罪犯",并公布了张某的姓名。众人对此议论纷纷,给张某的生活带来了极大困扰。对此,下列哪些说法是正确的?
A. 钟某侵犯了张某的名誉权
B. 钟某侵犯了张某的隐私权
C. 钟某的行为不构成侵权
D. 张某可请求钟某承担赔礼道歉的责任,不受诉讼时效的限制

考点100 隐私权

387. 2015/3/66/多

张某毕业要去外地工作,将自己贴身生活用品、私密照片及平板电脑等装箱交给甲快递公司运送。张某在箱外贴了"私人物品,严禁打开"的字条。张某到外地收到快递后察觉有异,经查实,甲公司工作人员李某曾翻看箱内物品,并损坏了平板电脑。下列哪些选项是正确的?
A. 甲公司侵犯了张某的隐私权
B. 张某可请求甲公司承担精神损害赔偿责任
C. 张某可请求甲公司赔偿平板电脑的损失
D. 张某可请求甲公司和李某承担连带赔偿责任

考点101 个人信息保护

388. 2017/3/20/单

张某因出售公民个人信息被判刑,孙某的姓名、身份证号码、家庭住址等信息也在其中,买方是某公司。下列哪一选项是正确的?
A. 张某侵害了孙某的身份权
B. 张某侵害了孙某的名誉权
C. 张某侵害了孙某对其个人信息享有的民事权益
D. 某公司无须对孙某承担民事责任

考点102 人格权的保护

389. 2010/3/69/多

张某因病住院,医生手术时误将一肾脏摘除。张某向法院起诉,要求医院赔偿治疗费和精神损害抚慰金。法院审理期间,张某术后感染医治无效死亡。关于此案,下列哪些说法是正确的?
A. 医院侵犯了张某的健康权和生命权
B. 张某继承人有权继承张某的医疗费赔偿请求权
C. 张某继承人有权继承张某的精神损害抚慰金请求权
D. 张某死后其配偶、父母和子女有权另行起诉,请求医院赔偿自己的精神损害

390. 2017/3/65/多

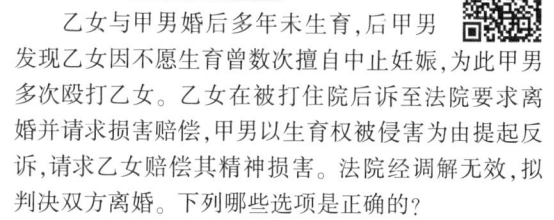

乙女与甲男婚后多年未生育,后甲男发现乙女因不愿生育曾数次擅自中止妊娠,为此甲男多次殴打乙女。乙女在被打住院后诉至法院要求离婚并请求损害赔偿,甲男以生育权被侵害为由提起反诉,请求乙女赔偿其精神损害。法院经调解无效,拟判决双方离婚。下列哪些选项是正确的?
A. 法院应支持乙女的赔偿请求
B. 乙女侵害了甲男的生育权
C. 乙女侵害了甲男的人格尊严
D. 法院不应支持甲男的赔偿请求

考点103 死者人格利益保护

391. 2014/3/22/多

欣欣美容医院在为青年女演员欢欢实施隆鼻手术过程中,因未严格消毒导致欢欢面部感染,经治愈后面部仍留下较大疤痕。欢欢因此诉诸法院,要求欣欣医院赔偿医疗费并主张精神损害赔偿。该案受理后不久,欢欢因心脏病急性发作猝死。网络名人洋洋在其博客上杜撰欢欢吸毒过量致死。下列哪些表述是错误的?②
A. 欣欣医院构成违约行为和侵权行为
B. 欢欢的继承人可继承欣欣医院对欢欢支付的精神损害赔偿金
C. 洋洋的行为侵犯了欢欢的名誉权
D. 欢欢的母亲可以欢欢的名义对洋洋提起侵权之诉

392. 2019 回忆/单

某日,甲得知前不久某路桥工程公司在朱楼村公墓附近修路时,不慎挖到了其舅舅的墓地,将其舅舅的骨灰盒碰裂。甲羞愧成怒,向公司索赔,主张精神损害赔偿100万元。公司认为,修路是为公共利益,确有碰裂事实,但及时修复,不应支付高额赔偿费用。甲于是向法院起诉。对此,下列说法正确的是:

---

① 原为单选题,根据新法答案有变化,调整为多选题。
② 原为单选题,根据新法答案有变化,调整为多选题。

A. 支持甲的全部请求
B. 驳回甲的诉讼请求
C. 不予受理
D. 支持甲的部分诉讼请求

第五编　婚姻家庭

专题二十六　结　婚

考点104　结婚

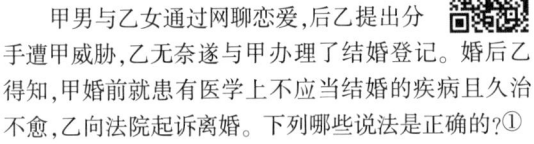

393． 2009/3/19/多
甲男与乙女通过网聊恋爱,后乙提出分手遭甲威胁,乙无奈遂与甲办理了结婚登记。婚后乙得知,甲婚前就患有医学上不应当结婚的疾病且久治不愈,乙向法院起诉离婚。下列哪些说法是正确的?①
A. 若乙请求撤销婚姻,法院应判决撤销该婚姻
B. 法院应判决宣告该婚姻无效
C. 法院判决离婚的,乙可以请求甲赔偿损失
D. 当事人可以对法院的处理结果依法提起上诉

394． 2011/3/22/单
甲与乙登记结婚3年后,乙向法院请求确认该婚姻无效。乙提出的下列哪一理由可以成立?
A. 乙登记结婚的实际年龄离法定婚龄相差2年
B. 甲婚前谎称是海归博士且有车有房,乙婚后发现上当受骗
C. 甲与乙是表兄妹关系
D. 甲以揭发乙父受贿为由胁迫乙结婚

395． 2018回忆/单
大林与小林是双胞胎。大林与小芳打算在情人节当天结婚登记,但是,大林前两天意外遭遇车祸,为不耽搁情人节当天领证,让弟弟小林顶替自己去民政局领取了结婚证。后大林在住院期间与一护士产生情愫,大林遂以非本人登记结婚为由申请法院判决宣告其与小芳的婚姻无效。对此,下列说法正确的是:
A. 法院应判决大林与小芳的婚姻无效
B. 法院应判决撤销大林与小芳的婚姻
C. 法院应准予大林与小芳离婚
D. 法院应判决驳回大林的申请

专题二十七　家庭关系

考点105　夫妻财产关系

396． 2009/3/20/多　新法改编
甲、乙结婚的第10年,甲父去世留下遗嘱,将其拥有的一套房子留给甲,并声明该房屋只归甲一人所有。下列哪些表述是不正确的?②
A. 该房屋经过八年婚后生活即变成夫妻共有财产
B. 如甲将该房屋出租,租金为夫妻共同财产
C. 该房屋及租金均属共同财产
D. 甲、乙即使约定将该房屋变为共同财产,其协议也无效

397． 2013/3/23/单
甲乙夫妻的下列哪一项婚后增值或所得,属于夫妻共同财产?
A. 甲婚前承包果园,婚后果树上结的果实
B. 乙婚前购买的1套房屋升值了50万元
C. 甲用婚前的10万元婚后投资股市,得利5万元
D. 乙婚前收藏的玉石升值了10万元

398． 2014/3/23/单
甲(男)、乙(女)结婚后,甲承诺,在子女出生后,将其婚前所有的一间门面房,变更登记为夫妻共同财产。后女儿丙出生,但甲不愿兑现承诺,导致夫妻感情破裂离婚,女儿丙随乙一起生活。后甲又与丁(女)结婚。未成年的丙因生重病住院急需医疗费20万元,甲与丁签订借款协议从夫妻共同财产中支取该20万元。下列哪一表述是错误的?
A. 甲与乙离婚时,乙无权请求将门面房作为夫妻共同财产分割
B. 甲与丁的协议应视为双方约定处分共同财产
C. 如甲、丁离婚,有关医疗费按借款协议约定处理
D. 如丁不同意甲支付医疗费,甲无权要求分割共有财产

399． 2016/3/20/单
刘山峰、王翠花系老夫少妻,刘山峰婚前个人名下拥有别墅一栋。关于婚后该别墅的归属,下列哪一选项是正确的?
A. 该别墅不可能转化为夫妻共同财产
B. 婚后该别墅自动转化为夫妻共同财产
C. 婚姻持续满八年后该别墅即依法转化为夫妻共同财产
D. 刘、王可约定婚姻持续满八年后该别墅转化为夫妻共同财产

400． 2017/3/18/多
刘男按当地习俗向戴女支付了结婚彩

---
① 原为单选题,根据新法答案有变化,调整为多选题。
② 原为单选题,根据新法答案有变化,调整为多选题。

礼现金10万元及金银首饰数件,婚后不久刘男即主张离婚并要求返还彩礼。关于该彩礼的返还,下列哪些选项是正确的?①
　A. 因双方已办理结婚登记,故不能主张返还
　B. 刘男主张彩礼返还,不以双方离婚为条件
　C. 已办理结婚登记,未共同生活的,可主张返还
　D. 已办理结婚登记,并已共同生活的,仍可主张返还

401. 2020 回忆/任

秦某和妻子张某一起居住在单位公租房,后来张某去世,秦某雇佣保姆赵某照顾自己。后二人结婚,婚后秦某领取退休金10万元,购买了此房产并登记在自己名下。下列选项正确的是:
　A. 退休金属于秦某个人财产
　B. 该房产属于秦某个人财产
　C. 该房产属于秦某和赵某的共同房产
　D. 该房产属于秦某和张某的共同房产

考点106　夫妻债务归属与清偿

402. 2008/3/17/单

王某以个人名义向张某独资设立的飞跃百货有限公司借款10万元,借期1年。不久,王某与李某登记结婚,将上述借款全部用于婚房的装修。婚后半年,王某与李某协议离婚,未对债务的偿还作出约定。下列哪一选项是正确的?
　A. 由张某向王某请求偿还
　B. 由张某向王某和李某请求偿还
　C. 飞跃公司只能向王某请求偿还
　D. 由飞跃公司向王某和李某请求偿还

403. 2011/3/21/单

黄某与唐某自愿达成离婚协议并约定财产平均分配,婚姻关系存续期间的债务全部由唐某偿还。经查,黄某以个人名义在婚姻存续期间向刘某借款10万元用于购买婚房。下列哪一表述是正确的?
　A. 刘某只能要求唐某偿还10万元
　B. 刘某只能要求黄某偿还10万元
　C. 如黄某偿还了10万元,则有权向唐某追偿10万元
　D. 如唐某偿还了10万元,则有权向黄某追偿5万元

考点107　父母子女关系

404. 2023 回忆/多

李甲和宋某育有儿子李乙(10岁)。二人离婚后,儿子李乙由李甲抚养。后李甲和赵某再婚,婚后半年,李甲去世,赵某以自己没有抚养能力为

由不想抚养李乙。据查,离婚后宋某一直怠于行使其探望权。对此,下列哪些说法是正确的?
　A. 宋某有义务支付李乙的抚养费
　B. 李甲去世后应由宋某抚养李乙
　C. 离婚后宋某失去对李乙的监护权
　D. 赵某与李甲结婚后自动取得李乙的监护权

专题二十八　离　婚

考点108　协议离婚与诉讼离婚

405. 2011/3/52/多

甲与乙离婚,甲乙的子女均已成年,与乙一起生活。甲与丙再婚后购买了一套房屋,登记在甲的名下。后甲因中风不能自理,常年卧床。丙见状离家出走达3年之久。甲乙的子女和乙想要回屋子,进行法律咨询。下列哪些意见是错误的?
　A. 因房屋登记在甲的名下,故属于甲个人房产
　B. 丙在甲中风后未尽妻子责任和义务,不能主张房产份额
　C. 甲乙的子女可以申请宣告丙失踪
　D. 甲本人向法院提交书面意见后,甲乙的子女可代理甲参与甲与丙的离婚诉讼

406. 2015/3/65/多

董楠(男)和申蓓(女)是美术学院同学,共同创作一幅油画作品《爱你一千年》。毕业后二人结婚育有一女。董楠染上吸毒恶习,未经申蓓同意变卖了《爱你一千年》,所得款项用于吸毒。因董楠恶习不改,申蓓在女儿不满1周岁时提起离婚诉讼。下列哪些说法是正确的?
　A. 申蓓虽在分娩后1年内提出离婚,法院应予受理
　B. 如调解无效,应准予离婚
　C. 董楠出售《爱你一千年》侵犯了申蓓的物权和著作权
　D. 对董楠吸毒恶习,申蓓有权请求离婚损害赔偿

407. 2022 回忆/多

孙某(男)和杜某(女)在单身派对上一见钟情。一周后,二人登记结婚。婚后,孙某、杜某经常吵架。三个月后,二人去民政局申请离婚登记。几天后,孙某反悔。下列哪些说法是正确的?
　A. 自申请离婚之日起30日之内,任何一方反悔都可撤回离婚登记申请
　B. 申请离婚之日起满30日后的30日内,任何一

---
① 原为单选题,根据新法答案有变化,调整为多选题。

方均可向登记机关申请发给离婚证
C. 申请离婚之日起满30日后的30日内,若不申请发给离婚证的,视为撤回离婚申请
D. 申请离婚之日起满30日后的30日内,双方可委托他人代为申请发给离婚证

考点109 离婚后的子女抚养与探望权

408. 2016/3/65/多

屈赞与曲玲协议离婚并约定婚生子屈曲由屈赞抚养,另口头约定曲玲按其能力给付抚养费并可随时探望屈曲。对此,下列哪些选项是正确的?
A. 曲玲有探望权,屈赞应履行必要的协助义务
B. 曲玲连续几年对屈曲不闻不问,违背了法定的探望义务
C. 屈赞拒不履行协助曲玲探望的义务,经由裁判可依法对屈赞采取拘留、罚款等强制措施
D. 屈赞拒不履行协助曲玲探望的义务,经由裁判可依法强制从屈赞处接领屈曲与曲玲会面

409. 2021回忆/多

韩某和关某为夫妻,育有一子韩小龙。二人离婚后,韩小龙随母亲关某生活。三年后,关某与李某结婚,未经韩某同意,将韩小龙的姓名改为了李小龙。后李小龙入学于私立学校,学费大增。下列选项哪些是正确的?
A. 韩某可不再向李小龙支付抚养费
B. 韩小龙改名为李小龙,韩某的监护义务终止
C. 关某应为韩某探望儿子提供便利
D. 李小龙有权起诉要求韩某增加抚养费

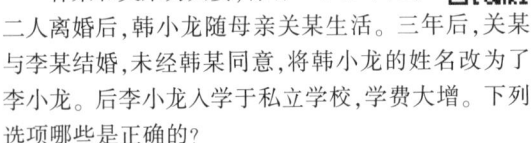

考点110 离婚时的救济

410. 2009/3/66/多

2003年5月王某(男)与赵某结婚,双方书面约定婚后各自收入归个人所有。2005年10月王某用自己的收入购置一套房屋。2005年11月赵某下岗,负责照料女儿及王某的生活。2008年8月王某提出离婚,赵某得知王某与张某已同居多年。法院应支持赵某的下列哪些主张?
A. 赵某因抚育女儿、照顾王某生活付出较多义务,王某应予以补偿
B. 离婚后赵某没有住房,应根据公平原则判决王某购买的住房属于夫妻共同财产
C. 王某与张某同居导致离婚,应对赵某进行赔偿
D. 张某与王某同居破坏其家庭,应向赵某赔礼道歉

411. 2012/3/23/单

甲与乙结婚多年后,乙患重大疾病需要医治,甲保管夫妻共同财产但拒绝向乙提供治疗费,致乙疾病得不到及时治疗而恶化。下列哪一说法是错误的?
A. 乙在婚姻关系存续期间,有权起诉请求分割夫妻共同财产
B. 乙有权提出离婚诉讼并请求甲损害赔偿
C. 乙在离婚诉讼中有权请求多分夫妻共同财产
D. 乙有权请求公安机关依照《治安管理处罚法》对甲予以行政处罚

412. 2016/3/19/单

钟某性情暴躁,常殴打妻子柳某,柳某经常找同村未婚男青年杜某诉苦排遣,日久生情。现柳某起诉离婚,关于钟、柳二人的离婚财产处理事宜,下列哪一选项是正确的?
A. 针对钟某家庭暴力,柳某不能向其主张损害赔偿
B. 针对钟某家庭暴力,柳某不能向其主张精神损害赔偿
C. 如柳某婚内与杜某同居,则柳某不能向钟某主张损害赔偿
D. 如柳某婚内与杜某同居,则钟某可以向柳某主张损害赔偿

考点111 离婚夫妻共同财产的分割

413. 2010/3/66/多

甲、乙因离婚诉至法院,要求分割实为共同财产而以甲的名义对丙合伙企业的投资。诉讼中,甲、乙经协商,甲同意将其在丙合伙企业中的财产份额转让给乙。法院对此作出处理,下列选项是正确的?
A. 其他三分之二以上合伙人同意转让的,乙取得合伙人地位
B. 其他合伙人不同意转让,在同等条件下行使优先受让权的,可对转让所得的财产进行分割
C. 其他合伙人不同意转让,也不行使优先受让权,但同意甲退伙或退还其财产份额的,可对退伙财产进行分割
D. 其他合伙人对转让、退伙、退还财产均不同意,也不行使优先受让权的,视为全体合伙人同意转让,乙依法取得合伙人地位

414. 2008/3/68/多

甲、乙结婚多年,因甲沉迷于网络游戏,双方协议离婚,甲同意家庭的主要财产由乙取得。离婚后不久,乙发现甲曾在婚姻存续期间私自购买了两处房产并登记在自己名下,于是起诉甲,要求再次分割房产并要求甲承担损害赔偿责任。下列哪些选项是正确的?

62

A. 乙无权要求甲承担损害赔偿责任
B. 法院应当将两处房产都判给乙
C. 请求分割房产的诉讼时效,为乙发现或者应当发现甲的隐藏财产行为之日起两年
D. 若法院判决乙分得房产,则乙在判决生效之日即取得房屋所有权

415. 2016/3/18/单

乙起诉离婚时,才得知丈夫甲此前已着手隐匿并转移财产。关于甲、乙离婚的财产分割,下列哪一选项是错误的?
A. 甲隐匿转移财产,分割财产时可少分或不分
B. 就履行离婚财产分割协议事宜发生纠纷,乙可再起诉
C. 离婚后发现甲还隐匿其他共同财产,乙可另诉再次分割财产
D. 离婚后因发现甲还隐匿其他共同财产,乙再行起诉不受诉讼时效限制

专题二十九 收 养

考点112 收养

416. 2008/3/18/单

吴某(女)16岁,父母去世后无其他近亲,吴某的舅舅孙某(50岁,离异,有一个19岁的儿子)提出愿将吴某收养。孙某咨询律师收养是否合法,律师的下列哪一项答复是正确的?
A. 吴某已满16岁,不能再被收养
B. 孙某与吴某年龄相差未超过40岁,不能收养吴某
C. 孙某已有子女,不能收养吴某
D. 孙某可以收养吴某

417. 2017/3/19/多

小强现年9周岁,生父谭某已故,生母徐某虽有抚养能力,但因准备再婚决定将其送养。徐某的姐姐要求收养,其系华侨富商,除已育有一子外符合收养人的其他条件;谭某父母为退休教师,也要求抚养。下列哪些选项是正确的?①
A. 徐某因有抚养能力不能将小强送其姐姐收养
B. 徐某的姐姐因有子女不能收养小强
C. 谭某父母有优先抚养的权利
D. 收养应征得小强同意

418. 2022 回忆/单

甲(男,29岁)和乙(女,31岁)再婚。甲与前妻育有一子3岁、一女5岁,乙与前夫育有一女5岁、一女7岁。经甲的前妻和乙的前夫同意,甲、乙决定收养所有子女,组成6人家庭。下列哪一说法是正确的?
A. 即使甲的前妻或乙的前夫有能力抚养子女,甲、乙也能收养全部子女
B. 甲只能收养乙的女儿中的一个
C. 乙已有两个女儿,不能收养甲的子女
D. 甲未满30岁,不能收养乙的女儿

第六编 继 承

专题三十 继承概述

考点113 继承的一般规定

419. 2011/3/23/多

下列哪些行为不可引起放弃继承权的后果?②
A. 张某口头放弃继承权,本人承认
B. 王某在遗产分割后放弃继承权
C. 李某以不再赡养父母为前提,书面表示放弃其对父母的继承权
D. 赵某与父亲共同发表书面声明断绝父子关系

专题三十一 法定继承

考点114 法定继承人的范围和继承顺序

420. 2009/3/68/多

钱某与胡某婚后生有子女甲和乙,后钱某与胡某离婚,甲、乙归胡某抚养。胡某与吴某结婚,当时甲已参加工作而乙尚未成年,乙跟随胡某与吴某居住,后胡某与吴某生下一女丙,吴某与前妻生有一子丁。钱某和吴某先后去世,下列哪些说法是正确的?
A. 胡某、甲、乙可以继承钱某的遗产
B. 甲和乙可以继承吴某的遗产
C. 胡某和丙可以继承吴某的遗产
D. 乙和丁可以继承吴某的遗产

421. 2014/3/65/多

甲(男)与乙(女)结婚,其子小明20周岁时,甲与乙离婚。后甲与丙(女)再婚,丙子小亮8周岁,随甲、丙共同生活。小亮成年成家后,甲与丙甚感孤寂,收养孤儿小光为养子,视同己出,未办理收养手续。丙去世,其遗产的第一顺序继承人有哪些?

---
① 原为单选题,根据新法答案有变化,调整为多选题。
② 原为单选题,根据新法答案有变化,调整为多选题。

A. 小明　　　B. 小亮
C. 甲　　　　D. 小光

422． 2016/3/66/多

熊某与杨某结婚后,杨某与前夫所生之子小强由二人一直抚养,熊某死亡,未立遗嘱。熊某去世前杨某孕有一对龙凤胎,于熊某死后生产,产出时男婴为死体,女婴为活体但旋即死亡。关于对熊某遗产的继承,下列哪些选项是正确的?
A. 杨某、小强均是第一顺位的法定继承人
B. 女婴死亡后,应当发生法定的代位继承
C. 为男婴保留的遗产份额由杨某、小强继承
D. 为女婴保留的遗产份额由杨某继承

423． 2023 回忆/任

徐某与周某育有一子小磊,两人离婚后,小磊随母亲周某去国外生活,很少回来看望徐某。后徐某与王某结婚,王某与前夫之女小美同二人一起生活。小美10周岁时,徐某和王某离婚,小美跟随王某生活,徐某不再照顾小美。徐某晚年一直由侄子大志照顾。现徐某去世,未留下遗嘱。小磊、小美与大志都要求分配徐某的遗产。对此,下列说法正确的是:
A. 大志是徐某的法定继承人,有权参与遗产分配
B. 小美是徐某的法定继承人,有权参与遗产分配
C. 虽然小磊未尽赡养义务,但其仍享有继承权
D. 大志因赡养徐某较多,应当分得适当遗产

考点115 法定继承中遗产的分配

424． 2010/3/67/多

郭大爷女儿五年前病故,留下一子甲。女婿乙一直与郭大爷共同生活,尽了主要赡养义务。郭大爷继子丙虽然与其无扶养关系,但也不时从外地回来探望。郭大爷还有一丧失劳动能力的养子丁。郭大爷病故,关于其遗产的继承,下列哪些选项是正确的?
A. 甲为第一顺序继承人
B. 乙在分配财产时,可多分
C. 丙无权继承遗产
D. 分配遗产时应该对丁予以照顾

考点116 代位继承与转继承

425． 2007/3/68/多

李某死后留下一套房屋和数十万存款,生前未立遗嘱。李某有三个女儿,并收养了一子。大女儿中年病故,留下一子。养子收入丰厚,却拒绝赡养李某。在两个女儿办理丧事期间,小女儿因交通事故意外身亡,留下一女。下列哪些选项是正确的?
A. 二女儿和小女儿之女均是第一顺序继承人
B. 大女儿之子对李某遗产的继承属于代位继承
C. 小女儿之女属于转继承人
D. 分配遗产时,养子应当不分或少分

426． 2011/3/65/多

张某李某系夫妻,生有一子张甲和一女张乙。张甲于2007年意外去世,有一女丙。张某在2010年死亡,生前拥有个人房产一套,遗嘱将该房产处分给李某。关于该房产的继承,下列哪些表述是正确的?
A. 李某可以通过张某的遗嘱继承该房产
B. 丙可以通过代位继承要求对该房产进行遗产分割
C. 继承人自张某死亡时取得该房产所有权
D. 继承人自房产变更登记后取得所有权

427． 2012/3/66/多

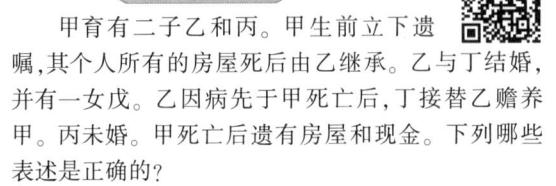

甲育有二子乙和丙。甲生前立下遗嘱,其个人所有的房屋死后由乙继承。乙与丁结婚,并有一女戊。乙因病先于甲死亡后,丁接替乙赡养甲。丙未婚。甲死亡后遗有房屋和现金。下列哪些表述是正确的?
A. 戊可代位继承
B. 戊、丁无权继承现金
C. 丙、丁为第一顺序继承人
D. 丙无权继承房屋

428． 2013/3/66/多

甲自书遗嘱将所有遗产全部留给长子乙,并明确次子丙不能继承。乙与丁婚后育有一女戊、一子己。后乙、丁遇车祸,死亡先后时间不能确定。甲悲痛成疾,不久去世。丁母健在。下列哪些表述是正确的?
A. 甲、戊、己有权继承乙的遗产
B. 丁母有权转继承乙的遗产
C. 戊、己、丁母有权继承丁的遗产
D. 丙有权继承、戊和己有权代位继承甲的遗产

429． 2021 回忆/多

甄某育有一子甄伟和一女甄美。甄美和前夫秦某育有一女秦好,和甄美一起生活。后甄美和岳某再婚。岳某和前妻育有一子岳猛,和岳某一起生活。2020年1月,甄美死亡。其后不久,甄某去世,留下3套房产。对此3套房产,下列哪些人有资格继承?
A. 甄伟　　　B. 秦好
C. 岳某　　　D. 岳猛

专题三十二 遗嘱继承、遗赠和遗赠扶养协议

考点117 遗嘱继承

430． 2014/3/24/单

甲有乙、丙和丁三个女儿。甲于2013年1月1日亲笔书写一份遗嘱,写明其全部遗产由乙继承,并签名和注明年月日。同年3月2日,甲又请张律师代书一份遗嘱,写明其全部遗产由丙继承。同年5月3日,甲因病被丁送至医院急救,甲又立口头遗嘱一份,内容是其全部遗产由丁继承,在场的赵医生和李护士见证。甲病好转后出院休养,未立新遗嘱。如甲死亡,下列哪一选项是甲遗产的继承权人?
A. 乙　　　　　　B. 丙
C. 丁　　　　　　D. 乙、丙、丁

431． 2015/3/21/单

老夫妇王冬与张霞有一子王希、一女王楠,王希婚后育有一子王小力。王冬和张霞曾约定,自家的门面房和住房属于王冬所有。2012年8月9日,王冬办理了公证遗嘱,确定门面房由张霞和王希共同继承。2013年7月10日,王冬将门面房卖给他人并办理了过户手续。2013年12月,王冬去世,不久王希也去世。关于住房和出售门面房价款的继承,下列哪一说法是错误的?
A. 张霞有部分继承权
B. 王楠有部分继承权
C. 王小力有部分继承权
D. 王小力对住房有部分继承权、对出售门面房的价款有全部继承权

432． 2017/3/66/多

韩某于2017年3月病故,留有住房1套、存款50万元、名人字画10余幅及某有限责任公司股权等遗产。韩某在2014年所立第一份自书遗嘱中表示全部遗产由其长子韩大继承。在2015年所立第二份自书遗嘱中,韩某表示其死后公司股权和名人字画留给7岁的外孙女婷婷。2017年6月,韩大在未办理韩某遗留房屋所有权变更登记的情况下以自己的名义与陈卫订立了商品房买卖合同。下列哪些选项是错误的?
A. 韩某的第一份遗嘱失效
B. 韩某的第二份遗嘱无效
C. 韩大与陈卫订立的商品房买卖合同无效
D. 婷婷不能取得某有限责任公司股东资格

433． 2022回忆/多

甲致乙重伤残疾,向乙支付了赔偿金。不久,乙立自书遗嘱,房屋、存款均由女儿丙继承,儿子丁不继承。丁以杀害丙相威胁,虽未遂,但乙还是更改了遗嘱,将所有财产均由丁继承。后乙病重送到医院抢救未成功,死前由两名护士见证,口头设立遗嘱:房屋归丙,存款丙、丁一人一半。下列哪些选项是正确的?
A. 赔偿金由丙继承
B. 丁可以继承全部赔偿金
C. 房屋由丙继承
D. 存款由丙、丁按一人一半继承

考点118 遗赠扶养协议

434． 2010/3/19/单

甲妻病故,膝下无子女,养子乙成年后常年在外地工作。甲与村委会签订遗赠扶养协议,约定甲的生养死葬由村委会负责,死后遗产归村委会所有。后甲又自书一份遗嘱,将其全部财产赠与侄子丙。甲死后,乙就甲的遗产与村委会以及丙发生争议。对此,下列哪一选项是正确的?
A. 甲的遗产应归村委会所有
B. 甲所立遗嘱应予撤销
C. 村委会、乙和丙共同分割遗产,村委会可适当多分
D. 村委会和丙平分遗产,乙无权分得任何遗产

435． 2012/3/24/单

甲与保姆乙约定:甲生前由乙照料,死后遗产全部归乙。乙一直细心照料甲。后甲女儿丙回国,与乙一起照料甲,半年后甲去世。丙认为自己是第一顺序继承人,且尽了义务,主张甲、乙约定无效。下列哪一表述是正确的?
A. 遗赠扶养协议有效
B. 协议部分无效,丙可以继承甲的一半遗产
C. 协议无效,应按法定继承处理
D. 协议有效,应按遗嘱继承处理

专题三十三 遗产的处理

考点119 遗产的范围

436． 2012/3/22/单

甲在乙寺院出家修行,立下遗嘱,将下列财产分配给女儿丙:乙寺院出资购买并登记在甲名下的房产;甲以僧人身份注册的微博账号;甲撰写《金刚经解说》的发表权;甲的个人存款。甲死后,在遗产分割上乙寺院与丙之间发生争议。下列一说法是正确的?
A. 房产虽然登记在甲名下,但甲并非事实上所有权人,其房产应归寺院所有
B. 甲以僧人身份注册的微博账号,目的是为推

C. 甲撰写的《金刚经解说》属于职务作品,为保护寺院的利益,其发表权应归寺院所有
D. 甲既已出家,四大皆空,个人存款应属寺院财产,为维护宗教事业发展,其个人存款应归寺院所有

437. 2013/3/24/单

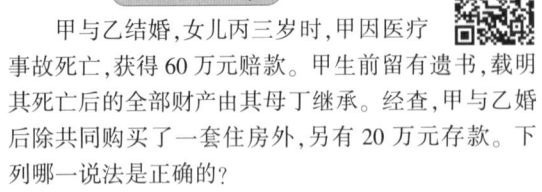

甲与乙结婚,女儿丙三岁时,甲因医疗事故死亡,获得60万元赔款。甲生前留有遗书,载明其死亡后的全部财产由其母丁继承。经查,甲与乙婚后除共同购买了一套住房外,另有20万元存款。下列哪一说法是正确的?
A. 60万元赔款属于遗产
B. 甲的遗嘱未保留丙的遗产份额,遗嘱全部无效
C. 住房和存款的各一半属于遗产
D. 乙有权继承甲的遗产

考点120 遗产的分割与债务清偿

438. 2009/3/67/多

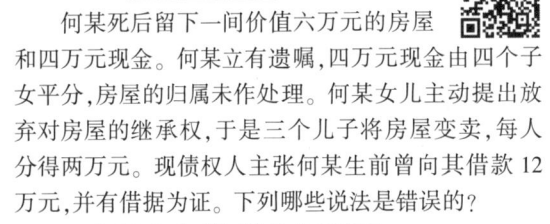

何某死后留下一间价值六万元的房屋和四万元现金。何某立有遗嘱,四万元现金由四个子女平分,房屋的归属未作处理。何某女儿主动提出放弃对房屋的继承权,于是三个儿子将房屋变卖,每人分得两万元。现债权人主张何某生前曾向其借款12万元,并有借据为证。下列哪些说法是错误的?
A. 何某已死,债权债务关系消灭
B. 四个子女平均分担,每人偿还三万元
C. 四个子女各自以继承所得用于清偿债务,剩下两万元由四人平均分担
D. 四个子女各自以继承所得用于清偿债务,剩下两万元四人可以不予清偿

第七编 侵权责任

专题三十四 侵权责任概述

考点121 侵权责任与免责

439. 2011/3/89/任

甲公司与乙公司约定,由甲公司向乙公司交付1吨药材,乙公司付款100万元。乙公司将药材转卖给丙公司,并约定由甲公司向丙公司交付,丙公司收货后3日内应向乙支付价款120万元。
张某以自有汽车为乙公司的债权提供抵押担保,未办理抵押登记。抵押合同约定:"在丙公司不付款时,乙公司有权就出卖该汽车的价款清偿自己的债权。"李某为这笔货款出具担保函:"在丙公司不付款时,由李某承担保证责任"。丙公司收到药材后未依约向乙公司支付120万元,乙公司向张某主张实现抵押权,同时要求李某承担保证责任。
张某见状,便将其汽车赠与刘某。刘某将该汽车作为出资,与钱某设立丁酒店有限责任公司,并办理完出资手续。
丁公司员工方某驾驶该车接送酒店客人时,为躲避一辆逆行摩托车,将行人赵某撞伤。方某自行决定以丁公司名义将该车放在戊公司维修,为获得维修费的八折优惠,方某以其名义在与戊公司相关的庚公司为该车购买一套全新座垫。汽车修好后,方某将车取走交丁公司投入运营。戊公司要求丁公司支付维修费,否则对汽车行使留置权,丁公司回函请宽限一周。庚公司要求丁公司支付座垫费,丁公司拒绝。
关于对赵某的损害应承担侵权责任的主体,下列选项正确的是:
A. 方某 B. 钱某和刘某
C. 丁公司 D. 摩托车主

440. 2013/3/1/单

兹有四个事例:①张某驾车违章发生交通事故致搭车的李某残疾;②唐某参加王某组织的自助登山活动因雪崩死亡;③吴某与人打赌举重物因用力过猛致残;④何某心情不好邀好友郑某喝酒,郑某畅饮后驾车撞树致死。根据公平正义的法治理念和民法有关规定,下列哪一观点可以成立?
A. ①张某与李某未形成民事法律关系合意,如让张某承担赔偿责任,是惩善扬恶,显属不当
B. ②唐某应自担风险,如让王某承担赔偿责任,有违公平
C. ③吴某有完整意思能力,其自担损失,是非清楚
D. ④何某虽有召集但未劝酒,无需承担责任,方能兼顾法理与情理

441. 2017/3/23/单

刘婆婆回家途中,看见邻居肖婆婆带着外孙小勇和另一家邻居的孩子小囡(均为4岁多)在小区花园中玩耍,便上前拿出几根香蕉递给小勇,随后离去。小勇接过香蕉后,递给小囡一根,小囡吞食时误入气管导致休克,经抢救无效死亡。对此,下列哪一选项是正确的?
A. 刘婆婆应对小囡的死亡承担民事责任
B. 肖婆婆应对小囡的死亡承担民事责任
C. 小勇的父母应对小囡的死亡承担民事责任
D. 属意外事件,不产生相关人员的过错责任

442. 2017/3/22/单

姚某旅游途中,前往某玉石市场参观,

在唐某经营的摊位上拿起一只翡翠手镯,经唐某同意后试戴,并问价。唐某报价18万元(实际进货价8万元,市价9万元),姚某感觉价格太高,急忙取下,不慎将手镯摔断。关于姚某的赔偿责任,下列哪一选项是正确的?
A. 应承担违约责任
B. 应赔偿唐某8万元损失
C. 应赔偿唐某9万元损失
D. 应赔偿唐某18万元损失

443．2018 回忆/单

甲遭到恶狗追咬,路人乙上前相救,情急之下,拿了路人丙的雨伞与恶狗搏斗,乙被狗咬伤,造成医疗费若干,雨伞也被打坏。经查,狗为丁所有,无赔偿能力。下列哪一选项是正确的?
A. 乙有权请求甲予以适当补偿
B. 乙有权请求甲赔偿损失
C. 丙有权请求乙给予适当补偿
D. 丙有权请求甲给予适当补偿

444．2020 回忆/单

甲在集市上抢夺乙的钱包后逃离,路人丙上前帮忙追赶甲。追至一条铁路旁,甲沿路轨奔逃,丙紧追不舍。此时一列火车迎面疾驰而来,甲未及反应被撞身亡,丙因急忙跳下路轨而造成骨折。下列哪一项说法是正确的?
A. 丙应对甲的死亡承担过错责任
B. 丙可请乙给予适当补偿
C. 乙应对甲的死亡承担公平责任
D. 丙应对甲的死亡承担公平责任

445．2020 回忆/多

甲乙二人在某游泳馆玩耍时,决定测试下游泳馆的救援能力。于是二人在距离救生员最远处的泳池一角假装溺水求救。正巧路过泳池去更衣室的丙见状,立即跳进水中救援。后发现甲乙二人并未溺水,但丙却因未来得及换衣服,导致裤兜里的手机泡水损坏。关于丙的行为及损失,下列哪些选项是正确的?
A. 丙属于自甘风险,不能向任何人主张任何权利
B. 游泳馆违反安全保障义务,应对丙予以赔偿
C. 丙因保护他人权益受损,可请求甲乙给予适当补偿
D. 丙构成无因管理,可请求甲乙给予适当补偿

考点122 数人侵权

446．2009/3/70/多

甲饲养的一只狗在乙公司施工的道路上追咬丙饲养的一只狗,行人丁避让中失足掉入施工形成的坑里,受伤严重。下列哪些说法是错误的?
A. 如甲能证明自己没有过错,不应承担对丁的赔偿责任
B. 如乙能证明自己没有过错,不应承担对丁的赔偿责任
C. 如丙能证明自己没有过错,不应承担对丁的赔偿责任
D. 此属意外事件,甲、乙、丙均不应承担对丁的赔偿责任

447．2017/3/67/多

甲、乙、丙三家毗邻而居,甲、乙分别饲养山羊各一只。某日二羊走脱,将丙辛苦栽培的珍稀药材悉数啃光。关于甲、乙的责任,下列哪些选项是正确的?
A. 甲、乙可各自通过证明已尽到管理职责而免责
B. 基于共同致害行为,甲、乙应承担连带责任
C. 如能确定二羊各自啃食的数量,则甲、乙各自承担相应赔偿责任
D. 如不能确定二羊各自啃食的数量,则甲、乙平均承担赔偿责任

448．2023 回忆/多

甲、乙、丙、丁四人合谋共同将戊打伤,戊花费医药费1万元。甲取得了戊的谅解,戊表示不会起诉甲也不会追究甲的责任。后戊向法院起诉了乙、丙、丁。乙表示不论法院判决自己赔偿多少,都愿意先行赔付戊所有损失,再向其他人追偿。对此,下列哪些说法是正确的?
A. 甲、乙、丙、丁成立共同侵权,应承担连带责任
B. 乙赔偿戊所有损失后,可以向丙、丁分别追偿2500元
C. 戊若免除甲的责任,法院应在判决书中注明
D. 法院应将甲追加为共同被告

专题三十五 特殊侵权责任

考点123 用人单位责任

449．2010/3/70/多

甲公司为劳务派遣单位,根据合同约定向乙公司派遣搬运工。搬运工丙脾气暴躁常与人争吵,乙公司要求甲公司更换丙或对其教育管理,甲公司不予理会。一天,乙公司安排丙为顾客丁免费搬运电视机,丙与丁发生激烈争吵故意摔坏电视机。对此,下列哪些说法是错误的?
A. 甲公司和乙公司承担连带赔偿责任

B. 甲公司承担赔偿责任,乙公司承担补充责任
C. 甲公司和丙承担连带赔偿责任
D. 丙承担赔偿责任,甲公司承担补充责任

450． 2013/3/67/多
甲赴宴饮酒,遂由有驾照的乙代驾其车,乙违章撞伤丙。交管部门认定乙负全责。以下假定情形中对丙的赔偿责任,哪些表述是正确的?
A. 如乙是与甲一同赴宴的好友,乙不承担赔偿责任
B. 如乙是代驾公司派出的驾驶员,该公司应承担赔偿责任
C. 如乙是酒店雇佣的为饮酒客人提供代驾服务的驾驶员,乙不承担赔偿责任
D. 如乙是出租车公司驾驶员,公司明文禁止代驾,乙为获高额报酬而代驾,乙应承担赔偿责任

451． 2014/3/21/多
甲电器销售公司的安装工人李某在为消费者黄某安装空调的过程中,不慎从高处掉落安装工具,将路人王某砸成重伤。李某是乙公司的劳务派遣人员,此前曾多次发生类似小事故,甲公司曾要求乙公司另派他人,但乙公司未予换人。下列哪些选项是错误的?①
A. 对王某的赔偿责任应由李某承担,黄某承担补充责任
B. 对王某的赔偿责任应由甲公司承担,乙公司承担补充责任
C. 甲公司与乙公司应对王某承担连带赔偿责任
D. 对王某的赔偿责任承担应采用过错责任原则

考点124 个人劳务关系中的侵权责任

452． 2009/3/22/单
甲在乙承包的水库游泳,乙的雇工丙、丁误以为甲在偷鱼苗将甲打伤。下列哪一说法是正确的?
A. 乙、丙、丁应承担连带责任
B. 丙、丁应先赔偿甲的损失,再向乙追偿
C. 只能由丙、丁承担连带责任
D. 只能由乙承担赔偿责任

453． 2012/3/21/单
甲聘请乙负责照看小孩,丙聘请丁做家务。甲和丙为邻居,乙和丁为好友。一日,甲突生急病昏迷不醒,乙联系不上甲的亲属,急将甲送往医院,并将甲的小孩委托给丁临时照看。丁疏于照看,致甲的小孩在玩耍中受伤。下列哪一说法是正确的?
A. 乙将甲送往医院的行为属于无因管理
B. 丁照看小孩的行为属于无因管理,不构成侵权行为
C. 丙应当承担甲小孩的医疗费
D. 乙和丁对甲小孩的医疗费承担连带责任

考点125 帮工侵权责任

454． 2014/3/66/多
甲家盖房,邻居乙、丙前来帮忙。施工中,丙因失误从高处摔下受伤,乙不小心撞伤小孩丁。下列哪些表述是正确的?
A. 对丙的损害,甲应承担赔偿责任,但可减轻其责任
B. 对丙的损害,甲不承担赔偿责任,但可在受益范围内予以适当补偿
C. 对丁的损害,甲应承担赔偿责任
D. 对丁的损害,甲应承担补充赔偿责任

考点126 违反安全保障义务的侵权责任

455． 2012/3/67/多
小偷甲在某商场窃得乙的钱包后逃跑,乙发现后急追。甲逃跑中撞上欲借用商场厕所的丙,因商场地板湿滑,丙摔成重伤。下列哪些说法是错误的?
A. 小偷甲应当赔偿丙的损失
B. 商场须对丙的损失承担补充赔偿责任
C. 乙应适当补偿丙的损失
D. 甲和商场对丙的损失承担连带责任

456． 2015/3/23/单
某洗浴中心大堂处有醒目提示语:"到店洗浴客人的贵重物品,请放前台保管"。甲在更衣时因地滑摔成重伤,并摔碎了手上价值20万元的定情信物玉镯。经查明:因该中心雇用的清洁工乙清洁不彻底,地面湿滑导致甲摔倒。下列哪一选项是正确的?
A. 甲应自行承担玉镯损失
B. 洗浴中心应承担玉镯的全部损失
C. 甲有权请求洗浴中心赔偿精神损害
D. 洗浴中心和乙对甲的损害承担连带责任

457． 2019回忆/任
某校研究生陈某下课后发现电梯人多拥挤便选择走楼梯,在下楼过程中由于陈某专注玩手机而失足摔倒,造成擦伤和中度脑震荡。关于陈某的损害,下列说法正确的是:
A. 电梯设置不合理,学校负全部责任
B. 学校未尽到安全保障义务,应负全部责任
C. 陈某与学校均有过错,各自承担与其过错相

---

① 原为单选题,根据新法答案有变化,调整为多选题。

D. 陈某因玩手机而失足摔倒,应责任自负

458. 2021回忆/多
杨家村是一处新开发的旅游景点,有很多杨梅树,在景点游览内容中,未提供杨梅采摘的旅游项目,也没有设置禁止采摘的指示牌。游客范某路过位于景区内的魏某家,发现院子里有杨梅树,问路过的李某是否可以采摘,李某说没人管。范某就爬到树上采摘杨梅,不慎跌伤。下列哪些说法是正确的?
A. 杨家村不承担范某的损失
B. 李某应承担部分赔偿责任
C. 范某应自行承担后果
D. 魏某不是游客的安保义务人

考点127 网络侵权责任

459. 2010/3/23/单
甲、乙是同事,因工作争执甲对乙不满,写了一份丑化乙的短文发布在丙网站。乙发现后要求丙删除,丙不予理会,致使乙遭受的损害扩大。关于扩大损害部分的责任承担,下列哪一说法是正确的?
A. 甲承担全部责任
B. 丙承担全部责任
C. 甲和丙承担连带责任
D. 甲和丙承担按份责任

460. 2022回忆/多
丙公司是一家搜索引擎运营商,旗下拥有搜索广告业务。甲公司购买了上述服务,并以同行业知名企业乙公司的名称为搜索关键词进行商业推广。若通过丙公司搜索引擎搜索乙公司名称,结果页面前两条词条均指向甲公司,而乙公司的官网词条却相对靠后。乙公司认为甲、丙公司侵犯了其名称权,要求停止侵权,并赔偿损失。下列哪些选项是正确的?
A. 甲公司的行为属于不正当竞争行为
B. 若丙公司接到乙公司被侵权的通知后,立刻采取了删除措施,则不构成侵权
C. 丙公司应对侵权承担连带责任
D. 乙公司可以请求停止侵害,此权利不受诉讼时效限制

考点128 监护人责任

461. 2015/3/24/单
甲的儿子乙(8岁)因遗嘱继承了祖父遗产10万元。某日,乙玩耍时将另一小朋友丙的眼睛划伤。丙的监护人要求甲承担赔偿责任2万元。后法院查明,甲已尽到监护职责。下列哪一说法是正确的?
A. 因乙的财产足以赔偿丙,故不需用甲的财产赔偿
B. 甲已尽到监护职责,无需承担侵权责任
C. 用乙的财产向丙赔偿,乙赔偿后可在甲应承担的份额内向甲追偿
D. 应由甲直接赔偿,否则会损害被监护人乙的利益

考点129 教育机构的侵权责任

462. 2008/3/64/多
小牛在从甲小学放学回家的路上,将石块扔向路上正常行驶的出租车,致使乘客张某受伤,张某经治疗后脸上仍留下一块大伤疤。出租车为乙公司所有。下列哪些选项是错误的?
A. 张某有权要求乙公司赔偿医药费及精神损害
B. 甲小学和乙公司应向张某承担连带赔偿责任
C. 张某有权要求甲小学赔偿医疗费及精神损害
D. 张某有权要求小牛的监护人赔偿医疗费及精神损害

463. 2009/3/23/单
某小学组织春游,队伍行进中某班班主任张某和其他教师闲谈,未跟进照顾本班学生。该班学生李某私自离队购买食物,与小贩刘某发生争执被打伤。对李某的人身损害,下列哪一说法是正确的?
A. 刘某应承担赔偿责任
B. 某小学应承担赔偿责任
C. 某小学应与刘某承担连带赔偿责任
D. 刘某应承担赔偿责任,某小学应承担相应的补充赔偿责任

考点130 产品责任

464. 2010/3/21/单
大学生甲在寝室复习功课,隔壁寝室的学生乙、丙到甲寝室强烈要求甲打开电视观看足球比赛,甲只好照办。由于质量问题,电视机突然爆炸,甲乙丙三人均受重伤。关于三人遭受的损害,下列哪一选项是正确的?
A. 甲可要求电视机的销售者承担赔偿责任
B. 甲可要求乙、丙承担损害赔偿责任
C. 乙、丙无权要求电视机的销售者承担赔偿责任
D. 乙、丙有权要求甲承担损害赔偿责任

465. 2011/3/67/多
甲系某品牌汽车制造商,发现已投入流通的某款车型刹车系统存在技术缺陷,即通过媒体和销售商发布召回该款车进行技术处理的通知。乙

购买该车,看到通知后立即驱车前往丙销售公司,途中因刹车系统失灵撞上大树,造成伤害。下列哪些说法是正确的?

A. 乙有权请求甲承担赔偿责任
B. 乙有权请求丙承担赔偿责任
C. 乙有权请求惩罚性赔偿
D. 甲的责任是无过错责任

466． 2013/3/15/单

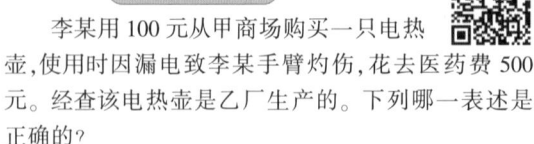

李某用100元从甲商场购买一只电热壶,使用时因漏电致李某手臂灼伤,花去医药费500元。经查该电热壶是乙厂生产的。下列哪一表述是正确的?

A. 李某可直接起诉乙厂要求其赔偿500元损失
B. 根据合同相对性原理,李某只能要求甲商场赔偿500元损失
C. 如李某起诉甲商场,则甲商场的赔偿范围以100元为限
D. 李某只能要求甲商场更换电热壶,500元损失则只能要求乙厂承担

考点131 医疗损害责任

467． 2016/3/23/单

田某突发重病神志不清,田父将其送至医院,医院使用进口医疗器械实施手术,手术失败,田某死亡。田父认为医院在诊疗过程中存在一系列违规操作,应对田某的死亡承担赔偿责任。关于本案,下列哪一选项是正确的?

A. 医疗损害适用过错责任原则,由患方承担举证责任
B. 医院实施该手术,无法取得田某的同意,可自主决定
C. 如因医疗器械缺陷致损,患方只能向生产者主张赔偿
D. 医院有权拒绝提供相关病历,且不会因此承担不利后果

考点132 机动车道路交通事故责任

468． 2009/3/69/多 新法改编

某机关法定代表人甲安排驾驶员乙开车执行公务,乙以身体不适为由拒绝。甲遂临时安排丙出车,丙在途中将闯红灯的行人丁撞成重伤,花去医疗费5万元。有关部门认定丙和丁对事故的发生承担同等责任。关于丁人身损害赔偿责任的承担,下列哪些表述是错误的?

A. 甲用人不当应当承担部分赔偿责任
B. 乙不服从领导安排应当承担部分赔偿责任
C. 丙有过错应当承担部分赔偿责任
D. 该机关应当承担全部医疗费用

469． 2010/3/24/单

甲为父亲祝寿宴请亲友,请乙帮忙买酒,乙骑摩托车回村途中被货车撞成重伤,公安部门认定货车司机丙承担全部责任。经查:丙无赔偿能力。丁为货车车主,该货车一年前被盗,未买任何保险。关于乙人身损害的赔偿责任承担,下列哪一选项是正确的?

A. 甲承担全部赔偿责任
B. 甲予以适当补偿
C. 丁承担全部赔偿责任
D. 丁予以适当补偿

470． 2011/3/6/单

周某从迅达汽车贸易公司购买了1辆车,约定周某试用10天,试用期满后3天内办理登记过户手续。试用期间,周某违反交通规则将李某撞成重伤。现周某困难,无力赔偿。关于李某受到的损害,下列哪一表述是正确的?

A. 因在试用期间该车未交付,李某有权请求迅达公司赔偿
B. 因该汽车未过户,不知该汽车已经出卖,李某有权请求迅达公司赔偿
C. 李某有权请求周某赔偿,因周某是该汽车的使用人
D. 李某有权请求周某和迅达公司承担连带赔偿责任,因周某和迅达公司是共同侵权人

考点133 环境污染和生态破坏责任

471． 2015/3/22/单

甲、乙、丙三家公司生产三种不同的化工产品,生产场地的排污口相邻。某年,当地大旱致河水水位大幅下降,三家公司排放的污水混合发生化学反应,产生有毒物质致使河流下游丁养殖场的鱼类大量死亡。经查明,三家公司排放的污水均分别经过处理且符合国家排放标准。后丁养殖场向三家公司索赔。下列哪一选项是正确的?

A. 三家公司均无过错,不承担赔偿责任
B. 三家公司对丁养殖场的损害承担连带责任
C. 本案的诉讼时效是2年
D. 三家公司应按照污染物的种类、排放量等因素承担责任

考点134 饲养动物致人损害责任

472． 2015/3/67/多

关于动物致害侵权责任的说法,下列哪些选项是正确的?

A. 甲8周岁的儿子翻墙进入邻居院中玩耍,被院内藏獒咬伤,邻居应承担侵权责任
B. 小学生乙和丙放学途经养狗的王平家,丙故

· 70 ·

意逗狗,狗被激怒咬伤乙,只能由丙的监护人对乙承担侵权责任
C. 丁下夜班回家途经邻居家门时,未看到邻居饲养的小猪趴在路上而绊倒摔伤,邻居应承担侵权责任
D. 戊带女儿到动物园游玩时,动物园饲养的老虎从破损的虎笼蹿出将戊女儿咬伤,动物园应承担侵权责任

473. 2017/3/24/单

王某因全家外出旅游,请邻居戴某代为看管其饲养的宠物狗。戴某看管期间,张某偷狗,被狗咬伤。关于张某被咬伤的损害,下列哪一选项是正确的?
A. 王某应对张某所受损害承担全部责任
B. 戴某应对张某所受损害承担全部责任
C. 王某和戴某对张某损害共同承担全部责任
D. 王某或戴某不应对张某损害承担全部责任

474. 2018 回忆/多

赵某受钱某邀请,带着于某的宠物狗去住在三楼的钱某家玩儿,并将狗放在钱某家阳台晒太阳。钱某提醒赵某,狗有摔下的危险。果然,狗在阳台上玩耍时摔下,砸伤了正常行走的路人杨某。关于杨某的主张,下列哪些说法是正确的?
A. 可请求钱某承担动物饲养人或管理人员的侵权责任
B. 可请求钱某承担建筑物管理人的侵权责任
C. 可请求赵某承担动物饲养人或管理人员的侵权责任
D. 可请求于某承担动物饲养人或管理人的侵权责任

考点135 物件致人损害责任

475. 2008/3/16/单

大华商场委托飞达广告公司制作了一块宣传企业形象的广告牌,并由飞达公司负责安装在商场外墙。某日风大,广告牌被吹落砸伤过路人郑某。经查,广告牌的安装存在质量问题。关于郑某的损害,下列哪一选项是正确的?

A. 大华商场承担赔偿责任,飞达公司承担补充赔偿责任
B. 飞达公司承担赔偿责任,大华商场承担补充赔偿责任
C. 大华商场承担赔偿责任,但其有权向飞达公司追偿
D. 飞达公司承担赔偿责任,大华商场不承担责任

476. 2016/3/24/单

张小飞邀请关小羽来家中做客,关小羽进入张小飞所住小区后,突然从小区的高楼内抛出一块砚台,将关小羽砸伤。关于砸伤关小羽的责任承担,下列哪一选项是正确的?
A. 张小飞违反安全保障义务,应承担侵权责任
B. 顶层业主通过证明当日家中无人,可以免责
C. 小区物业违反安全保障义务,应承担侵权责任
D. 如查明砚台系从10层抛出,10层以上业主仍应承担补充责任

477. 2016/3/67/多

4名行人正常经过北方牧场时跌入粪坑,1人获救3人死亡。据查,当地牧民为养草放牧,储存牛羊粪便用于施肥,一家牧场往往挖有三四个粪坑,深者达三四米,之前也发生过同类事故。关于牧场的责任,下列哪些选项是正确的?
A. 应当适用无过错责任原则
B. 应当适用过错推定责任原则
C. 本案情形已经构成不可抗力
D. 牧场管理人可通过证明自己尽到管理职责而免责

478. 2021 回忆/多

黄某回家需经过小区一条内部道路,因有辆皮卡在路上违规停放多日,物业未做处理,黄某只得绕道而行。不料,当日大风吹落10楼贾某家阳台上的木质衣架,正好砸中黄某,致黄某重伤。关于黄某的人身损害赔偿,下列哪些说法是正确的?
A. 贾某应承担赔偿责任
B. 贾某与物业公司应承担连带责任
C. 物业公司应承担补充责任
D. 应按照高空抛物处理

民法 [考点法条]

第一编 总则

专题一 民法概述

考点1 民法的调整对象

第二条 [调整范围]民法调整平等主体的自然人、法人和非法人组织之间的人身关系和财产关系。

考点2 民法的基本原则

第四条 [平等原则]民事主体在民事活动中的法律地位一律平等。

第五条 [自愿原则]民事主体从事民事活动,应当遵循自愿原则,按照自己的意思设立、变更、终止民事法律关系。

第六条 [公平原则]民事主体从事民事活动,应当遵循公平原则,合理确定各方的权利和义务。

第七条 [诚信原则]民事主体从事民事活动,应当遵循诚信原则,秉持诚实,恪守承诺。

第八条 [守法与公序良俗原则]民事主体从事民事活动,不得违反法律,不得违背公序良俗。

第九条 [绿色原则]民事主体从事民事活动,应当有利于节约资源、保护生态环境。

第十条 [处理民事纠纷的依据]处理民事纠纷,应当依照法律;法律没有规定的,可以适用习惯,但是不得违背公序良俗。

考点3 民事法律关系

(一)民法的法律适用

第十条 [处理民事纠纷的依据]处理民事纠纷,应当依照法律;法律没有规定的,可以适用习惯,但是不得违背公序良俗。

《民法典总则编解释》

第二条 在一定地域、行业范围内长期为一般人从事民事活动时普遍遵守的民间习俗、惯常做法等,可以认定为民法典第十条规定的习惯。

当事人主张适用习惯的,应当就习惯及其具体内容提供相应证据;必要时,人民法院可以依职权查明。

适用习惯,不得违背社会主义核心价值观,不得违背公序良俗。

第三条 对于民法典第一百三十二条所称的滥用民事权利,人民法院可以根据权利行使的对象、目的、时间、方式、造成当事人之间利益失衡的程度等因素作出认定。

行为人以损害国家利益、社会公共利益、他人合法权益为主要目的行使民事权利的,人民法院应当认定构成滥用民事权利。

构成滥用民事权利的,人民法院应当认定该滥用行为不发生相应的法律效力。滥用民事权利造成损害的,依照民法典第七编有关规定处理。

(二)民事法律关系的要素

第一百一十条 [民事主体的人格权]自然人享有生命权、身体权、健康权、姓名权、肖像权、名誉权、荣誉权、隐私权、婚姻自主权等权利。

法人、非法人组织享有名称权、名誉权和荣誉权。

第一百一十一条 [个人信息受法律保护]自然人的个人信息受法律保护。任何组织或者个人需要获取他人个人信息的,应当依法取得并确保信息安全,不得非法收集、使用、加工、传输他人个人信息,不得非法买卖、提供或者公开他人个人信息。

第一百一十二条 [婚姻家庭关系等产生的人身权利]自然人因婚姻家庭关系等产生的人身权利受法律保护。

第一百一十四条 [物权的定义及类型]民事主体依法享有物权。

物权是权利人依法对特定的物享有直接支配和排他的权利,包括所有权、用益物权和担保物权。

第一百一十八条 [债权的定义]民事主体依法享有债权。

债权是因合同、侵权行为、无因管理、不当得利以及法律的其他规定,权利人请求特定义务人为或者不为一定行为的权利。

第一百二十一条 [无因管理之债]没有法定的或者约定的义务,为避免他人利益受损失而进行管理的人,有权请求受益人偿还由此支出的必要费用。

第一百二十二条 [不当得利之债]因他人没有法律根据,取得不当利益,受损失的人有权请求其返还不当利益。

第一百二十三条 [知识产权及其客体]民事主体依法享有知识产权。

知识产权是权利人依法就下列客体享有的专有的权利:

(一)作品;

(二)发明、实用新型、外观设计;

(三)商标;

(四)地理标志;

(五)商业秘密;

(六)集成电路布图设计;

(七)植物新品种;

(八)法律规定的其他客体。

第一百二十七条　[对数据和网络虚拟财产的保护] 法律对数据、网络虚拟财产的保护有规定的,依照其规定。

(三)请求权

(1)支配请求权

第二百三十五条　[返还原物请求权] 无权占有不动产或者动产的,权利人可以请求返还原物。

第二百三十六条　[排除妨害、消除危险请求权] 妨害物权或者可能妨害物权的,权利人可以请求排除妨害或者消除危险。

第九百九十五条　[人格权保护的请求权] 人格权受到侵害的,受害人有权依照本法和其他法律的规定请求行为人承担民事责任。受害人的停止侵害、排除妨碍、消除危险、消除影响、恢复名誉、赔礼道歉请求权,不适用诉讼时效的规定。

第一千零一条　[自然人身份权利保护的参照] 对自然人因婚姻家庭关系等产生的身份权利的保护,适用本法第一编、第五编和其他法律的相关规定;没有规定的,可以根据其性质参照适用本编人格权保护的有关规定。

(2)占有保护请求权

第四百六十二条　[占有保护的方法] 占有的不动产或者动产被侵占的,占有人有权请求返还原物;对妨害占有的行为,占有人有权请求排除妨害或者消除危险;因侵占或者妨害造成损害的,占有人有权依法请求损害赔偿。

占有人返还原物的请求权,自侵占发生之日起一年内未行使的,该请求权消灭。

(四)抗辩权

(1)一时抗辩权

第三百九十二条　[人保和物保并存时的处理规则] 被担保的债权既有物的担保又有人的担保的,债务人不履行到期债务或者发生当事人约定的实现担保物权的情形,债权人应当按照约定实现债权;没有约定或者约定不明确,债务人自己提供物的担保的,债权人应当就该物的担保实现债权;第三人提供物的担保的,债权人可以就物的担保实现债权,也可以请求保证人承担保证责任。提供担保的第三人承担担保责任后,有权向债务人追偿。[2020年回忆~混合担保、混合担保的清偿顺序;2015年真题~混合担保、追偿权;2011年真题~混合担保规则、共同抵押规则]①

第五百二十五条　[同时履行抗辩权] 当事人互负债务,没有先后履行顺序的,应当同时履行。一方在对方履行之前有权拒绝其履行请求。一方在对方履行债务不符合约定时,有权拒绝其相应的履行请求。

第五百二十六条　[顺序履行抗辩权] 当事人互负债务,有先后履行顺序,应当先履行债务一方未履行的,后履行一方有权拒绝其履行请求。先履行一方履行债务不符合约定的,后履行一方有权拒绝其相应的履行请求。

第五百二十七条　[不安抗辩权] 应当先履行债务的当事人,有确切证据证明对方有下列情形之一的,可以中止履行:

(一)经营状况严重恶化;

(二)转移财产、抽逃资金,以逃避债务;

(三)丧失商业信誉;

(四)有丧失或者可能丧失履行债务能力的其他情形。

当事人没有确切证据中止履行的,应当承担违约责任。[2011年真题~不安抗辩权]

第五百二十八条　[不安抗辩权的行使] 当事人依据前条规定中止履行的,应当及时通知对方。对方提供适当担保的,应当恢复履行。中止履行后,对方在合理期限内未恢复履行能力且未提供适当担保的,视为以自己的行为表明不履行主要债务,中止履行的一方可以解除合同并可以请求对方承担违约责任。[2011年真题~不安抗辩权]

第六百八十七条　[一般保证及先诉抗辩权] 当事人在保证合同中约定,债务人不能履行债务时,由保证人承担保证责任的,为一般保证。

一般保证的保证人在主合同纠纷未经审判或者仲裁,并就债务人财产依法强制执行仍不能履行债务前,有权拒绝向债权人承担保证责任,但是有下列情形之一的除外:

(一)债务人下落不明,且无财产可供执行;

(二)人民法院已经受理债务人破产案件;

(三)债权人有证据证明债务人的财产不足以履行全部债务或者丧失履行债务能力;

(四)保证人书面表示放弃本款规定的权利。

(2)永久抗辩权

第一百八十八条　[普通诉讼时效] 向人民法院请求保护民事权利的诉讼时效期间为三年。法律另有规定的,依照其规定。

诉讼时效期间自权利人知道或者应当知道权利受到损害以及义务人之日起计算。法律另有规定的,依照其规定。但是,自权利受到损害之日起超过二十年的,人民法院不予保护,有特殊情况的,人民法院可以根据权利人的申请决定延长。

《民间借贷规定》

第二十五条　出借人请求借款人按照合同约定利率支付利息的,人民法院应予支持,但是双方约定的利率超过合同成立时一年期贷款市场报价利率四倍的除外。

前款所称"一年期贷款市场报价利率",是指中国人民银行授权全国银行间同业拆借中心自2019年8月20日起每月发布的一年期贷款市场报价利率。[2022年回忆~利息]

第二十六条　借据、收据、欠条等债权凭证载明的借款金额,一般认定为本金。预先在本金中扣除利息的,人

---

① 主客观重点法条以灰底标注,并注明主观题考查年份及考点。

民法院应当将实际出借的金额认定为本金。

(五)形成权

(1)物权上的形成权

第三百零三条 ［共有物的分割规则］共有人约定不得分割共有的不动产或者动产,以维持共有关系的,应当按照约定,但是共有人有重大理由需要分割的,可以请求分割;没有约定或者约定不明确,按份共有人可以随时请求分割,共同共有人在共有的基础丧失或者有重大理由需要分割时可以请求分割。因分割造成其他共有人损害的,应当给予赔偿。

第三百零五条 ［按份共有人的优先购买权］按份共有人可以转让其享有的共有的不动产或者动产份额。其他共有人在同等条件下享有优先购买的权利。

(2)债上的形成权

第一百四十五条 ［限制民事行为能力人实施的民事法律行为］限制民事行为能力人实施的纯获利益的民事法律行为或者与其年龄、智力、精神健康状况相适应的民事法律行为有效;实施的其他民事法律行为经法定代理人同意或者追认后有效。

相对人可以催告法定代理人自收到通知之日起三十日内予以追认。法定代理人未作表示的,视为拒绝追认。民事法律行为被追认前,善意相对人有撤销的权利。撤销应当以通知的方式作出。

第一百五十二条 ［撤销权的消灭事由］有下列情形之一的,撤销权消灭:

(一)当事人自知道或者应当知道撤销事由之日起一年内、重大误解的当事人自知道或者应当知道撤销事由之日起九十日内没有行使撤销权;

(二)当事人受胁迫,自胁迫行为终止之日起一年内没有行使撤销权;

(三)当事人知道撤销事由后明确表示或者以自己的行为表明放弃撤销权。

当事人自民事法律行为发生之日起五年内没有行使撤销权的,撤销权消灭。

第一百七十一条 ［无权代理］行为人没有代理权、超越代理权或者代理权终止后,仍然实施代理行为,未经被代理人追认的,对被代理人不发生效力。

相对人可以催告被代理人自收到通知之日起三十日内予以追认。被代理人未作表示的,视为拒绝追认。行为人实施的行为被追认前,善意相对人有撤销的权利。撤销应当以通知的方式作出。

行为人实施的行为未被追认的,善意相对人有权请求行为人履行债务或者就其受到的损害请求赔偿。但是,赔偿的范围不得超过被代理人追认时相对人所能获得的利益。

相对人知道或者应当知道行为人无权代理的,相对人和行为人按照各自的过错承担责任。

第五百一十五条 ［选择之债中债务人的选择权］标的有多项而债务人只需履行其中一项的,债务人享有选择权;但是,法律另有规定、当事人另有约定或者另有交易习惯的除外。

享有选择权的当事人在约定期限内或者履行期限届满未作选择,经催告后在合理期限内仍未选择的,选择权转移至对方。

第五百六十二条 ［合同的约定解除］当事人协商一致,可以解除合同。

当事人可以约定一方解除合同的事由。解除合同的事由发生时,解除权人可以解除合同。[2011年真题~约定解除权]

第五百六十三条 ［合同的法定解除］有下列情形之一的,当事人可以解除合同:

(一)因不可抗力致使不能实现合同目的;

(二)在履行期限届满前,当事人一方明确表示或者以自己的行为表明不履行主要债务;

(三)当事人一方迟延履行主要债务,经催告后在合理期限内仍未履行;

(四)当事人一方迟延履行债务或者有其他违约行为致使不能实现合同目的;

(五)法律规定的其他情形。

以持续履行的债务为内容的不定期合同,当事人可以随时解除合同,但是应当在合理期限之前通知对方。

[2018年回忆~合同的解除;2015年真题~预约合同]

第五百六十八条 ［法定抵销］当事人互负债务,该债务的标的物种类、品质相同的,任何一方可以将自己的债务与对方的到期债务抵销;但是,根据债务性质、按照当事人约定或者依照法律规定不得抵销的除外。

当事人主张抵销的,应当通知对方。通知自到达对方时生效。抵销不得附条件或者附期限。

第六百三十八条 ［试用买卖合同买受人对标的物购买选择权］试用买卖的买受人在试用期内可以购买标的物,也可以拒绝购买。试用期限届满,买受人对是否购买标的物未作表示的,视为购买。

试用买卖的买受人在试用期内已经支付部分价款或者对标的物实施出卖、出租、设立担保物权等行为的,视为同意购买。

第七百二十六条 ［房屋承租人的优先购买权］出租人出卖租赁房屋的,应当在出卖之前的合理期限内通知承租人,承租人享有以同等条件优先购买的权利;但是,房屋按份共有人行使优先购买权或者出租人将房屋出卖给近亲属的除外。

出租人履行通知义务后,承租人在十五日内未明确表示购买的,视为承租人放弃优先购买权。[2021年回忆~承租人的优先购买权]

第九百二十六条 ［隐名的间接代理］受托人以自己的名义与第三人订立合同时,第三人不知道受托人与委托人之间的代理关系的,受托人因第三人的原因对委托人不履行义务,受托人应当向委托人披露第三人,委托人因此可以行使受托人对第三人的权利。但是,第三人与受托人订立合同时如果知道该委托人就不会订立合同的除外。

受托人因委托人的原因对第三人不履行义务,受托人应当向第三人披露委托人，第三人因此可以选择受托人或者委托人作为相对人主张其权利，但是第三人不得变更选定的相对人。

委托人行使受托人对第三人的权利的，第三人可以向委托人主张其对受托人的抗辩。第三人选定委托人作为其相对人的，委托人可以向第三人主张其对受托人的抗辩以及受托人对第三人的抗辩。

(3)婚姻与继承上的形成权

第一千零五十二条 [受胁迫婚姻的撤销]因胁迫结婚的，受胁迫的一方可以向人民法院请求撤销婚姻。

请求撤销婚姻的，应当自胁迫行为终止之日起一年内提出。

被非法限制人身自由的当事人请求撤销婚姻的，应当自恢复人身自由之日起一年内提出。

第一千零五十三条 [隐瞒重大疾病的可撤销婚姻]一方患有重大疾病的，应当在结婚登记前如实告知另一方；不如实告知的，另一方可以向人民法院请求撤销婚姻。

请求撤销婚姻的，应当自知道或者应当知道撤销事由之日起一年内提出。

第一千零七十九条 [诉讼离婚]夫妻一方要求离婚的，可以由有关组织进行调解或者直接向人民法院提起离婚诉讼。

人民法院审理离婚案件，应当进行调解；如果感情确已破裂，调解无效的，应当准予离婚。

有下列情形之一，调解无效的，应当准予离婚：
(一)重婚或者与他人同居；
(二)实施家庭暴力或者虐待、遗弃家庭成员；
(三)有赌博、吸毒等恶习屡教不改；
(四)因感情不和分居满二年；
(五)其他导致夫妻感情破裂的情形。

一方被宣告失踪，另一方提起离婚诉讼的，应当准予离婚。

经人民法院判决不准离婚后，双方又分居满一年，一方再次提起离婚诉讼的，应当准予离婚。

第一千一百一十四条 [收养关系的协议解除与诉讼解除]收养人在被收养人成年以前，不得解除收养关系，但是收养人、送养人双方协议解除的除外。养子女八周岁以上的，应当征得本人同意。

收养人不履行抚养义务，有虐待、遗弃等侵害未成年养子女合法权益行为的，送养人有权要求解除收养父母与养子女间的收养关系。送养人、收养人不能达成解除收养关系协议的，可以向人民法院提起诉讼。

第一千一百一十五条 [养父母与成年养子女解除收养关系]养父母与成年养子女关系恶化、无法共同生活的，可以协议解除收养关系。不能达成协议的，可以向人民法院提起诉讼。

第一千一百四十二条 [遗嘱的撤回与变更]遗嘱人可以撤回、变更自己所立的遗嘱。

立遗嘱后，遗嘱人实施与遗嘱内容相反的民事法律行为的，视为对遗嘱相关内容的撤回。

立有数份遗嘱，内容相抵触的，以最后的遗嘱为准。

考点4 民事权利与民事责任

第一百八十一条 [正当防卫]因正当防卫造成损害的，不承担民事责任。

正当防卫超过必要的限度，造成不应有的损害的，正当防卫人应当承担适当的民事责任。

第一百八十二条 [紧急避险]因紧急避险造成损害的，由引起险情发生的人承担民事责任。

危险由自然原因引起的，紧急避险人不承担民事责任，可以给予适当补偿。

紧急避险采取措施不当或者超过必要的限度，造成不应有的损害的，紧急避险人应当承担适当的民事责任。

第一百八十三条 [因保护他人民事权益而受损的责任承担]因保护他人民事权益使自己受到损害的，由侵权人承担民事责任，受益人可以给予适当补偿。没有侵权人、侵权人逃逸或者无力承担民事责任，受害人请求补偿的，受益人应当给予适当补偿。

第一百八十四条 [紧急救助的责任豁免]因自愿实施紧急救助行为造成受助人损害的，救助人不承担民事责任。

第一百八十五条 [英雄烈士人格利益的保护]侵害英雄烈士等的姓名、肖像、名誉、荣誉，损害社会公共利益的，应当承担民事责任。

第一百八十六条 [违约责任与侵权责任的竞合]因当事人一方的违约行为，损害对方人身权益、财产权益的，受损害方有权选择请求其承担违约责任或者侵权责任。

第一百八十七条 [民事责任优先]民事主体因同一行为应当承担民事责任、行政责任和刑事责任的，承担行政责任或者刑事责任不影响承担民事责任；民事主体的财产不足以支付的，优先用于承担民事责任。

专题二 自然人

考点5 自然人的民事权利能力

第十三条 [自然人民事权利能力的起止时间]自然人从出生时起到死亡时止，具有民事权利能力，依法享有民事权利，承担民事义务。

第十四条 [民事权利能力平等]自然人的民事权利能力一律平等。

第十五条 [出生和死亡时间的认定]自然人的出生时间和死亡时间，以出生证明、死亡证明记载的时间为准；没有出生证明、死亡证明的，以户籍登记或者其他有效身份登记记载的时间为准。有其他证据足以推翻以上记载时间的，以该证据证明的时间为准。

第十六条 [胎儿利益保护]涉及遗产继承、接受赠与等胎儿利益保护的，胎儿视为具有民事权利能力。但是，胎儿娩出时为死体的，其民事权利能力自始不存在。

《民法典总则编解释》

第四条　涉及遗产继承、接受赠与等胎儿利益保护，父母在胎儿娩出前作为法定代理人主张相应权利的，人民法院依法予以支持。

考点6　自然人的民事行为能力

第十八条　[完全民事行为能力人]成年人为完全民事行为能力人，可以独立实施民事法律行为。

十六周岁以上的未成年人，以自己的劳动收入为主要生活来源的，视为完全民事行为能力人。

第十九条　[限制民事行为能力的未成年人]八周岁以上的未成年人为限制民事行为能力人，实施民事法律行为由其法定代理人代理或者经其法定代理人同意、追认；但是，可以独立实施纯获利益的民事法律行为或者与其年龄、智力相适应的民事法律行为。

第二十条　[无民事行为能力的未成年人]不满八周岁的未成年人为无民事行为能力人，由其法定代理人代理实施民事法律行为。

《民法典》

第一百四十四条　[无民事行为能力人实施的民事法律行为]无民事行为能力人实施的民事法律行为无效。

第一百四十五条　[限制民事行为能力人实施的民事法律行为]限制民事行为能力人实施的纯获利益的民事法律行为或者与其年龄、智力、精神健康状况相适应的民事法律行为有效；实施的其他民事法律行为经法定代理人同意或者追认后有效。

相对人可以催告法定代理人自收到通知之日起三十日内予以追认。法定代理人未作表示的，视为拒绝追认。民事法律行为被追认前，善意相对人有撤销的权利。撤销应当以通知的方式作出。

第一千一百四十三条　[遗嘱无效的情形]无民事行为能力人或者限制民事行为能力人所立的遗嘱无效。

遗嘱必须表示遗嘱人的真实意思，受欺诈、胁迫所立的遗嘱无效。

伪造的遗嘱无效。

遗嘱被篡改的，篡改的内容无效。

《民法典总则编解释》

第五条　限制民事行为能力人实施的民事法律行为是否与其年龄、智力、精神健康状况相适应，人民法院可以从行为与本人生活相关联的程度、本人的智力、精神健康状况能否理解其行为并预见相应的后果，以及标的、数量、价款或者报酬等方面认定。

《公司法》

第九十条　自然人股东死亡后，其合法继承人可以继承股东资格；但是，公司章程另有规定的除外。[2010年真题~股东出资的继承]

考点7　监护

第二十七条　[未成年人的监护人]父母是未成年子女的监护人。

未成年人的父母已经死亡或者没有监护能力的，由下列有监护能力的人按顺序担任监护人：

（一）祖父母、外祖父母；

（二）兄、姐；

（三）其他愿意担任监护人的个人或者组织，但是须经未成年人住所地的居民委员会、村民委员会或者民政部门同意。

第二十八条　[非完全民事行为能力成年人的监护人]无民事行为能力或者限制民事行为能力的成年人，由下列有监护能力的人按顺序担任监护人：

（一）配偶；

（二）父母、子女；

（三）其他近亲属；

（四）其他愿意担任监护人的个人或者组织，但是须经被监护人住所地的居民委员会、村民委员会或者民政部门同意。

第二十九条　[遗嘱指定监护]被监护人的父母担任监护人的，可以通过遗嘱指定监护人。

第三十条　[协议确定监护人]依法具有监护资格的人之间可以协议确定监护人。协议确定监护人应当尊重被监护人的真实意愿。

第三十一条　[监护争议解决程序]对监护人的确定有争议的，由被监护人住所地的居民委员会、村民委员会或者民政部门指定监护人，有关当事人对指定不服的，可以向人民法院申请指定监护人；有关当事人也可以直接向人民法院申请指定监护人。

居民委员会、村民委员会、民政部门或者人民法院应当尊重被监护人的真实意愿，按照最有利于被监护人的原则在依法具有监护资格的人中指定监护人。

依据本条第一款规定指定监护人前，被监护人的人身权利、财产权利以及其他合法权益处于无人保护状态的，由被监护人住所地的居民委员会、村民委员会、法律规定的有关组织或者民政部门担任临时监护人。

监护人被指定后，不得擅自变更；擅自变更的，不免除被指定的监护人的责任。

第三十三条　[意定监护]具有完全民事行为能力的成年人，可以与其近亲属、其他愿意担任监护人的个人或者组织事先协商，以书面形式确定自己的监护人，在自己丧失或者部分丧失民事行为能力时，由该监护人履行监护职责。

第三十四条　[监护职责及临时生活照料]监护人的职责是代理被监护人实施民事法律行为，保护被监护人的人身权利、财产权利以及其他合法权益等。

监护人依法履行监护职责产生的权利，受法律保护。

监护人不履行监护职责或者侵害被监护人合法权益的，应当承担法律责任。

因发生突发事件等紧急情况，监护人暂时无法履行监护职责，被监护人的生活处于无人照料状态的，被监护人住所地的居民委员会、村民委员会或者民政部门应当为被监护人安排必要的临时生活照料措施。

第三十五条第一、二款 [履行监护职责应遵循的原则]监护人应当按照最有利于被监护人的原则履行监护职责。监护人除为维护被监护人利益外，不得处分被监护人的财产。

未成年人的监护人履行监护职责，在作出与被监护人利益有关的决定时，应当根据被监护人的年龄和智力状况，尊重被监护人的真实意愿。

第一百九十条 [对法定代理人请求权诉讼时效的起算]无民事行为能力人或者限制民事行为能力人对其法定代理人的请求权的诉讼时效期间，自该法定代理终止之日起计算。

《民法典》

第一千一百八十八条 [监护人责任]无民事行为能力人、限制民事行为能力人造成他人损害的，由监护人承担侵权责任。监护人尽到监护职责的，可以减轻其侵权责任。

有财产的无民事行为能力人、限制民事行为能力人造成他人损害的，从本人财产中支付赔偿费用；不足部分，由监护人赔偿。

第一千一百八十九条 [委托监护时监护人的责任]无民事行为能力人、限制民事行为能力人造成他人损害，监护人将监护职责委托给他人的，监护人应当承担侵权责任；受托人有过错的，承担相应的责任。

《民法典总则编解释》

第七条 担任监护人的被监护人父母通过遗嘱指定监护人，遗嘱生效时被指定的人不同意担任监护人的，人民法院应当适用民法典第二十七条、第二十八条的规定确定监护人。

未成年人由父母担任监护人，父母中的一方通过遗嘱指定监护人，另一方在遗嘱生效时有监护能力，有关当事人对监护人的确定有争议的，人民法院应当适用民法典第二十七条第一款的规定确定监护人。

第八条 未成年人的父母与其他依法具有监护资格的人订立协议，约定免除具有监护能力的父母的监护职责的，人民法院不予支持。协议约定在未成年人的父母丧失监护能力时由该具有监护资格的人担任监护人的，人民法院依法予以支持。

依法具有监护资格的人之间依据民法典第三十条的规定，约定由民法典第二十七条第二款、第二十八条规定的不同顺序的人共同担任监护人，或者由顺序在后的人担任监护人的，人民法院依法予以支持。

第十条 有关当事人不服居民委员会、村民委员会或者民政部门的指定，在接到指定通知之日起三十日内向人民法院申请指定监护人的，人民法院经审理认为指定并无不当，依法裁定驳回申请；认为指定不当，依法判决撤销指定并另行指定监护人。

有关当事人在接到指定通知之日起三十日后提出申请的，人民法院应当按照变更监护关系处理。

第十一条 具有完全民事行为能力的成年人与他人依据民法典第三十三条的规定订立书面协议事先确定自己的监护人后，协议的任何一方在该成年人丧失或者部分丧失民事行为能力前请求解除协议的，人民法院依法予以支持。该成年人丧失或者部分丧失民事行为能力后，协议确定的监护人无正当理由请求解除协议的，人民法院不予支持。

该成年人丧失或者部分丧失民事行为能力后，协议确定的监护人有民法典第三十六条第一款规定的情形之一，该条第二款规定的有关个人、组织申请撤销其监护人资格的，人民法院依法予以支持。

第十三条 监护人因患病、外出务工等原因在一定期限内不能完全履行监护职责，将全部或者部分监护职责委托给他人，当事人主张受托人因此成为监护人的，人民法院不予支持。

第三十六条 无民事行为能力人或者限制民事行为能力人的权利受到损害的，诉讼时效期间自其法定代理人知道或者应当知道权利受到损害以及义务人之日起计算，但是法律另有规定的除外。

第三十七条 无民事行为能力人、限制民事行为能力人的权利受到原法定代理人损害，且在取得、恢复完全民事行为能力或者在原法定代理终止并确定新的法定代理人后，相应民事主体才知道或者应当知道权利受到损害的，有关请求权诉讼时效期间的计算适用民法典第一百八十八条第二款、本解释第三十六条的规定。

《精神损害赔偿解释》

第二条 非法使被监护人脱离监护，导致亲子关系或者近亲属间的亲属关系遭受严重损害，监护人向人民法院起诉请求赔偿精神损害的，人民法院应当依法予以受理。

考点8 宣告失踪与宣告死亡

（一）宣告失踪

第四十条 [宣告失踪]自然人下落不明满二年的，利害关系人可以向人民法院申请宣告该自然人为失踪人。

第四十二条 [财产代管人]失踪人的财产由其配偶、成年子女、父母或者其他愿意担任财产代管人的人代管。

代管有争议，没有前款规定的人，或者前款规定的人无代管能力的，由人民法院指定的人代管。

第四十三条 [财产代管人的职责]财产代管人应当妥善管理失踪人的财产，维护其财产权益。

失踪人所欠税款、债务和应付的其他费用，由财产代管人从失踪人的财产中支付。

财产代管人因故意或者重大过失造成失踪人财产损失的，应当承担赔偿责任。

《民法典总则编解释》

第十四条 人民法院审理宣告失踪案件时，下列人员应当认定为民法典第四十条规定的利害关系人：

（一）被申请人的近亲属；

（二）依据民法典第一千一百二十八条、第一千一百

二十九条规定对被申请人有继承权的亲属;

(三)债权人、债务人、合伙人等与被申请人有民事权利义务关系的民事主体,但是不申请宣告失踪不影响其权利行使、义务履行的除外。

第十五条 失踪人的财产代管人向失踪人的债务人请求偿还债务的,人民法院应当将财产代管人列为原告。

债权人提起诉讼,请求失踪人的财产代管人支付失踪人所欠的债务和其他费用的,人民法院应当将财产代管人列为被告。经审理认为债权人的诉讼请求成立的,人民法院应当判决财产代管人从失踪人的财产中支付失踪人所欠的债务和其他费用。

(二)宣告死亡

第四十六条 [宣告死亡]自然人有下列情形之一的,利害关系人可以向人民法院申请宣告该自然人死亡:

(一)下落不明满四年;

(二)因意外事件,下落不明满二年。

因意外事件下落不明,经有关机关证明该自然人不可能生存的,申请宣告死亡不受二年时间的限制。

第四十七条 [宣告失踪与宣告死亡申请的竞合]对同一自然人,有的利害关系人申请宣告死亡,有的利害关系人申请宣告失踪,符合本法规定的宣告死亡条件的,人民法院应当宣告死亡。

第四十八条 [死亡日期的确定]被宣告死亡的人,人民法院宣告死亡的判决作出之日视为其死亡的日期;因意外事件下落不明宣告死亡的,意外事件发生之日视为其死亡的日期。

第四十九条 [被宣告死亡人实际生存时的行为效力]自然人被宣告死亡但是并未死亡的,不影响该自然人在被宣告死亡期间实施的民事法律行为的效力。

第五十一条 [宣告死亡及其撤销后婚姻关系的效力]被宣告死亡的人的婚姻关系,自死亡宣告之日消除。死亡宣告被撤销的,婚姻关系自撤销死亡宣告之日起自行恢复。但是,其配偶再婚或者向婚姻登记机关书面声明不愿意恢复的除外。

第五十三条 [死亡宣告撤销后的财产返还与赔偿责任]被撤销死亡宣告的人有权请求依照本法第六编取得其财产的民事主体返还财产;无法返还的,应当给予适当补偿。

利害关系人隐瞒真实情况,致使他人被宣告死亡而取得其财产的,除应当返还财产外,还应当对由此造成的损失承担赔偿责任。

《民法典总则编解释》

第十六条 人民法院审理宣告死亡案件时,被申请人的配偶、父母、子女,以及依据民法典第一千一百二十九条规定对被申请人有继承权的亲属应当认定为民法典第四十六条规定的利害关系人。

符合下列情形之一的,被申请人的其他近亲属,以及依据民法典第一千一百二十八条规定对被申请人有继承权的亲属应当认定为民法典第四十六条规定的利害关系人:

(一)被申请人的配偶、父母、子女均已死亡或者下落不明的;

(二)不申请宣告死亡不能保护其相应合法权益的。

被申请人的债权人、债务人、合伙人等民事主体不能认定为民法典第四十六条规定的利害关系人,但是不申请宣告死亡不能保护其相应合法权益的除外。

第十七条 自然人在战争期间下落不明的,利害关系人申请宣告死亡的期间适用民法典第四十六条第一款第一项的规定,自战争结束之日或者有关机关确定的下落不明之日起计算。

专题三 法人和非法人组织

考点9 法人

(一)法定代表人与表见代理

(1)法定代表人

1 第六十一条 [法定代表人]依照法律或者法人章程的规定,代表法人从事民事活动的负责人,为法人的法定代表人。

法定代表人以法人名义从事的民事活动,其法律后果由法人承受。

法人章程或者法人权力机构对法定代表人代表权的限制,不得对抗善意相对人。[2018年回忆~表见代理及法律后果]

《民法典》

第五百零四条 [超越权限订立合同的效力]法人的法定代表人或者非法人组织的负责人超越权限订立的合同,除相对人知道或者应当知道其超越权限外,该代表行为有效,订立的合同对法人或者非法人组织发生效力。

《民法典担保制度解释》

第七条 公司的法定代表人违反公司法关于公司对外担保决议程序的规定,超越权限代表公司与相对人订立担保合同,人民法院应当依照民法典第六十一条和第五百零四条等规定处理:

(一)相对人善意的,担保合同对公司发生效力;相对人请求公司承担担保责任的,人民法院应予支持。

(二)相对人非善意的,担保合同对公司不发生效力;相对人请求公司承担赔偿责任的,参照适用本解释第十七条的有关规定。

法定代表人超越权限提供担保造成公司损失,公司请求法定代表人承担赔偿责任的,人民法院应予支持。

第一款所称善意,是指相对人在订立担保合同时不知道且不应当知道法定代表人超越权限。相对人有证据证明已对公司决议进行了合理审查,人民法院应当认定其构成善意,但是公司有证据证明相对人知道或者应当知道决议伪造、变造的除外。[2023年回忆~公司担保;2022年回忆~法定代表人对外提供担保]

2 第六十二条 [法定代表人职务行为的法律责任]法定代表人因执行职务造成他人损害的,由法人承担民事责任。

法人承担民事责任后,依照法律或者法人章程的规定,可以向有过错的法定代表人追偿。

《公司法》

第一百八十八条 董事、监事、高级管理人员执行职务违反法律、行政法规或者公司章程的规定,给公司造成损失的,应当承担赔偿责任。〔2022年回忆~损害赔偿责任〕

(2)表见代表

第五百零四条 [超越权限订立合同的效力]法人的法定代表人或者非法人组织的负责人超越权限订立的合同,除相对人知道或者应当知道其超越权限外,该代表行为有效,订立的合同对法人或者非法人组织发生效力。

《民法典合同编通则解释》

第二十条 法律、行政法规为限制法人的法定代表人或者非法人组织的负责人的代表权,规定合同所涉事项应由法人、非法人组织的权力机构或者决策机构决议,或者应当由法人、非法人组织的执行机构决定,法定代表人、负责人未取得授权而以法人、非法人组织的名义订立合同,未尽到合理审查义务的相对人主张该合同对法人、非法人组织发生效力并由其承担违约责任的,人民法院不予支持,但是法人、非法人组织有过错的,可以参照民法典第一百五十七条的规定判决其承担相应的赔偿责任。相对人已尽到合理审查义务,构成表见代表的,人民法院应当依据民法典第五百零四条的规定处理。

合同所涉事项未超越法律、行政法规规定的法定代表人或者负责人的代表权限,但是超越法人、非法人组织的章程或者权力机构等对代表权的限制,相对人主张该合同对法人、非法人组织发生效力并由其承担违约责任的,人民法院依法予以支持。但是,法人、非法人组织举证证明相对人知道或者应当知道该限制的除外。

法人、非法人组织承担民事责任后,向有过错的法定代表人、负责人追偿因越权代表行为造成的损失的,人民法院依法予以支持。法律、司法解释对法定代表人的民事责任另有规定的,依照其规定。

(二)法人人格否认与出资人责任

1 第八十三条 [出资人滥用权利的责任承担]营利法人的出资人不得滥用出资人权利损害法人或者其他出资人的利益;滥用出资人权利造成法人或者其他出资人损失的,应当依法承担民事责任。

营利法人的出资人不得滥用法人独立地位和出资人有限责任损害法人债权人的利益;滥用法人独立地位和出资人有限责任,逃避债务,严重损害法人债权人的利益的,应当对法人债务承担连带责任。〔2019年回忆~人格混同、连带责任〕

《公司法》

第二十三条 公司股东滥用公司法人独立地位和股东有限责任,逃避债务,严重损害公司债权人利益的,应当对公司债务承担连带责任。

股东利用其控制的两个以上公司实施前款规定行为的,各公司应当对任一公司的债务承担连带责任。

只有一个股东的公司,股东不能证明公司财产独立于股东自己的财产的,应当对公司债务承担连带责任。〔2023年回忆~一人有限责任公司的法人人格否定制度;2022年回忆~母子公司、一人公司、财产混同;2020年回忆~法人人格否认制度;2019年回忆~人格混同、连带责任〕

2 第八十四条 [利用关联关系造成损失的赔偿责任]营利法人的控股出资人、实际控制人、董事、监事、高级管理人员不得利用其关联关系损害法人的利益;利用关联关系造成法人损失的,应当承担赔偿责任。

《公司法》

第二十二条 公司的控股股东、实际控制人、董事、监事、高级管理人员不得利用关联关系损害公司利益。

违反前款规定,给公司造成损失的,应当承担赔偿责任。〔2020年回忆~有限责任公司董、监、高关联交易损害公司利益〕

专题四 民事法律行为

考点10 有效的民事法律行为

第一百四十三条 [民事法律行为的有效条件]具备下列条件的民事法律行为有效:
(一)行为人具有相应的民事行为能力;
(二)意思表示真实;
(三)不违反法律、行政法规的强制性规定,不违背公序良俗。〔2022年回忆~民事法律行为的有效条件〕

第一百四十五条 [限制民事行为能力人实施的民事法律行为]限制民事行为能力人实施的纯获利益的民事法律行为或者与其年龄、智力、精神健康状况相适应的民事法律行为有效;实施的其他民事法律行为经法定代理人同意或者追认后有效。

相对人可以催告法定代理人自收到通知之日起三十日内予以追认。法定代理人未作表示的,视为拒绝追认。民事法律行为被追认前,善意相对人有撤销的权利。撤销应当以通知的方式作出。

《民法典》

第五百零五条 [超越经营范围订立的合同效力]当事人超越经营范围订立的合同的效力,应当依照本法第一编第六章第三节和本编的有关规定确定,不得仅以超越经营范围确认合同无效。

第五百九十七条 [无权处分的违约责任]因出卖人未取得处分权致使标的物所有权不能转移的,买受人可以解除合同并请求出卖人承担违约责任。

法律、行政法规禁止或者限制转让的标的物,依照其规定。〔2010年真题~无权处分合同的效力〕

第七百零六条 [租赁合同登记对合同效力影响]当事人未依照法律、行政法规规定办理租赁合同登记备案手续的,不影响合同的效力。

《买卖合同解释》

第六条 出卖人就同一普通动产订立多重买卖合

同,在买卖合同均有效的情况下,买受人均要求实际履行合同的,应当按照以下情形分别处理:

(一)先行受领交付的买受人请求确认所有权已经转移的,人民法院应予支持;

(二)均未受领交付,先行支付价款的买受人请求出卖人履行交付标的物等合同义务的,人民法院应予支持;

(三)均未受领交付,也未支付价款,依法成立在先合同的买受人请求出卖人履行交付标的物等合同义务的,人民法院应予支持。

第七条 出卖人就同一船舶、航空器、机动车等特殊动产订立多重买卖合同,在买卖合同均有效的情况下,买受人均要求实际履行合同的,应当按照以下情形分别处理:

(一)先行受领交付的买受人请求出卖人履行办理所有权转移登记手续等合同义务的,人民法院应予支持;

(二)均未受领交付,先行办理所有权转移登记手续的买受人请求出卖人履行交付标的物等合同义务的,人民法院应予支持;

(三)均未受领交付,也未办理所有权转移登记手续,依法成立在先合同的买受人请求出卖人履行交付标的物和办理所有权转移登记手续等合同义务的,人民法院应予支持;

(四)出卖人将标的物交付给买受人之一,又为其他买受人办理所有权转移登记,已受领交付的买受人请求将标的物所有权登记在自己名下的,人民法院应予支持。

《民间借贷规定》

第十条 法人之间、非法人组织之间以及它们相互之间为生产、经营需要订立的民间借贷合同,除存在民法典第一百四十六条、第一百五十三条、第一百五十四条以及本规定第十三条规定的情形外,当事人主张民间借贷合同有效的,人民法院应予支持。

第十一条 法人或者非法人组织在本单位内部通过借款形式向职工筹集资金,用于本单位生产、经营,且不存在民法典第一百四十四条、第一百四十六条、第一百五十三条、第一百五十四条以及本规定第十三条规定的情形,当事人主张民间借贷合同有效的,人民法院应予支持。

第十二条 借款人或者出借人的借贷行为涉嫌犯罪,或已经生效的裁判认定构成犯罪,当事人提起民事诉讼的,民间借贷合同并不当然无效。人民法院应当依据民法典第一百四十四条、第一百四十六条、第一百五十三条、第一百五十四条以及本规定第十三条之规定,认定民间借贷合同的效力。

担保人以借款人或者出借人的借贷行为涉嫌犯罪或者已经生效的裁判认定构成犯罪为由,主张不承担民事责任的,人民法院应当依据民间借贷合同与担保合同的效力、当事人的过错程度,依法确定担保人的民事责任。

第十三条 具有下列情形之一的,人民法院应当认定民间借贷合同无效:

(一)套取金融机构贷款转贷的;

(二)以向其他营利法人借贷、向本单位职工集资,或者向公众非法吸收存款等方式取得的资金转贷的;

(三)未依法取得放贷资格的出借人,以营利为目的向社会不特定对象提供借款的;

(四)出借人事先知道或者应当知道借款人借款用于违法犯罪活动仍然提供借款的;

(五)违反法律、行政法规强制性规定的;

(六)违背公序良俗的。

考点11 附条件、附期限的民事法律行为

(一)附条件的民事法律行为

第一百五十八条 [附条件的民事法律行为]民事法律行为可以附条件,但是根据其性质不得附条件的除外。附生效条件的民事法律行为,自条件成就时生效。附解除条件的民事法律行为,自条件成就时失效。

第一百五十九条 [条件成就或不成就的拟制]附条件的民事法律行为,当事人为自己的利益不正当地阻止条件成就的,视为条件已经成就;不正当地促成条件成就的,视为条件不成就。

《民法典总则解释》

第二十四条 民事法律行为所附条件不可能发生,当事人约定为生效条件的,人民法院应当认定民事法律行为不发生效力;当事人约定为解除条件的,应当认定未附条件,民事法律行为是否失效,依照民法典和相关法律、行政法规的规定认定。

(二)附期限的民事法律行为

第一百六十条 [附期限的民事法律行为]民事法律行为可以附期限,但是根据其性质不得附期限的除外。附生效期限的民事法律行为,自期限届至时生效。附终止期限的民事法律行为,自期限届满时失效。

考点12 可撤销的民事法律行为

第一百四十七条 [重大误解]基于重大误解实施的民事法律行为,行为人有权请求人民法院或者仲裁机构予以撤销。[2020年回忆~可撤销的法律行为]

第一百四十八条 [欺诈]一方以欺诈手段,使对方在违背真实意思的情况下实施的民事法律行为,受欺诈方有权请求人民法院或者仲裁机构予以撤销。[2020年回忆~可撤销的法律行为]

第一百四十九条 [第三人欺诈]第三人实施欺诈行为,使一方在违背真实意思的情况下实施的民事法律行为,对方知道或者应当知道该欺诈行为的,受欺诈方有权请求人民法院或者仲裁机构予以撤销。[2020年回忆~可撤销的法律行为]

第一百五十条 [胁迫]一方或者第三人以胁迫手段,使对方在违背真实意思的情况下实施的民事法律行为,受胁迫方有权请求人民法院或者仲裁机构予以撤销。[2020年回忆~可撤销的法律行为]

第一百五十一条 [乘人之危导致的显失公平]一方利用对方处于危困状态、缺乏判断能力等情形,致使民事法律行为成立时显失公平的,受损害方有权请求人民法院或者仲裁机构予以撤销。[2020年回忆~可撤销的法律行为]

第一百五十二条 [撤销权的消灭事由]有下列情形之一的,撤销权消灭:

(一)当事人自知道或者应当知道撤销事由之日起一年内、重大误解的当事人自知道或者应当知道撤销事由之日起九十日内没有行使撤销权;

(二)当事人受胁迫,自胁迫行为终止之日起一年内没有行使撤销权;

(三)当事人知道撤销事由后明确表示或者以自己的行为表明放弃撤销权。

当事人自民事法律行为发生之日起五年内没有行使撤销权的,撤销权消灭。

《民法典总则编解释》

第十九条 行为人对行为的性质、对方当事人或者标的物的品种、质量、规格、价格、数量等产生错误认识,按照通常理解如果不发生该错误认识行为人就不会作出相应意思表示的,人民法院可以认定为民法典第一百四十七条规定的重大误解。

行为人能够证明自己实施民事法律行为时存在重大误解,并请求撤销该民事法律行为的,人民法院依法予以支持;但是,根据交易习惯等认定行为人无权请求撤销的除外。

第二十条 行为人以其意思表示存在第三人转达错误为由请求撤销民事法律行为的,适用本解释第十九条的规定。

第二十一条 故意告知虚假情况,或者负有告知义务的人故意隐瞒真实情况,致使当事人基于错误认识作出意思表示的,人民法院可以认定为民法典第一百四十八条、第一百四十九条规定的欺诈。

第二十二条 以给自然人及其近亲属等的人身权利、财产权利以及其他合法权益造成损害或者以法人、非法人组织的名誉、荣誉、财产权益等造成损害为要挟,迫使其基于恐惧心理作出意思表示的,人民法院可以认定为民法典第一百五十条规定的胁迫。

《民法典合同编通则解释》

第五条 第三人实施欺诈、胁迫行为,使当事人在违背真实意思的情况下订立合同,受到损失的当事人请求第三人承担赔偿责任的,人民法院依法予以支持;当事人亦有违背诚信原则的行为的,人民法院应当根据各自的过错确定相应的责任。但是,法律、司法解释对当事人与第三人的民事责任另有规定的,依照其规定。

第十一条 当事人一方是自然人,根据该当事人的年龄、智力、知识、经验并结合交易的复杂程度,能够认定其对合同的性质、合同订立的法律后果或者交易中存在的特定风险缺乏应有的认知能力,人民法院可以认定该情形构成民法典第一百五十一条规定的"缺乏判断能力"。

第二十四条 合同不成立、无效、被撤销或者确定不发生效力,当事人请求返还财产,经审查财产能够返还的,人民法院应当根据案件具体情况,单独或者合并适用返还占有的标的物、更正登记簿册记载等方式;经审查财产不能返还或者没有必要返还的,人民法院应当认定合同不成立、无效、被撤销或者确定不发生效力之日该财产的市场价值或者以其他合理方式计算的价值为基准判决折价补偿。

除前款规定的情形外,当事人还请求赔偿损失的,人民法院应当结合财产返还或者折价补偿的情况,综合考虑财产增值收益和贬值损失、交易成本的支出等事实,按照双方当事人的过错程度及原因力大小,根据诚信原则和公平原则,合理确定损失赔偿额。

合同不成立、无效、被撤销或者确定不发生效力,当事人的行为涉嫌违法且未经处理,可能导致一方或者双方通过违法行为获得不当利益的,人民法院应当向有关行政管理部门提出司法建议。当事人的行为涉嫌犯罪的,应当将案件线索移送刑事侦查机关;属于刑事自诉案件的,应当告知当事人可以向有管辖权的人民法院另行提起诉讼。

第二十五条 合同不成立、无效、被撤销或者确定不发生效力,有权请求返还价款或者报酬的当事人一方请求对方支付资金占用费的,人民法院应当在当事人请求的范围内按照中国人民银行授权全国银行间同业拆借中心公布的一年期贷款市场报价利率(LPR)计算。但是,占用资金的当事人对于合同不成立、无效、被撤销或者确定不发生效力没有过错的,应当以中国人民银行公布的同期同类存款基准利率计算。

双方互负返还义务,当事人主张同时履行的,人民法院应予支持;占有标的物的一方对标的物存在使用或者依法可以使用的情形,对方请求将其应支付的资金占用费与应收取的标的物使用费相互抵销的,人民法院应予支持,但是法律另有规定的除外。

考点13 效力待定的民事法律行为

第一百四十五条 [限制民事行为能力人实施的民事法律行为]限制民事行为能力人实施的纯获利益的民事法律行为或者与其年龄、智力、精神健康状况相适应的民事法律行为有效;实施的其他民事法律行为经法定代理人同意或者追认后有效。

相对人可以催告法定代理人自收到通知之日起三十日内予以追认。法定代理人未作表示的,视为拒绝追认。民事法律行为被追认前,善意相对人有撤销的权利。撤销应当以通知的方式作出。

第一百七十一条 [无权代理]行为人没有代理权、超越代理权或者代理权终止后,仍然实施代理行为,未经被代理人追认的,对被代理人不发生效力。

相对人可以催告被代理人自收到通知之日起三十日内予以追认。被代理人未作表示的,视为拒绝追认。行为人实施的行为被追认前,善意相对人有撤销的权利。撤销应当以通知的方式作出。

行为人实施的行为未被追认的,善意相对人有权请求行为人履行债务或者就其受到的损害请求行为人赔偿。但是,赔偿的范围不得超过被代理人追认时相对人所能获得的利益。

相对人知道或者应当知道行为人无权代理的,相对人和行为人按照各自的过错承担责任。

第五百九十七条 [无权处分的违约责任]因出卖人未取得处分权致使标的物所有权不能转移的,买受人可以解除合同并请求出卖人承担违约责任。

法律、行政法规禁止或者限制转让的标的物,依照其规定。

《民法典合同编通则解释》

第十九条 以转让或者设定财产权利为目的订立的合同,当事人或者真正权利人仅以让与人在订立合同时对标的物没有所有权或者处分权为由主张合同无效的,人民法院不予支持;因未取得真正权利人事后同意或者让与人事后未取得处分权导致合同不能履行,受让人主张解除合同并请求让与人承担违反合同的赔偿责任的,人民法院依法予以支持。

前款规定的合同被认定有效,且让与人已经将财产交付或者移转登记至受让人,真正权利人请求认定财产权利未发生变动或者请求返还财产的,人民法院应予支持。但是,受让人依据民法典第三百一十一条等规定善意取得财产权利的除外。

考点14 无效的民事法律行为

第一百四十四条 [无民事行为能力人实施的民事法律行为]无民事行为能力人实施的民事法律行为无效。

第一百四十六条 [虚假表示与隐藏行为效力]行为人与相对人以虚假的意思表示实施的民事法律行为无效。

以虚假的意思表示隐藏的民事法律行为的效力,依照有关法律规定处理。[2022年回忆~虚假表示与隐藏行为的效力;2017年真题~民间借贷与买卖型担保]

第一百五十三条 [违反强制性规定及违背公序良俗的民事法律行为的效力]违反法律、行政法规的强制性规定的民事法律行为无效。但是,该强制性规定不导致该民事法律行为无效的除外。

违背公序良俗的民事法律行为无效。

第一百五十四条 [恶意串通]行为人与相对人恶意串通,损害他人合法权益的民事法律行为无效。

第一百五十五条 [无效或者被撤销民事法律行为自始无效]无效的或者被撤销的民事法律行为自始没有法律约束力。

第一百五十六条 [民事法律行为部分无效]民事法律行为部分无效,不影响其他部分效力的,其他部分仍然有效。

第一百五十七条 [民事法律行为无效、被撤销、不生效力的法律后果]民事法律行为无效、被撤销或者确定不发生效力后,行为人因该行为取得的财产,应当予以返还;不能返还或者没有必要返还的,应当折价补偿。有过错的一方应当赔偿对方由此所受到的损失;各方都有过错的,应当各自承担相应的责任。法律另有规定的,依照其规定。

《民法典》

第四百零一条 [流押条款的效力]抵押权人在债务履行期限届满前,与抵押人约定债务人不履行到期债务时抵押财产归债权人所有的,只能依法就抵押财产优先受偿。

第四百二十八条 [流质条款的效力]质权人在债务履行期限届满前,与出质人约定债务人不履行到期债务时质押财产归质权人所有的,只能依法就质押财产优先受偿。

第五百零六条 [免责条款无效情形]合同中的下列免责条款无效:

(一)造成对方人身损害的;

(二)因故意或者重大过失造成对方财产损失的。

第五百零七条 [争议解决条款的独立性]合同不生效、无效、被撤销或者终止的,不影响合同中有关解决争议方法的条款的效力。

第五百八十六条第二款 [定金]定金的数额由当事人约定;但是,不得超过主合同标的额的百分之二十,超过部分不产生定金的效力。实际交付的定金数额多于或者少于约定数额的,视为变更约定的定金数额。

第七百零五条第一款 [租赁期限的最高限制]租赁期限不得超过二十年。超过二十年的,超过部分无效。

《民法典合同编通则解释》

第十六条 合同违反法律、行政法规的强制性规定,有下列情形之一,由行为人承担行政责任或者刑事责任能够实现强制性规定的立法目的的,人民法院可以依据民法典第一百五十三条第一款关于"该强制性规定不导致该民事法律行为无效的除外"的规定认定该合同不因违反强制性规定无效:

(一)强制性规定虽然旨在维护社会公共秩序,但是合同的实际履行对社会公共秩序造成的影响显著轻微,认定合同无效将导致案件处理结果有失公平公正;

(二)强制性规定旨在维护政府的税收、土地出让金等国家利益或者其他民事主体的合法利益而非合同当事人的民事权益,认定合同有效不会影响该规范目的的实现;

(三)强制性规定旨在要求当事人一方加强风险控制、内部管理等,对方无能力或者无义务审查合同是否违反强制性规定,认定合同无效将使其承担不利后果;

(四)当事人一方虽然在订立合同时违反强制性规定,但是在合同订立后其已经具备补正违反强制性规定的条件却违背诚信原则不予补正;

(五)法律、司法解释规定的其他情形。

法律、行政法规的强制性规定旨在规制合同订立后的履行行为,当事人以合同违反强制性规定为由请求认定合同无效的,人民法院不予支持。但是合同履行必然导致违反强制性规定或者法律、司法解释另有规定的除外。

依据前两款认定合同有效,但是当事人的违法行为未经处理的,人民法院应当向有关行政管理部门提出司法建议。当事人的行为涉嫌犯罪的,应当将案件线索移送刑事侦查机关;属于刑事自诉案件的,应当告知当事人可以向有管辖权的人民法院另行提起诉讼。

第十七条 合同虽然不违反法律、行政法规的强制性规定,但是有下列情形之一,人民法院应当依据民法典第一百五十三条第二款的规定认定合同无效:

(一)合同影响政治安全、经济安全、军事安全等国家安全的;

(二)合同影响社会稳定、公平竞争秩序或者损害社会公共利益等违背公共秩序的;

(三)合同背离社会公德、家庭伦理或者有损人格尊严等违背善良风俗的。

人民法院在认定合同是否违背公序良俗时,应当以社会主义核心价值观为导向,综合考虑当事人的主观动机和交易目的、政府部门的监管强度、一定期限内当事人从事类似交易的频次、行为的社会后果等因素,并在裁判文书中充分说理。当事人确因生活需要进行交易,未给社会公共秩序造成重大影响,且不影响国家安全,也不违背善良风俗的,人民法院不应当认定合同无效。

《商品房买卖合同解释》

第二条 出卖人未取得商品房预售许可证明,与买受人订立的商品房预售合同,应当认定无效,但是在起诉前取得商品房预售许可证明的,可以认定有效。

第七条 买受人以出卖人与第三人恶意串通,另行订立商品房买卖合同并将房屋交付使用,导致其无法取得房屋为由,请求确认出卖人与第三人订立的商品房买卖合同无效的,应予支持。

专题五 代 理

考点15-18 代理

第一百六十二条 [代理的效力]代理人在代理权限内,以被代理人名义实施的民事法律行为,对被代理人发生效力。

第一百六十四条 [不当代理的民事责任]代理人不履行或者不完全履行职责,造成被代理人损害的,应当承担民事责任。

代理人和相对人恶意串通,损害被代理人合法权益的,代理人和相对人应当承担连带责任。

第一百六十八条 [禁止自己代理和双方代理]代理人不得以被代理人的名义与自己实施民事法律行为,但是被代理人同意或者追认的除外。

代理人不得以被代理人的名义与自己同时代理的其他人实施民事法律行为,但是被代理的双方同意或者追认的除外。

第一百六十九条 [复代理]代理人需要转委托第三人代理的,应当取得被代理人的同意或者追认。

转委托代理经被代理人同意或者追认的,被代理人可以就代理事务直接指示转委托的第三人,代理人仅就第三人的选任以及对第三人的指示承担责任。

转委托代理未经被代理人同意或者追认的,代理人应当对转委托的第三人的行为承担责任;但是,在紧急情况下代理人为了维护被代理人的利益需要转委托第三人代理的除外。

第一百七十条 [职务代理]执行法人或者非法人组织工作任务的人员,就其职权范围内的事项,以法人或者非法人组织的名义实施的民事法律行为,对法人或者非法人组织发生效力。

法人或者非法人组织对执行其工作任务的人员职权范围的限制,不得对抗善意相对人。

第一百七十一条 [无权代理]行为人没有代理权、超越代理权或者代理权终止后,仍然实施代理行为,未经被代理人追认的,对被代理人不发生效力。

相对人可以催告被代理人自收到通知之日起三十日内予以追认。被代理人未作表示的,视为拒绝追认。行为人实施的行为被追认前,善意相对人有撤销的权利。撤销应当以通知的方式作出。

行为人实施的行为未被追认的,善意相对人有权请求行为人履行债务或者就其受到的损害请求行为人赔偿。但是,赔偿的范围不得超过被代理人追认时相对人所能获得的利益。

相对人知道或者应当知道行为人无权代理的,相对人和行为人按照各自的过错承担责任。

第一百七十二条 [表见代理]行为人没有代理权、超越代理权或者代理权终止后,仍然实施代理行为,相对人有理由相信行为人有代理权的,代理行为有效。[2018年回忆~表见代理、仲裁协议;表见代理及法律后果]

第五百零三条 [被代理人以默示方式追认无权代理]无权代理人以被代理人的名义订立合同,被代理人已经开始履行合同义务或者接受相对人履行的,视为对合同的追认。

《民法典总则编解释》

第二十五条 数个委托代理人共同行使代理权,其中一人或者数人未与其他委托代理人协商,擅自行使代理权的,依民法典第一百七十一条、第一百七十二条等规定处理。

第二十六条 由于急病、通讯联络中断、疫情防控等特殊原因,委托代理人自己不能办理代理事项,又不能与被代理人及时取得联系,如不及时转委托第三人代理,会给被代理人的利益造成损失或者扩大损失的,人民法院应当认定为民法典第一百六十九条规定的紧急情况。

第二十七条 无权代理行为未被追认,相对人请求行为人履行债务或者赔偿损失的,由行为人就相对人知道或者应当知道行为人无权代理承担举证责任。行为人不能证明的,人民法院依法支持相对人的相应诉讼请求;行为人能够证明的,人民法院应当按照各自的过错认定行为人与相对人的责任。

第二十八条 同时符合下列条件的,人民法院可以认定为民法典第一百七十二条规定的相对人有理由相信行为人有代理权：

（一）存在代理权的外观；

（二）相对人不知道行为人行为时没有代理权，且无过失。

因是否构成表见代理发生争议的，相对人应当就无权代理符合前款第一项规定的条件承担举证责任；被代理人应当就相对人不符合前款第二项规定的条件承担举证责任。

《民法典合同编通则解释》

第二十一条 法人、非法人组织的工作人员就超越其职权范围的事项以法人、非法人组织的名义订立合同，相对人主张该合同对法人、非法人组织发生效力并由其承担违约责任的，人民法院不予支持。但是，法人、非法人组织有过错的，人民法院可以参照民法典第一百五十七条的规定判决其承担相应的赔偿责任。前述情形，构成表见代理的，人民法院应当依据民法典第一百七十二条的规定处理。

合同所涉事项有下列情形之一的，人民法院应当认定法人、非法人组织的工作人员在订立合同时超越其职权范围：

（一）依法应当由法人、非法人组织的权力机构或者决策机构决议的事项；

（二）依法应当由法人、非法人组织的执行机构决定的事项；

（三）依法应当由法定代表人、负责人代表法人、非法人组织实施的事项；

（四）不属于通常情形下依其职权可以处理的事项。

合同所涉事项未超越依据前款确定的职权范围，但是超越法人、非法人组织对工作人员职权范围的限制，相对人主张该合同对法人、非法人组织发生效力并由其承担违约责任的，人民法院应予支持。但是，法人、非法人组织举证证明相对人知道或者应当知道该限制的除外。

法人、非法人组织承担民事责任后，向故意或者有重大过失的工作人员追偿的，人民法院依法予以支持。

第二十二条 法定代表人、负责人或者工作人员以法人、非法人组织的名义订立合同且未超越权限，法人、非法人组织仅以合同加盖的印章不是备案印章或者系伪造的印章为由主张合同对其不发生效力的，人民法院不予支持。

合同系以法人、非法人组织的名义订立，但是仅有法定代表人或者工作人员签名或者按指印而未加盖法人、非法人组织的印章，相对人能够证明法定代表人、负责人或者工作人员在订立合同时未超越权限的，人民法院应当认定合同对法人、非法人组织发生效力。但是，当事人约定以加盖印章作为合同成立条件的除外。

合同仅加盖法人、非法人组织的印章而无人员签名或者按指印，相对人能够证明合同系法定代表人、负责人或者工作人员在其权限范围内订立的，人民法院应当认定该合同对法人、非法人组织发生效力。

在前三款规定的情形下，法定代表人、负责人或者工作人员在订立合同时虽然超越代表或者代理权限，但是依据民法典第五百零四条的规定构成表见代表，或者依据民法典第一百七十二条的规定构成表见代理的，人民法院应当认定合同对法人、非法人组织发生效力。

第二十三条 法定代表人、负责人或者代理人与相对人恶意串通，以法人、非法人组织的名义订立合同，损害法人、非法人组织的合法权益，法人、非法人组织主张不承担民事责任的，人民法院应予支持。法人、非法人组织请求法定代表人、负责人或者代理人与相对人对因此受到的损失承担连带赔偿责任的，人民法院应予支持。

根据法人、非法人组织的举证，综合考虑当事人之间的交易习惯、合同在订立时是否显失公平、相关人员是否获取了不正当利益、合同的履行情况等因素，人民法院能够认定法定代表人、负责人或者代理人与相对人存在恶意串通的高度可能性的，可以要求前述人员就合同订立、履行的过程等相关事实作出陈述或者提供相应的证据。其无正当理由拒绝作出陈述，或者所作陈述不具合理性又不能提供相应证据的，人民法院可以认定恶意串通的事实成立。

专题六 诉讼时效与期间

考点19 诉讼时效

1 第一百八十八条 ［普通诉讼时效］向人民法院请求保护民事权利的诉讼时效期间为三年。法律另有规定的，依照其规定。

诉讼时效期间自权利人知道或者应当知道权利受到损害以及义务人之日起计算。法律另有规定的，依照其规定。但是，自权利受到损害之日起超过二十年的，人民法院不予保护，有特殊情况的，人民法院可以根据权利人的申请决定延长。

《民法典》

第五百九十四条 ［国际贸易合同诉讼时效和仲裁时效］因国际货物买卖合同和技术进出口合同争议提起诉讼或者申请仲裁的时效期间为四年。

《民法典总则编解释》

第三十五条 民法典第一百八十八条第一款规定的三年诉讼时效期间，可以适用民法典有关诉讼时效中止、中断的规定，不适用延长的规定。该条第二款规定的二十年期间不适用中止、中断的规定。

第三十六条 无民事行为能力人或者限制民事行为能力人的权利受到损害的，诉讼时效期间自其法定代理人知道或者应当知道权利受到损害以及义务人之日起计算，但是法律另有规定的除外。

第三十七条 无民事行为能力人、限制民事行为能力人的权利受到原法定代理人损害，且在取得、恢复完全民事行为能力或者在原法定代理终止并确定新的法定代理人后,相应民事主体才知道或者应当知道权利受到损害的,有关请求权诉讼时效期间的计算适用民法典第一百八十八条第二款、本解释第三十六条的规定。

《诉讼时效规定》

第六条 返还不当得利请求权的诉讼时效期间,从当事人一方知道或者应当知道不当得利事实及对方当事人之日起计算。

第七条 管理人因无因管理行为产生的给付必要管理费用、赔偿损失请求权的诉讼时效期间,从无因管理行为结束并且管理人知道或者应当知道本人之日起计算。

本人因不当无因管理行为产生的赔偿损失请求权的诉讼时效期间,从其知道或者应当知道管理人及损害事实之日起计算。

《民法典时间效力规定》

第一条 民法典施行后的法律事实引起的民事纠纷案件,适用民法典的规定。

民法典施行前的法律事实引起的民事纠纷案件,适用当时的法律、司法解释的规定,但是法律、司法解释另有规定的除外。

民法典施行前的法律事实持续至民法典施行后,该法律事实引起的民事纠纷案件,适用民法典的规定,但是法律、司法解释另有规定的除外。

第二条 民法典施行前的法律事实引起的民事纠纷案件,当时的法律、司法解释有规定,适用当时的法律、司法解释的规定,但是适用民法典的规定更有利于保护民事主体合法权益,更有利于维护社会和经济秩序,更有利于弘扬社会主义核心价值观的除外。

第三条 民法典施行前的法律事实引起的民事纠纷案件,当时的法律、司法解释没有规定而民法典有规定的,可以适用民法典的规定,但是明显减损当事人合法权益、增加当事人法定义务或者背离当事人合理预期的除外。

第四条 民法典施行前的法律事实引起的民事纠纷案件,当时的法律、司法解释仅有原则性规定而民法典有具体规定的,适用当时的法律、司法解释的规定,但是可以依据民法典具体规定进行裁判说理。

第五条 民法典施行前已经终审的案件,当事人申请再审或者按照审判监督程序决定再审的,不适用民法典的规定。

❷ 第一百九十二条 [诉讼时效届满的法律效果] 诉讼时效期间届满的,义务人可以提出不履行义务的抗辩。

诉讼时效期间届满后,义务人同意履行的,不得以诉讼时效期间届满为由抗辩;义务人已经自愿履行的,不得请求返还。

《诉讼时效规定》

第十八条 主债务诉讼时效期间届满,保证人享有主债务人的诉讼时效抗辩权。

保证人未主张前述诉讼时效抗辩权,承担保证责任后向主债务人行使追偿权的,人民法院不予支持,但主债务人同意给付的情形除外。

第十九条 诉讼时效期间届满,当事人一方向对方当事人作出同意履行义务的意思表示或者自愿履行义务后,又以诉讼时效期间届满为由进行抗辩的,人民法院不予支持。

当事人双方就原债务达成新的协议,债权人主张义务人放弃诉讼时效抗辩权的,人民法院应予支持。

超过诉讼时效期间,贷款人向借款人发出催收到期贷款通知单,债务人在通知单上签字或者盖章,能够认定借款人同意履行诉讼时效期间已经届满的义务的,对于贷款人关于借款人放弃诉讼时效抗辩权的主张,人民法院应予支持。

《民法典担保制度解释》

第三十五条 保证人知道或者应当知道主债权诉讼时效期间届满仍然提供保证或者承担保证责任,又以诉讼时效期间届满为由拒绝承担保证责任或者请求返还财产的,人民法院不予支持;保证人承担保证责任后向债务人追偿的,人民法院不予支持,但是债务人放弃诉讼时效抗辩的除外。

❸ 第一百九十三条 [诉讼时效援用] 人民法院不得主动适用诉讼时效的规定。

《诉讼时效规定》

第二条 当事人未提出诉讼时效抗辩,人民法院不应对诉讼时效问题进行释明。

第三条 当事人在一审期间未提出诉讼时效抗辩,在二审期间提出的,人民法院不予支持,但其基于新的证据能够证明对方当事人的请求权已过诉讼时效期间的情形除外。

当事人未按照前款规定提出诉讼时效抗辩,以诉讼时效期间届满为由申请再审或者提出再审抗辩的,人民法院不予支持。

❹ 第一百九十四条 [诉讼时效的中止] 在诉讼时效期间的最后六个月内,因下列障碍,不能行使请求权的,诉讼时效中止:

(一)不可抗力;

(二)无民事行为能力人或者限制民事行为能力人没有法定代理人,或者法定代理人死亡、丧失民事行为能力、丧失代理权;

(三)继承开始后未确定继承人或者遗产管理人;

(四)权利人被义务人或者其他人控制;

(五)其他导致权利人不能行使请求权的障碍。

自中止时效的原因消除之日起满六个月,诉讼时效期间届满。

第一百九十五条 [诉讼时效的中断] 有下列情形之一的,诉讼时效中断,从中断、有关程序终结时起,诉讼时效期间重新计算:

(一)权利人向义务人提出履行请求;

(二)义务人同意履行义务;

（三）权利人提起诉讼或者申请仲裁；
（四）与提起诉讼或者申请仲裁具有同等效力的其他情形。

《诉讼时效规定》

第八条　具有下列情形之一的，应当认定为民法典第一百九十五条规定的"权利人向义务人提出履行请求"，产生诉讼时效中断的效力：

（一）当事人一方直接向对方当事人送交主张权利文书，对方当事人在文书上签名、盖章、按指印或者虽未签名、盖章、按指印但能够以其他方式证明该文书到达对方当事人的；

（二）当事人一方以发送信件或者数据电文方式主张权利，信件或者数据电文到达或者应当到达对方当事人的；

（三）当事人一方为金融机构，依照法律规定或者当事人约定从对方当事人账户中扣收欠款本息的；

（四）当事人一方下落不明，对方当事人在国家级或者下落不明的当事人一方住所地的省级有影响的媒体上刊登具有主张权利内容的公告的，但法律和司法解释另有特别规定的，适用其规定。

前款第（一）项情形中，对方当事人为法人或者其他组织的，签收人可以是其法定代表人、主要负责人、负责收发信件的部门或者被授权主体；对方当事人为自然人的，签收人可以是自然人本人、同住的具有完全行为能力的亲属或者被授权主体。

第九条　权利人对同一债权中的部分债权主张权利，诉讼时效中断的效力及于剩余债权，但权利人明确表示放弃剩余债权的情形除外。

第十条　当事人一方向人民法院提交起诉状或者口头起诉的，诉讼时效从提交起诉状或者口头起诉之日起中断。

第十一条　下列事项之一，人民法院应当认定与提起诉讼具有同等诉讼时效中断的效力：

（一）申请支付令；
（二）申请破产、申报破产债权；
（三）为主张权利而申请宣告义务人失踪或死亡；
（四）申请诉前财产保全、诉前临时禁令等诉前措施；
（五）申请强制执行；
（六）申请追加当事人或者被通知参加诉讼；
（七）在诉讼中主张抵销；
（八）其他与提起诉讼具有同等诉讼时效中断效力的事项。

第十二条　权利人向人民调解委员会以及其他依法有权解决相关民事纠纷的国家机关、事业单位、社会团体等社会组织提出保护相应民事权利的请求，诉讼时效从提出请求之日起中断。

第十三条　权利人向公安机关、人民检察院、人民法院报案或者控告，请求保护其民事权利的，诉讼时效从其报案或者控告之日起中断。

上述机关决定不立案、撤销案件、不起诉的，诉讼时效期间从权利人知道或者应当知道不立案、撤销案件或者不起诉之日起重新计算；刑事案件进入审理阶段，诉讼时效期间从刑事裁判文书生效之日起重新计算。

第十四条　义务人作出分期履行、部分履行、提供担保、请求延期履行、制定清偿债务计划等承诺或者行为的，应当认定为民法典第一百九十五条规定的"义务人同意履行义务"。

第十五条　对于连带债权人中的一人发生诉讼时效中断效力的事由，应当认定对其他连带债权人也发生诉讼时效中断的效力。

对于连带债务人中的一人发生诉讼时效中断效力的事由，应当认定对其他连带债务人也发生诉讼时效中断的效力。

第十六条　债权人提起代位权诉讼的，应当认定对债权人的债权和债务人的债权均发生诉讼时效中断的效力。

第十七条　债权转让的，应当认定诉讼时效从债权转让通知到达债务人之日起中断。

债务承担情形下，构成原债务人对债务承认的，应当认定诉讼时效从债务承担意思表示到达债权人之日起中断。

《民法典总则编解释》

第三十八条　诉讼时效依据民法典第一百九十五条的规定中断后，在新的诉讼时效期间内，再次出现第一百九十五条规定的中断事由，可以认定为诉讼时效再次中断。

权利人向义务人的代理人、财产代管人或者遗产管理人等提出履行请求的，可以认定为民法典第一百九十五条规定的诉讼时效中断。

5 第一百九十六条　[不适用诉讼时效的情形]下列请求权不适用诉讼时效的规定：

（一）请求停止侵害、排除妨碍、消除危险；
（二）不动产物权和登记的动产物权的权利人请求返还财产；
（三）请求支付抚养费、赡养费或者扶养费；
（四）依法不适用诉讼时效的其他请求权。

《诉讼时效规定》

第一条　当事人可以对债权请求权提出诉讼时效抗辩，但对下列债权请求权提出诉讼时效抗辩的，人民法院不予支持：

（一）支付存款本金及利息请求权；
（二）兑付国债、金融债券以及向不特定对象发行的企业债券本息请求权；
（三）基于投资关系产生的缴付出资请求权；
（四）其他依法不适用诉讼时效规定的债权请求权。

《民诉解释》

第二百一十九条　当事人超过诉讼时效期间起诉的，人民法院应予受理。受理后对方当事人提出诉讼时效抗辩，人民法院经审理认为抗辩事由成立的，判决驳回原告的诉讼请求。

第二编 物权

专题七 物权概述

考点 21 基于法律行为的不动产物权变动

第二百零九条 [不动产物权的登记生效原则及其例外]不动产物权的设立、变更、转让和消灭，经依法登记，发生效力；未经登记，不发生效力，但是法律另有规定的除外。

依法属于国家所有的自然资源，所有权可以不登记。

第二百一十四条 [不动产物权变动的生效时间]不动产物权的设立、变更、转让和消灭，依照法律规定应当登记的，自记载于不动产登记簿时发生效力。

第二百一十五条 [合同效力和物权效力区分]当事人之间订立有关设立、变更、转让和消灭不动产物权的合同，除法律另有规定或者当事人另有约定外，自合同成立时生效；未办理物权登记的，不影响合同效力。〔2019年回忆~设立、变更、转让和消灭不动产物权的合同的效力；2015年真题~不动产物权合同的效力〕

第二百一十七条 [不动产登记簿与不动产权属证书的关系]不动产权属证书是权利人享有该不动产物权的证明。不动产权属证书记载的事项，应当与不动产登记簿一致；记载不一致的，除有证据证明不动产登记簿确有错误外，以不动产登记簿为准。

《民法典物权编解释（一）》

第二条 当事人有证据证明不动产登记簿的记载与真实权利状态不符，其为该不动产物权的真实权利人，请求确认其享有物权的，应予支持。〔2021年回忆~以不享有处分权的财产出资〕

《城市房地产管理法》

第三十二条 房地产转让、抵押时，房屋的所有权和该房屋占用范围内的土地使用权同时转让、抵押。

考点 22 基于法律行为的动产物权变动

第二百二十四条 [动产物权变动生效时间]动产物权的设立和转让，自交付时发生效力，但是法律另有规定的除外。〔2010年真题~动产物权的变动〕

第二百二十五条 [船舶、航空器和机动车物权变动采取登记对抗主义]船舶、航空器和机动车等物权的设立、变更、转让和消灭，未经登记，不得对抗善意第三人。〔2016年真题~特殊动产的特殊登记〕

第二百二十六条 [简易交付]动产物权设立和转让前，权利人已经占有该动产的，物权自民事法律行为生效时发生效力。

第二百二十七条 [指示交付]动产物权设立和转让前，第三人占有该动产的，负有交付义务的人可以通过转让请求第三人返还原物的权利代替交付。

第二百二十八条 [占有改定]动产物权转让时，当事人又约定由出让人继续占有该动产的，物权自该约定生效时发生效力。

《民法典物权编解释（一）》

第六条 转让人转让船舶、航空器和机动车等所有权，受让人已经支付合理价款并取得占有，虽未经登记，但转让人的债权人主张其为民法典第二百二十五条所称的"善意第三人"的，不予支持，法律另有规定的除外。

考点 23 非基于法律行为的物权变动（另见所有权的特别取得方法）

第二百二十九条 [法律文书、征收决定导致物权变动效力发生时间]因人民法院、仲裁机构的法律文书或者人民政府的征收决定等，导致物权设立、变更、转让或者消灭的，自法律文书或者征收决定等生效时发生效力。

第二百三十条 [因继承取得物权的生效时间]因继承取得物权的，自继承开始时发生效力。

第二百三十一条 [因事实行为设立或者消灭物权的生效时间]因合法建造、拆除房屋等事实行为设立或者消灭物权的，自事实行为成就时发生效力。

第二百三十二条 [非依民事法律行为享有的不动产物权变动]处分依本节规定享有的不动产物权，依照法律规定需要办理登记的，未经登记，不发生物权效力。

《民法典物权编解释（一）》

第七条 人民法院、仲裁机构在分割共有不动产或者动产等案件中作出并依法生效的改变原有物权关系的判决书、裁决书、调解书，以及人民法院在执行程序中作出的拍卖成交裁定书、变卖成交裁定书、以物抵债裁定书，应当认定为民法典第二百二十九条所称导致物权设立、变更、转让或者消灭的人民法院、仲裁机构的法律文书。

第八条 依据民法典第二百二十九条至第二百三十一条规定享有物权，但尚未完成动产交付或者不动产登记的权利人，依据民法典第二百三十五条至第二百三十八条的规定，请求保护其物权的，应予支持。

考点 24 预告登记、异议登记、更正登记

第二百二十条 [更正登记和异议登记]权利人、利害关系人认为不动产登记簿记载的事项错误的，可以申请更正登记。不动产登记簿记载的权利人书面同意更正或者有证据证明登记确有错误的，登记机构应当予以更正。

不动产登记簿记载的权利人不同意更正的，利害关系人可以申请异议登记。登记机构予以异议登记，申请人自异议登记之日起十五日内不提起诉讼的，异议登记失效。异议登记不当，造成权利人损害的，权利人可以向申请人请求损害赔偿。

第二百二十一条 [预告登记]当事人签订买卖房屋的协议或者签订其他不动产物权的协议，为保障将来实现物权，按照约定可以向登记机构申请预告登记。预告登记后，未经预告登记的权利人同意，处分该不动产的，不发生物权效力。

预告登记后，债权消灭或者自能够进行不动产登记之日起九十日内未申请登记的，预告登记失效。〔2015年真题~预告登记〕

《民法典物权编解释(一)》

第三条 异议登记因民法典第二百二十条第二款规定的事由失效后,当事人提起民事诉讼,请求确认物权归属的,应当依法受理。异议登记失效不影响人民法院对案件的实体审理。

第四条 未经预告登记的权利人同意,转让不动产所有权等物权,或者设立建设用地使用权、居住权、地役权、抵押权等其他物权的,应当依照民法典第二百二十一条第一款的规定,认定其不发生物权效力。[2015年真题~买卖合同中的瑕疵担保义务,违约责任;预告登记]

第五条 预告登记的买卖不动产物权的协议被认定无效、被撤销,或者预告登记的权利人放弃债权的,应当认定为民法典第二百二十一条第二款所称的"债权消灭"。

《民法典担保制度解释》

第五十二条 当事人办理抵押预告登记后,预告登记权利人请求就抵押财产优先受偿,经审查存在尚未办理建筑物所有权首次登记、预告登记的财产与办理建筑物所有权首次登记时的财产不一致、抵押预告登记已经失效等情形,导致不具备办理抵押登记条件的,人民法院不予支持;经审查已经办理建筑物所有权首次登记,且不存在预告登记失效等情形的,人民法院应予支持,并当认定抵押权自预告登记之日起设立。

当事人办理了抵押预告登记,抵押人破产,经审查抵押财产属于破产财产,预告登记权利人主张就抵押财产优先受偿的,人民法院应当在受理破产申请时抵押财产的价值范围内予以支持,但是在人民法院受理破产申请前一年内,债务人对没有财产担保的债务设立抵押预告登记的除外。

考点25 物权的保护

第二百三十四条 [物权确认请求权]因物权的归属、内容发生争议的,利害关系人可以请求确认权利。

第二百三十五条 [返还原物请求权]无权占有不动产或者动产的,权利人可以请求返还原物。

第二百三十六条 [排除妨害、消除危险请求权]妨害物权或者可能妨害物权的,权利人可以请求排除妨害或者消除危险。

第二百三十八条 [物权损害赔偿请求权]侵害物权,造成权利人损害的,权利人可以依法请求损害赔偿,也可以依法请求承担其他民事责任。[2012年真题~物上代位性、物权优先受偿权]

专题八 所有权

考点26 建筑物区分所有权

第二百七十一条 [建筑物区分所有权]业主对建筑物内的住宅、经营性用房等专有部分享有所有权,对专有部分以外的共有部分享有共有和共同管理的权利。

第二百七十二条 [业主对专有部分的专有权]业主对其建筑物专有部分享有占有、使用、收益和处分的权利。业主行使权利不得危及建筑物的安全,不得损害其他业主的合法权益。

第二百七十三条 [业主对共有部分的共有权及义务]业主对建筑物专有部分以外的共有部分,享有权利,承担义务;不得以放弃权利为由不履行义务。

业主转让建筑物内的住宅、经营性用房,其对共有部分享有的共有和共同管理的权利一并转让。

第二百七十七条 [设立业主大会和选举业主委员会]业主可以设立业主大会,选举业主委员会。业主大会、业主委员会成立的具体条件和程序,依照法律、法规的规定。

地方人民政府有关部门、居民委员会应当对设立业主大会和选举业主委员会给予指导和协助。

第二百七十八条 [由业主共同决定的事项以及表决规则]下列事项由业主共同决定:

(一)制定和修改业主大会议事规则;
(二)制定和修改管理规约;
(三)选举业主委员会或者更换业主委员会成员;
(四)选聘和解聘物业服务企业或者其他管理人;
(五)使用建筑物及其附属设施的维修资金;
(六)筹集建筑物及其附属设施的维修资金;
(七)改建、重建建筑物及其附属设施;
(八)改变共有部分的用途或者利用共有部分从事经营活动;
(九)有关共有和共同管理权利的其他重大事项。

业主共同决定事项,应当由专有部分面积占比三分之二以上的业主且人数占比三分之二以上的业主参与表决。决定前款第六项至第八项规定的事项,应当经参与表决专有部分面积四分之三以上的业主且参与表决人数四分之三以上的业主同意。决定前款其他事项,应当经参与表决专有部分面积过半数的业主且参与表决人数过半数的业主同意。

第二百七十九条 [业主将住宅转变为经营性用房应当遵循的规则]业主不得违反法律、法规以及管理规约,将住宅改变为经营性用房。业主将住宅改变为经营性用房的,除遵守法律、法规以及管理规约外,应当经有利害关系的业主一致同意。

第二百八十五条 [物业服务企业或其他接受业主委托的管理人的管理义务]物业服务企业或者其他管理人根据业主的委托,依照本法第三编有关物业服务合同的规定管理建筑区划内的建筑物及其附属设施,接受业主的监督,并及时答复业主对物业服务情况提出的询问。

物业服务企业或者其他管理人应当执行政府依法实施的应急处置措施和其他管理措施,积极配合开展相关工作。

第二百八十六条 [业主守法义务和业主大会与业主委员会职责]业主应当遵守法律、法规以及管理规约,相关行为应当符合节约资源、保护生态环境的要求。对于物业服务企业或者其他管理人执行政府依法实施的应急处置措施和其他管理措施,业主应当依法予以配合。

业主大会或者业主委员会,对任意弃置垃圾、排放污染物或者噪声、违反规定饲养动物、违章搭建、侵占通道、拒付物业费等损害他人合法权益的行为,有权依照法律、法规以及管理规约,请求行为人停止侵害、排除妨碍、消除危险、恢复原状、赔偿损失。

业主或者其他行为人拒不履行相关义务的,有关当事人可以向有关行政主管部门报告或者投诉,有关行政主管部门应当依法处理。

《民法典》

第九百三十七条 [物业服务合同的定义]物业服务合同是物业服务人在物业服务区域内,为业主提供建筑物及其附属设施的维修养护、环境卫生和相关秩序的管理维护等物业服务,业主支付物业费的合同。

物业服务人包括物业服务企业和其他管理人。

第九百四十二条 [物业服务人的义务]物业服务人应当按照约定和物业的使用性质,妥善维修、养护、清洁、绿化和经营管理物业服务区域内的业主共有部分,维护物业服务区域内的基本秩序,采取合理措施保护业主的人身、财产安全。

对物业服务区域内违反有关治安、环保、消防等法律法规的行为,物业服务人应当及时采取合理措施制止、向有关行政主管部门报告并协助处理。

第九百四十三条 [物业服务人的信息公开义务]物业服务人应当定期将服务的事项、负责人员、质量要求、收费项目、收费标准、履行情况,以及维修资金使用情况、业主共有部分的经营与收益情况等以合理方式向业主公开并向业主大会、业主委员会报告。

第九百四十四条 [业主支付物业费义务]业主应当按照约定向物业服务人支付物业费。物业服务人已经按照约定和有关规定提供服务的,业主不得以未接受或者无需接受相关物业服务为由拒绝支付物业费。

业主违反约定逾期不支付物业费的,物业服务人可以催告其在合理期限内支付;合理期限届满仍不支付的,物业服务人可以提起诉讼或者申请仲裁。

物业服务人不得采取停止供电、供水、供热、供燃气等方式催交物业费。

第九百四十五条 [业主的告知、协助义务]业主装饰装修房屋的,应当事先告知物业服务人,遵守物业服务人提示的合理注意事项,并配合其进行必要的现场检查。

业主转让、出租物业专有部分、设立居住权或者依法改变共有部分用途的,应当及时将相关情况告知物业服务人。

第九百四十六条 [业主解聘物业服务人]业主依照法定程序共同决定解聘物业服务人的,可以解除物业服务合同。决定解聘的,应当提前六十日书面通知物业服务人,但是合同对通知期限另有约定的除外。

依据前款规定解除合同造成物业服务人损失的,除不可归责于业主的事由外,业主应当赔偿损失。

考点 27 所有权的特别取得方法:善意取得

第三百一十一条 [善意取得]无处分权人将不动产或者动产转让给受让人的,所有权人有权追回;除法律另有规定外,符合下列情形的,受让人取得该不动产或者动产的所有权:

(一)受让人受让该不动产或者动产时是善意;

(二)以合理的价格转让;

(三)转让的不动产或者动产依照法律规定应当登记的已经登记,不需要登记的已经交付给受让人。

受让人依据前款规定取得不动产或者动产的所有权的,原所有权人有权向无处分权人请求损害赔偿。

当事人善意取得其他物权的,参照适用前两款规定。〔2023年回忆~股权的善意取得;2019年回忆~名义股东处分其名下股权;2017年真题~股权对外转让、股权的善意取得〕

第三百一十三条 [善意取得的动产上原有的权利负担消灭及其例外]善意受让人取得动产后,该动产上的原有权利消灭。但是,善意受让人在受让时知道或者应当知道该权利的除外。

第五百九十七条 [无权处分的违约责任]因出卖人未取得处分权致使标的物所有权不能转移的,买受人可以解除合同并请求出卖人承担违约责任。

法律、行政法规禁止或者限制转让的标的物,依照其规定。〔2010年真题~无权处分合同的效力〕

《民法典物权编解释(一)》

第十四条 受让人受让不动产或者动产时,不知道转让人无处分权,且无重大过失的,应当认定受让人为善意。

真实权利人主张受让人不构成善意的,应当承担举证证明责任。

第十五条 具有下列情形之一的,应当认定不动产受让人知道转让人无处分权:

(一)登记簿上存在有效的异议登记;

(二)预告登记有效期内,未经预告登记的权利人同意;

(三)登记簿上已经记载司法机关或者行政机关依法裁定、决定查封或者以其他形式限制不动产权利的有关事项;

(四)受让人知道登记簿上记载的权利主体错误;

(五)受让人知道他人已经依法享有不动产物权。

真实权利人有证据证明不动产受让人应当知道转让人无处分权的,应当认定受让人具有重大过失。

第十六条 受让人受让动产时,交易的对象、场所或者时机等不符合交易习惯的,应当认定受让人具有重大过失。

第十七条 民法典第三百一十一条第一款第一项所称的"受让人受让该不动产或者动产时",是指依法完成不动产物权转移登记或者动产交付之时。

当事人以民法典第二百二十六条规定的方式交付动产的,转让动产民事法律行为生效时为动产交付之时;当事人以民法典第二百二十七条规定的方式交付动产的,转让人与受让人之间有关转让返还原物请求权的协议生效时为动产交付之时。

法律对不动产、动产物权的设立另有规定的,应当按照法律规定的时间认定权利人是否为善意。

第二十条 具有下列情形之一,受让人主张依据民法典第三百一十一条规定取得所有权的,不予支持:
(一)转让合同被认定无效;
(二)转让合同被撤销。

《公司法解释(三)》

第七条第一款 出资人以不享有处分权的财产出资,当事人之间对于出资行为效力产生争议的,人民法院可以参照民法典第三百一十一条的规定予以认定。〔2021年回忆~以不享有处分权的财产出资〕

第二十五条第一款 名义股东将登记于其名下的股权转让、质押或者以其他方式处分,实际出资人以其对于股权享有实际权利为由,请求认定处分股权行为无效的,人民法院可以参照民法典第三百一十一条的规定处理。〔2019年回忆~名义股东处分其名下股权;2014年真题~名义股东转让股权;2013年真题~股东的股权取得方式〕

第二十七条第一款 股权转让后尚未向公司登记机关办理变更登记,原股东将仍登记于其名下的股权转让、质押或者以其他方式处分,受让股东以其对于股权享有实际权利为由,请求认定处分股权行为无效的,人民法院可以参照民法典第三百一十一条的规定处理。

考点28 所有权的特别取得方法:拾得遗失物、发现埋藏物

第三百一十二条 〔遗失物的善意取得〕所有权人或者其他权利人有权追回遗失物。该遗失物通过转让被他人占有的,权利人有权向无处分权人请求损害赔偿,或者自知道或者应当知道受让人之日起二年内向受让人请求返还原物;但是,受让人通过拍卖或者向具有经营资格的经营者购得该遗失物的,权利人请求返还原物时应当支付受让人所付的费用。权利人向受让人支付所付费用后,有权向无处分权人追偿。

第三百一十六条 〔遗失物的妥善保管义务〕拾得人在遗失物送交有关部门前,有关部门在遗失物被领取前,应当妥善保管遗失物。因故意或者重大过失致使遗失物毁损、灭失的,应当承担民事责任。

第三百一十七条 〔权利人领取遗失物时的费用支付义务〕权利人领取遗失物时,应当向拾得人或者有关部门支付保管遗失物等支出的必要费用。

权利人悬赏寻找遗失物的,领取遗失物时应当按照承诺履行义务。

拾得人侵占遗失物的,无权请求保管遗失物等支出的费用,也无权请求权利人按照承诺履行义务。

第三百一十八条 〔无人认领的遗失物的处理规则〕遗失物自发布招领公告之日起一年内无人认领的,归国家所有。

第三百一十九条 〔拾得漂流物、埋藏物或者隐藏物〕拾得漂流物、发现埋藏物或者隐藏物的,参照适用拾得遗失物的有关规定。法律另有规定的,依照其规定。

考点29 所有权的特别取得方法:孳息及其归属

第三百二十一条 〔孳息的归属〕天然孳息,由所有权人取得;既有所有权人又有用益物权人的,由用益物权人取得。当事人另有约定的,按照其约定。

法定孳息,当事人有约定的,按照约定取得;没有约定或者约定不明确的,按照交易习惯取得。〔2017年真题~孳息的收取与孳息所有权归属、不当得利〕

《民法典》

第四百一十二条 〔抵押财产孳息归属〕债务人不履行到期债务或者发生当事人约定的实现抵押权的情形,致使抵押财产被人民法院依法扣押的,自扣押之日起,抵押权人有权收取该抵押财产的天然孳息或者法定孳息,但是抵押权人未通知应当清偿法定孳息义务人的除外。

前款规定的孳息应当先充抵收取孳息的费用。

第四百三十条 〔质权人的孳息收取权〕质权人有权收取质押财产的孳息,但是合同另有约定的除外。

前款规定的孳息应当先充抵收取孳息的费用。

第四百五十二条 〔留置财产的孳息收取〕留置权人有权收取留置财产的孳息。

前款规定的孳息应当先充抵收取孳息的费用。

第五百七十三条 〔提存期间风险、孳息和提存费用负担〕标的物提存后,毁损、灭失的风险由债权人承担。提存期间,标的物的孳息归债权人所有。提存费用由债权人负担。

第六百三十条 〔买卖合同标的物孳息的归属〕标的物在交付之前产生的孳息,归出卖人所有;交付之后产生的孳息,归买受人所有。但是,当事人另有约定的除外。

考点30 所有权的特别取得方法:添附

第三百二十二条 〔添附〕因加工、附合、混合而产生的物的归属,有约定的,按照约定;没有约定或者约定不明确的,依照法律规定;法律没有规定的,按照充分发挥物的效用以及保护无过错当事人的原则确定。因一方当事人的过错或者确定物的归属造成另一方当事人损害的,应当给予赔偿或者补偿。

考点31 共有

(一)共有财产的处分

第三百零一条 〔共有人对共有财产重大事项的表决权规则〕处分共有的不动产或者动产以及对共有的不动产或者动产作重大修缮、变更性质或者用途的,应当经占份额三分之二以上的按份共有人或者全体共同共有人同意,但是共有人之间另有约定的除外。

《民法典婚姻家庭编解释(一)》

第二十八条 一方未经另一方同意出售夫妻共同所有的房屋,第三人善意购买、支付合理对价并已办理不动

产登记,另一方主张追回该房屋的,人民法院不予支持。

夫妻一方擅自处分共同所有的房屋造成另一方损失,离婚时另一方请求赔偿损失的,人民法院应予支持。

(二)共有财产的分割

第三百零三条　[共有物的分割规则] 共有人约定不得分割共有的不动产或者动产,以维持共有关系的,应当按照约定,但是共有人有重大理由需要分割的,可以请求分割;没有约定或者约定不明确的,按份共有人可以随时请求分割,共同共有人在共有的基础丧失或者有重大理由需要分割时可以请求分割。因分割造成其他共有人损害的,应当给予赔偿。

第三百零四条　[共有物分割的方式] 共有人可以协商确定分割方式。达不成协议,共有的不动产或者动产可以分割且不会因分割减损价值的,应当对实物予以分割;难以分割或者因分割会减损价值的,应当对折价或者拍卖、变卖取得的价款予以分割。

共有人分割所得的不动产或者动产有瑕疵的,其他共有人应当分担损失。

第一千零六十六条　[婚内分割夫妻共同财产] 婚姻关系存续期间,有下列情形之一的,夫妻一方可以向人民法院请求分割共同财产:

(一)一方有隐藏、转移、变卖、毁损、挥霍夫妻共同财产或者伪造夫妻共同债务等严重损害夫妻共同财产利益的行为;

(二)一方负有法定扶养义务的人患重大疾病需要医治,另一方不同意支付相关医疗费用。

《民法典婚姻家庭编解释(一)》

第三十八条　婚姻关系存续期间,除民法典第一千零六十六条规定情形以外,夫妻一方请求分割共同财产的,人民法院不予支持。

(三)按份共有人的优先购买权

第三百零五条　[按份共有人的优先购买权] 按份共有人可以转让其享有的共有的不动产或者动产份额。其他共有人在同等条件下享有优先购买的权利。

第三百零六条　[按份共有人行使优先购买权的规则] 按份共有人转让其享有的共有的不动产或者动产份额的,应当将转让条件及时通知其他共有人。其他共有人应当在合理期限内行使优先购买权。

两个以上其他共有人主张行使优先购买权的,协商确定各自的购买比例;协商不成的,按照转让时各自的共有份额比例行使优先购买权。

第三百零八条　[共有关系不明时对共有关系性质的推定] 共有人对共有的不动产或者动产没有约定为按份共有或者共同共有,或者约定不明确的,除共有人具有家庭关系等外,视为按份共有。

《民法典物权编解释(一)》

第九条　共有份额的权利主体因继承、遗赠等原因发生变化时,其他按份共有人主张优先购买的,不予支持,但按份共有人之间另有约定的除外。

第十条　民法典第三百零五条所称的"同等条件",应当综合共有份额的转让价格、价款履行方式及期限等因素确定。

第十一条　优先购买权的行使期间,按共有人之间有约定的,按照约定处理;没有约定或者约定不明的,按照下列情形确定:

(一)转让人向其他按份共有人发出的包含同等条件内容的通知中载明行使期间的,以该期间为准;

(二)通知中未载明行使期间,或者载明的期间短于通知送达之日起十五日的,为十五日;

(三)转让人未通知的,为其他按份共有人知道或者应当知道最终确定的同等条件之日起十五日;

(四)转让人未通知,且无法确定其他按份共有人知道或者应当知道最终确定的同等条件的,为共有份额权属转移之日起六个月。

第十二条　按份共有人向共有人之外的人转让其份额,其他按份共有人根据法律、司法解释规定,请求按照同等条件优先购买该共有份额的,应予支持。其他按份共有人的请求具有下列情形之一的,不予支持:

(一)未在本解释第十一条规定的期间内主张优先购买,或者虽主张优先购买,但提出减少转让价款、增加转让人负担等实质性变更要求;

(二)以其优先购买权受到侵害为由,仅请求撤销共有份额转让合同或者认定该合同无效。

第十三条　按份共有人之间转让共有份额,其他按份共有人主张依据民法典第三百零五条规定优先购买的,不予支持,但按份共有人之间另有约定的除外。

考点32　相邻关系

第二百八十八条　[处理相邻关系的原则] 不动产的相邻权利人应当按照有利生产、方便生活、团结互助、公平合理的原则,正确处理相邻关系。

第二百九十条　[相邻用水、排水、流水关系] 不动产权利人应当为相邻权利人用水、排水提供必要的便利。

对自然流水的利用,应当在不动产的相邻权利人之间合理分配。对自然流水的排放,应当尊重自然流向。

第二百九十一条　[相邻关系中的通行权] 不动产权利人对相邻权利人因通行等必须利用其土地的,应当提供必要的便利。

第二百九十二条　[相邻土地的利用] 不动产权利人因建造、修缮建筑物以及铺设电线、电缆、水管、暖气和燃气管线等必须利用相邻土地、建筑物的,该土地、建筑物的权利人应当提供必要的便利。

第二百九十三条　[相邻建筑物通风、采光、日照] 建造建筑物,不得违反国家有关工程建设标准,不得妨碍相邻建筑物的通风、采光和日照。

第二百九十四条　[相邻不动产之间不得排放、施放污染物] 不动产权利人不得违反国家规定弃置固体废物,排放大气污染物、水污染物、土壤污染物、噪声、光辐射、电磁辐射等有害物质。

第二百九十五条　[维护相邻不动产安全] 不动产权

利人挖掘土地、建造建筑物、铺设管线以及安装设备等,不得危及相邻不动产的安全。

第二百九十六条 [相邻权的限度]不动产权利人因用水、排水、通行、铺设管线等利用相邻不动产的,应当尽量避免对相邻的不动产权利人造成损害。

专题九 用益物权

考点33 土地承包经营权

第三百三十一条 [土地承包经营权内容]土地承包经营权人依法对其承包经营的耕地、林地、草地等享有占有、使用和收益的权利,有权从事种植业、林业、畜牧业等农业生产。

第三百三十二条 [土地的承包期限]耕地的承包期为三十年。草地的承包期为三十年至五十年。林地的承包期为三十年至七十年。

前款规定的承包期限届满,由土地承包经营权人依照农村土地承包的法律规定继续承包。

第三百三十三条 [土地承包经营权的设立与登记]土地承包经营权自土地承包经营权合同生效时设立。

登记机构应当向土地承包经营权人发放土地承包经营权证、林权证等证书,并登记造册,确认土地承包经营权。

第三百三十四条 [土地承包经营权的互换、转让]土地承包经营权人依照法律规定,有权将土地承包经营权互换、转让。未经依法批准,不得将承包地用于非农建设。

第三百三十五条 [土地承包经营权流转的登记对抗主义]土地承包经营权互换、转让的,当事人可以向登记机构申请登记;未经登记,不得对抗善意第三人。

第三百三十六条 [承包地的调整]承包期内发包人不得调整承包地。

因自然灾害严重毁损承包地等特殊情形,需要适当调整承包的耕地和草地的,应当依照农村土地承包的法律规定办理。

第三百三十七条 [承包地的收回]承包期内发包人不得收回承包地。法律另有规定的,依照其规定。

第三百三十八条 [征收承包地的补偿规则]承包地被征收的,土地承包经营权人有权依照本法第二百四十三条的规定获得相应补偿。

第三百三十九条 [土地经营权的流转]土地承包经营权人可以自主决定依法采取出租、入股或者其他方式向他人流转土地经营权。

第三百四十条 [土地经营权人的基本权利]土地经营权人有权在合同约定的期限内占有农村土地,自主开展农业生产经营并取得收益。

第三百四十一条 [土地经营权的设立与登记]流转期限为五年以上的土地经营权,自流转合同生效时设立。当事人可以向登记机构申请土地经营权登记;未经登记,不得对抗善意第三人。

第三百四十二条 [以其他方式承包取得的土地经营权流转]通过招标、拍卖、公开协商等方式承包农村土地,经依法登记取得权属证书的,可以依法采取出租、入股、抵押或者其他方式流转土地经营权。

考点34 地役权

第三百七十二条 [地役权的定义]地役权人有权按照合同约定,利用他人的不动产,以提高自己的不动产的效益。

前款所称他人的不动产为供役地,自己的不动产为需役地。

第三百七十三条第一款 [地役权合同]设立地役权,当事人应当采用书面形式订立地役权合同。

第三百七十四条 [地役权的设立与登记]地役权自地役权合同生效时设立。当事人要求登记的,可以向登记机构申请地役权登记;未经登记,不得对抗善意第三人。

第三百七十五条 [供役地权利人的义务]供役地权利人应当按照合同约定,允许地役权人利用其不动产,不得妨害地役权人行使权利。

第三百七十六条 [地役权人的义务]地役权人应当按照合同约定的利用目的和方法利用供役地,尽量减少对供役地权利人物权的限制。

第三百七十七条 [地役权的期限]地役权期限由当事人约定;但是,不得超过土地承包经营权、建设用地使用权等用益物权的剩余期限。

第三百七十八条 [在享有或者负担地役权的土地上设立用益物权的规则]土地所有权人享有地役权或者负担地役权的,设立土地承包经营权、宅基地使用权等用益物权时,该用益物权人继续享有或者负担已经设立的地役权。

第三百七十九条 [土地所有权人在已设立用益物权的土地上设立地役权的规则]土地上已经设立土地承包经营权、建设用地使用权、宅基地使用权等用益物权的,未经用益物权人同意,土地所有权人不得设立地役权。

第三百八十条 [地役权的转让规则]地役权不得单独转让。土地承包经营权、建设用地使用权等转让的,地役权一并转让,但是合同另有约定的除外。

第三百八十一条 [地役权不得单独抵押]地役权不得单独抵押。土地承包经营权、建设用地使用权等抵押的,在实现抵押权时,地役权一并转让。

第三百八十二条 [需役地部分转让效果]需役地以及需役地上的土地承包经营权、建设用地使用权等部分转让时,转让部分涉及地役权的,受让人同时享有地役权。

第三百八十三条 [供役地部分转让效果]供役地以及供役地上的土地承包经营权、建设用地使用权等部分转让时,转让部分涉及地役权的,地役权对受让人具有法律约束力。

第三百八十四条 [供役地权利人解除权]地役权人有下列情形之一的,供役地权利人有权解除地役权合同,地役权消灭:
(一)违反法律规定或者合同约定,滥用地役权;
(二)有偿利用供役地,约定的付款期限届满后在合理期限内经两次催告未支付费用。

考点35 居住权

第三百六十七条 [居住权合同]设立居住权,当事人应当采用书面形式订立居住权合同。
居住权合同一般包括下列条款:
(一)当事人的姓名或者名称和住所;
(二)住宅的位置;
(三)居住的条件和要求;
(四)居住权期限;
(五)解决争议的方法。

第三百六十八条 [居住权的设立]居住权无偿设立,但是当事人另有约定的除外。设立居住权的,应当向登记机构申请居住权登记。居住权自登记时设立。

第三百六十九条 [居住权的限制性规定及例外]居住权不得转让、继承。设立居住权的住宅不得出租,但是当事人另有约定的除外。

第三百七十一条 [以遗嘱设立居住权的法律适用]以遗嘱方式设立居住权的,参照适用本章的有关规定。

专题十 担保物权

考点36 共同担保

第三百九十二条 [人保和物保并存时的处理规则]被担保的债权既有物的担保又有人的担保的,债务人不履行到期债务或者发生当事人约定的实现担保物权的情形,债权人应当按照约定实现债权;没有约定或者约定不明确,债务人自己提供物的担保的,债权人应当先就该物的担保实现债权;第三人提供物的担保的,债权人可以就物的担保实现债权,也可以请求保证人承担保证责任。提供担保的第三人承担担保责任后,有权向债务人追偿。[2020年回忆~混合担保、混合担保的清偿顺序;2015年真题~混合担保、追偿权;2011年真题~混合担保规则、共同抵押规则]

第六百九十九条 [共同保证]同一债务有两个以上保证人的,保证人应当按照保证合同约定的保证份额,承担保证责任;没有约定保证份额的,债权人可以请求任何一个保证人在其保证范围内承担保证责任。

《民法典担保制度解释》

第十三条 同一债务有两个以上第三人提供担保,担保人之间约定相互追偿及分担份额,承担了担保责任的担保人请求其他担保人按照约定分担份额的,人民法院应予支持;担保人之间约定承担连带共同担保,或者约定相互追偿但是未约定分担份额的,各担保人按照比例分担向债务人不能追偿的部分。

同一债务有两个以上第三人提供担保,担保人之间未对相互追偿作出约定且未约定承担连带共同担保,但是各担保人在同一份合同书上签字、盖章或者按指印,承担了担保责任的担保人请求其他担保人按照比例分担向债务人不能追偿部分的,人民法院应予支持。

除前两款规定的情形外,承担了担保责任的担保人请求其他担保人分担向债务人不能追偿部分的,人民法院不予支持。

第十四条 同一债务有两个以上第三人提供担保,担保人受让债权的,人民法院应当认定该行为系承担担保责任。受让债权的担保人作为债权人请求其他担保人承担担保责任的,人民法院不予支持;担保人请求其他担保人分担相应份额的,依照本解释第十三条的规定处理。

第十八条 承担了担保责任或者赔偿责任的担保人,在其承担责任的范围内向债务人追偿的,人民法院应予支持。

同一债权既有债务人自己提供的物的担保,又有第三人提供的担保,承担了担保责任或者赔偿责任的第三人,主张行使债权人对债务人享有的担保物权的,人民法院应予支持。

考点37 抵押权的设立

1 第四百零二条 [不动产抵押权的设立]以本法第三百九十五条第一款第一项至第三项规定的财产或者第五项规定的正在建造的建筑物抵押的,应当办理抵押登记。抵押权自登记时设立。[2018年回忆~不动产抵押权设立]

《民法典担保制度解释》

第四十六条 不动产抵押合同生效后未办理抵押登记手续,债权人请求抵押人办理抵押登记手续的,人民法院应予支持。

抵押财产因不可归责于抵押人自身的原因灭失或者被征收等导致不能办理抵押登记,债权人请求抵押人在约定的担保范围内承担责任的,人民法院不予支持;但是抵押财产已经获得保险金、赔偿金或者补偿金等,债权人请求抵押人在其所获金额范围内承担赔偿责任的,人民法院依法予以支持。

因抵押人转让抵押财产或者其他可归责于抵押人自身的原因导致不能办理抵押登记,债权人请求抵押人在约定的担保范围内承担责任的,人民法院依法予以支持,但是不得超过抵押权能设立时抵押人应当承担的责任范围。

第四十八条 当事人申请办理抵押登记手续时,因登记机构的过错致使其不能办理抵押登记,当事人请求登记机构承担赔偿责任的,人民法院依法予以支持。

民法 [考点法条]

第五十二条 当事人办理抵押预告登记后,预告登记权利人请求就抵押财产优先受偿,经审查存在尚未办理建筑物所有权首次登记、预告登记的财产与办理建筑物所有权首次登记时的财产不一致、抵押预告登记已经失效等情形,导致不具备办理抵押登记条件的,人民法院不予支持;经审查已经办理建筑物所有权首次登记,且不存在预告登记失效等情形的,人民法院应予支持,并应当认定抵押权自预告登记之日起设立。

当事人办理了抵押预告登记,抵押人破产,经审查抵押财产属于破产财产,预告登记权利人主张就抵押财产优先受偿的,人民法院应当在受理破产申请时抵押财产的价值范围内予以支持,但是在人民法院受理破产申请前一年内,债务人对没有财产担保的债务设立抵押预告登记的除外。〔2023年回忆~抵押预告登记〕

2 第四百零三条 [动产抵押权的设立]以动产抵押的,抵押权自抵押合同生效时设立;未经登记,不得对抗善意第三人。〔2011年真题~动产浮动抵押权〕

第四百零四条 [动产抵押权对抗效力的限制]以动产抵押的,不得对抗正常经营活动中已经支付合理价款并取得抵押财产的买受人。〔2020年回忆~动产抵押权;2011年真题~动产浮动抵押权〕

《民法典担保制度解释》
第五十四条 动产抵押合同订立后未办理抵押登记,动产抵押权的效力按照下列情形分别处理:

(一)抵押人转让抵押财产,受让人占有抵押财产后,抵押权人向受让人请求行使抵押权的,人民法院不予支持,但是抵押权人能够举证证明受让人知道或者应当知道已经订立抵押合同的除外;

(二)抵押人将抵押财产出租给他人并移转占有,抵押权人行使抵押权的,租赁关系不受影响,但是抵押权人能够举证证明承租人知道或者应当知道已经订立抵押合同的除外;

(三)抵押人的其他债权人向人民法院申请保全或者执行抵押财产,人民法院已经作出财产保全裁定或者采取执行措施,抵押权人主张对抵押财产优先受偿的,人民法院不予支持;

(四)抵押人破产,抵押权人主张对抵押财产优先受偿的,人民法院不予支持。

第五十六条 买受人在出卖人正常经营活动中通过支付合理对价取得已被设立担保物权的动产,担保物权人请求就该动产优先受偿的,人民法院不予支持,但是有下列情形之一的除外:

(一)购买商品的数量明显超过一般买受人;
(二)购买出卖人的生产设备;
(三)订立买卖合同的目的在于担保出卖人或者第三人履行债务;
(四)买受人与出卖人存在直接或者间接的控制关系;
(五)买受人应当查询抵押登记而未查询的其他情形。

前款所称出卖人正常经营活动,是指出卖人的经营活动属于其营业执照明确记载的经营范围,且出卖人持续销售同类商品。前款所称担保物权人,是指已经办理登记的抵押权人、所有权保留买卖的出卖人、融资租赁合同的出租人。

3 第四百零七条 [抵押权的从属性]抵押权不得与债权分离而单独转让或者作为其他债权的担保。债权转让的,担保该债权的抵押权一并转让,但是法律另有规定或者当事人另有约定的除外。

考点38 抵押物的转让

第四百零六条 [抵押期间抵押财产转让应当遵循的规则]抵押期间,抵押人可以转让抵押财产。当事人另有约定的,按照其约定。抵押财产转让的,抵押权不受影响。

抵押人转让抵押财产的,应当及时通知抵押权人。抵押权人能够证明抵押财产转让可能损害抵押权的,可以请求抵押人将转让所得的价款向抵押权人提前清偿债务或者提存。转让的价款超过债权数额的部分归抵押人所有,不足部分由债务人清偿。

《民法典担保制度解释》
第四十三条 当事人约定禁止或者限制转让抵押财产但是未将约定登记,抵押人违反约定转让抵押财产,抵押权人请求确认转让合同无效的,人民法院不予支持;抵押财产已经交付或者登记,抵押权人请求确认转让不发生物权效力的,人民法院不予支持,但是抵押权人有证据证明受让人知道的除外;抵押权人请求抵押人承担违约责任的,人民法院依法予以支持。

当事人约定禁止或者限制转让抵押财产且已经将约定登记,抵押人违反约定转让抵押财产,抵押权人请求确认转让合同无效的,人民法院不予支持;抵押财产已经交付或者登记,抵押权人主张转让不发生物权效力的,人民法院应予支持,但是因受让人代替债务人清偿债务导致抵押权消灭的除外。

考点39 抵押权的顺位

第四百一十四条 [同一财产上多个抵押权的效力顺序]同一财产向两个以上债权人抵押的,拍卖、变卖抵押财产所得的价款依照下列规定清偿:

(一)抵押权已经登记的,按照登记的时间先后确定清偿顺序;
(二)抵押权已经登记的先于未登记的受偿;
(三)抵押权未登记的,按照债权比例清偿。

其他可以登记的担保物权,清偿顺序参照适用前款规定。

《民法典》
第四百零九条 [抵押权人放弃抵押权或抵押权顺位的法律后果]抵押权人可以放弃抵押权或者抵押权顺位。抵押权人与抵押人可以协议变更抵押权顺位以及被担保的债权数额等内容。但是,抵押权的变更未经其他抵押权人书面同意的,不得对其他抵押权人产生不利影响。

债务人以自己的财产设定抵押,抵押权人放弃该抵押权、抵押权顺位或者变更抵押权的,其他担保人在抵押权人丧失优先受偿权益的范围内免除担保责任,但是其他担保人承诺仍然提供担保的除外。

考点41 动产浮动抵押

第三百九十六条 [浮动抵押]企业、个体工商户、农业生产经营者可以将现有的以及将有的生产设备、原材料、半成品、产品抵押,债务人不履行到期债务或者发生当事人约定的实现抵押权的情形,债权人有权就抵押财产确定时的动产优先受偿。[2011年真题~动产浮动抵押]

《民法典担保制度解释》

第五十七条第一款 担保人在设立动产浮动抵押并办理抵押登记后又购入或者以融资租赁方式承租新的动产,下列权利人为担保价款债权或者租金的实现而订立担保合同,并在该动产交付后十日内办理登记,主张其权利优先于在先设立的浮动抵押权的,人民法院应予支持:

(一)在该动产上设立抵押权或者保留所有权的出卖人;

(二)为价款支付提供融资而在该动产上设立抵押权的债权人;

(三)以融资租赁方式出租该动产的出租人。

考点42 最高额抵押

第四百二十条 [最高额抵押规则]为担保债务的履行,债务人或者第三人对一定期间内将要连续发生的债权提供担保财产的,债务人不履行到期债务或者发生当事人约定的实现抵押权的情形,抵押权人有权在最高债权额限度内就该担保财产优先受偿。

最高额抵押权设立前已经存在的债权,经当事人同意,可以转入最高额抵押担保的债权范围。

第四百二十一条 [最高额抵押权担保的部分债权转让效力]最高额抵押担保的债权确定前,部分债权转让的,最高额抵押权不得转让,但是当事人另有约定的除外。

第四百二十二条 [最高额抵押合同条款变更]最高额抵押担保的债权确定前,抵押权人与抵押人可以通过协议变更债权确定的期间、债权范围以及最高债权额。但是,变更的内容不得对其他抵押权人产生不利影响。

第四百二十三条 [最高额抵押所担保债权的确定事由]有下列情形之一的,抵押权人的债权确定:

(一)约定的债权确定期间届满;

(二)没有约定债权确定期间或者约定不明确,抵押权人或者抵押人自最高额抵押权设立之日起满二年后请求确定债权;

(三)新的债权不可能发生;

(四)抵押权人知道或者应当知道抵押财产被查封、扣押;

(五)债务人、抵押人被宣告破产或者解散;

(六)法律规定债权确定的其他情形。

第四百二十四条 [最高额抵押的法律适用]最高额抵押权除适用本节规定外,适用本章第一节的有关规定。

《民法典》

第六百九十条 [最高额保证合同]保证人与债权人可以协商订立最高额保证的合同,约定在最高债权额限度内就一定期间连续发生的债权提供保证。

最高额保证除适用本章规定外,参照适用本法第二编最高额抵押权的有关规定。

《民法典担保制度解释》

第十五条 最高额担保中的最高债权额,是指包括主债权及其利息、违约金、损害赔偿金、保管担保财产的费用、实现债权或者实现担保物权的费用等在内的全部债权,但是当事人另有约定的除外。

登记的最高债权额与当事人约定的最高债权额不一致的,人民法院应当依据登记的最高债权额确定债权人优先受偿的范围。

考点43 动产质权

第四百二十九条 [质权的设立]质权自出质人交付质押财产时设立。[2017年真题~个人独资企业的投资人责任承担、混同担保、质权的设立与消灭]

第四百三十一条 [质权人对质押财产处分的限制及其法律责任]质权人在质权存续期间,未经出质人同意,擅自使用、处分质押财产,造成出质人损害的,应当承担赔偿责任。

第四百三十二条 [质物保管义务]质权人负有妥善保管质押财产的义务;因保管不善致使质押财产毁损、灭失的,应当承担赔偿责任。

质权人的行为可能使质押财产毁损、灭失的,出质人可以请求质权人将质押财产提存,或者请求提前清偿债务并返还质押财产。

第四百三十三条 [质押财产保全]因不可归责于质权人的事由可能使质押财产毁损或者价值明显减少,足以危害质权人权利的,质权人有权请求出质人提供相应的担保;出质人不提供的,质权人可以拍卖、变卖质押财产,并与出质人协议将拍卖、变卖所得的价款提前清偿债务或者提存。

第四百三十四条 [转质]质权人在质权存续期间,未经出质人同意转质,造成质押财产毁损、灭失的,应当承担赔偿责任。

第四百三十五条 [放弃质权]质权人可以放弃质权。债务人以自己的财产出质,质权人放弃该质权的,其他担保人在质权人丧失优先受偿权益的范围内免除担保责任,但是其他担保人承诺仍然提供担保的除外。

《民法典担保制度解释》

第五十五条 债权人、出质人与监管人订立三方协议,出质人以通过一定数量、品种等概括描述能够确定范围的货物为债务的履行提供担保,当事人有证据证明监管人系受债权人的委托监管并实际控制该货物的,人民法院应当认定质权于监管人实际控制货物之日起设立。

监管人违反约定向出质人或者其他人放货、因保管不善导致货物毁损灭失，债权人请求监管人承担违约责任的，人民法院依法予以支持。

在前款规定情形下，当事人有证据证明监管人系受出质人委托监管该货物，或者虽然受债权人委托但是未实际履行监管职责，导致货物仍由出质人实际控制的，人民法院应当认定质权未设立。债权人可以基于质押合同的约定请求出质人承担违约责任，但是不得超过质权有效设立时出质人应当承担的责任范围。监管人未履行监管职责，债权人请求监管人承担责任的，人民法院依法予以支持。

考点44 权利质权

第四百四十条 [可出质的权利的范围]债务人或者第三人有权处分的下列权利可以出质：
（一）汇票、本票、支票；
（二）债券、存款单；
（三）仓单、提单；
（四）可以转让的基金份额、股权；
（五）可以转让的注册商标专用权、专利权、著作权等知识产权中的财产权；
（六）现有的以及将有的应收账款；
（七）法律、行政法规规定可以出质的其他财产权利。
[2022年回忆~可出质的权利的范围]

第四百四十一条 [有价证券质权]以汇票、本票、支票、债券、存款单、仓单、提单出质的，质权自权利凭证交付质权人时设立；没有权利凭证的，质权自办理出质登记时设立。法律另有规定的，依照其规定。[2019年回忆~有价证券出质的形式要件及质权生效要件、对汇票进行质押的效力]

第四百四十二条 [有价证券质权人行使权利的特别规定]汇票、本票、支票、债券、存款单、仓单、提单的兑现日期或者提货日期先于主债权到期的，质权人可以兑现或者提货，并与出质人协议将兑现的价款或者提取的货物提前清偿债务或者提存。

第四百四十三条 [基金份额质权、股权质权]以基金份额、股权出质的，质权自办理出质登记时设立。

基金份额、股权出质后，不得转让，但是出质人与质权人协商同意的除外。出质人转让基金份额、股权所得的价款，应当向质权人提前清偿债务或者提存。[2022年回忆~股权质权、优先受偿权；2019年回忆~股权质押；2012年真题~股权质押]

第四百四十四条 [知识产权质权]以注册商标专用权、专利权、著作权等知识产权中的财产权出质的，质权自办理出质登记时设立。

知识产权中的财产权出质后，出质人不得转让或者许可他人使用，但是出质人与质权人协商同意的除外。出质人转让或者许可他人使用出质的知识产权中的财产权所得的价款，应当向质权人提前清偿债务或者提存。

第四百四十五条 [应收账款质权]以应收账款出质的，质权自办理出质登记时设立。

应收账款出质后，不得转让，但是出质人与质权人协商同意的除外。出质人转让应收账款所得的价款，应当向质权人提前清偿债务或者提存。[2022年回忆~应收账款质权]

《民法典担保制度解释》

第五十三条 当事人在动产和权利担保合同中对担保财产进行概括描述，该描述能够合理识别担保财产的，人民法院应当认定担保成立。[2022年回忆~权利担保]

第五十八条 以汇票出质，当事人以背书记载"质押"字样并在汇票上签章，汇票已经交付质权人的，人民法院应当认定质权自汇票交付质权人时设立。

第五十九条 存货人或者仓单持有人在仓单上以背书记载"质押"字样，并经保管人签章，仓单已经交付质权人的，人民法院应当认定质权自仓单交付质权人时设立。没有权利凭证的仓单，依法可以办理出质登记的，仓单质权自办理出质登记时设立。

出质人既以仓单出质，又以仓储物设立担保，按照公示的先后确定清偿顺序；难以确定先后的，按照债权比例清偿。

保管人为同一货物签发多份仓单，出质人在多份仓单上设立多个质权，按照公示的先后确定清偿顺序；难以确定先后的，按照债权比例受偿。

存在第二款、第三款规定的情形，债权人举证证明其损失系由出质人与保管人的共同行为所致，请求出质人与保管人承担连带赔偿责任的，人民法院应予支持。

第六十条 在跟单信用证交易中，开证行与开证申请人之间约定以提单作为担保的，人民法院应当依照民法典关于质权的有关规定处理。

在跟单信用证交易中，开证行依据其与开证申请人之间的约定或者跟单信用证的惯例持有提单，开证申请人未按照约定付款赎单，开证行主张对提单项下货物优先受偿的，人民法院应当支持；开证行主张对提单项下货物享有所有权的，人民法院不予支持。

在跟单信用证交易中，开证行依据其与开证申请人之间的约定或者跟单信用证的惯例，通过转让提单或者提单项下货物取得价款，开证申请人请求返还超出债权部分的，人民法院应予支持。

前三款规定不影响合法持有提单的开证行以提单持有人身份主张运输合同项下的权利。

第六十一条 以现有的应收账款出质，应收账款债务人向质权人确认应收账款的真实性后，又以应收账款不存在或者已经消灭为由主张不承担责任的，人民法院不予支持。

以现有的应收账款出质，应收账款债务人未确认应收账款的真实性，质权人以应收账款债务人为被告，请求就应收账款优先受偿，能够举证证明办理出质登记时应收账款真实存在的，人民法院应予支持；质权人不能举证证明办理出质登记时应收账款真实存在，仅以已经办理出质登记为由,请求就应收账款优先受偿的,人民法院不予支持。

以现有的应收账款出质,应收账款债务人已经向应收账款债权人履行了债务,质权人请求应收账款债务人履行债务的,人民法院不予支持,但是应收账款债务人接到质权人要求向其履行的通知后,仍然向应收账款债权人履行的除外。

以基础设施和公用事业项目收益权、提供服务或者劳务产生的债权以及其他将有的应收账款出质,当事人为应收账款设立特定账户,发生法定或者约定的质权实现事由时,质权人请求就该特定账户内的款项优先受偿的,人民法院应予支持;特定账户内的款项不足以清偿债务或者未设立特定账户,质权人请求折价或者拍卖、变卖项目收益权等将有的应收账款,并以所得的价款优先受偿的,人民法院依法予以支持。

第六十六条 同一应收账款同时存在保理、应收账款质押和债权转让,当事人主张参照民法典第七百六十八条的规定确定优先顺序的,人民法院应予支持。

在有追索权的保理中,保理人以应收账款债权人或者应收账款债务人为被告提起诉讼,人民法院应予受理;保理人一并起诉应收账款债权人和应收账款债务人的,人民法院可以受理。

应收账款债权人向保理人返还保理融资款本息或者回购应收账款债权后,请求应收账款债务人向其履行应收账款债务的,人民法院应予支持。

考点45 留置权

1 第四百四十七条 [留置权的定义]债务人不履行到期债务,债权人可以留置已经合法占有的债务人的动产,并有权就该动产优先受偿。

前款规定的债权人为留置权人,占有的动产为留置财产。

《民法典》

第四百四十九条 [留置权适用范围的限制性规定]法律规定或者当事人约定不得留置的动产,不得留置。

2 第四百四十八条 [留置财产与债权的关系]债权人留置的动产,应当与债权属于同一法律关系,但是企业之间留置的除外。[2016年真题~留置权]

《民法典担保制度解释》

第六十二条 债务人不履行到期债务,债权人因同一法律关系留置合法占有的第三人的动产,并主张就该留置财产优先受偿的,人民法院应予支持。第三人以该留置财产并非债务人的财产为由请求返还的,人民法院不予支持。

企业之间留置的动产与债权并非同一法律关系,债务人以该债权不属于企业持续经营中发生的债权为由请求债权人返还留置财产的,人民法院应予支持。

企业之间留置的动产与债权并非同一法律关系,债权人留置第三人的财产,第三人请求债权人返还留置财产的,人民法院应予支持。

3 第四百五十条 [可分留置物]留置财产为可分物的,留置财产的价值应当相当于债务的金额。

《民法典担保制度解释》

第三十八条第一款 主债权未受全部清偿,担保物权人主张就担保财产的全部行使担保物权的,人民法院应予支持,但是留置权人行使留置权的,应当依照民法典第四百五十条的规定处理。

4 第四百五十一条 [留置权人保管义务]留置权人负有妥善保管留置财产的义务;因保管不善致使留置财产毁损、灭失的,应当承担赔偿责任。

5 第四百五十三条 [留置权的实现]留置权人与债务人应当约定留置财产后的债务履行期限;没有约定或者约定不明确的,留置权人应当给债务人六十日以上履行债务的期限,但是鲜活易腐等不易保管的动产除外。

债务人逾期未履行的,留置权人可以与债务人协议以留置财产折价,也可以就拍卖、变卖留置财产所得的价款优先受偿。

留置财产折价或者变卖的,应当参照市场价格。

6 第四百五十七条 [留置权消灭]留置权人对留置财产丧失占有或者留置权人接受债务人另行提供担保的,留置权消灭。

考点46 担保物权的竞合

(一)抵押权、质权、留置权竞合

第四百一十五条 [既有抵押权又有质权的财产的清偿顺序]同一财产既设立抵押权又设立质权的,拍卖、变卖该财产所得的价款按照登记、交付的时间先后确定清偿顺序。

第四百五十六条 [留置权优先于其他担保物权效力]同一动产上已经设立抵押权或者质权,该动产又被留置的,留置权人优先受偿。

(二)价款优先权

第四百一十六条 [买卖价款抵押权]动产抵押担保的主债权是抵押物的价款,标的物交付后十日内办理抵押登记的,该抵押权人优先于抵押物买受人的其他担保物权人受偿,但是留置权人除外。

《民法典担保制度解释》

第五十七条 担保人在设立动产浮动抵押并办理抵押登记后又购入或者以融资租赁方式承租新的动产,下列权利人为担保价款债权或者租金的实现而订立担保合同,并在该动产交付后十日内办理登记,主张其权利优先于在先设立的浮动抵押权的,人民法院应予支持:

(一)在该动产上设立抵押权或者保留所有权的出卖人;

(二)为价款支付提供融资而在该动产上设立抵押权的债权人;

(三)以融资租赁方式出租该动产的出租人。

买受人取得动产但未付清价款或者承租人以融资租赁方式占有租赁物但是未付清全部租金,又以标的物为他人设立担保物权的,前款所列权利人为担保价款债权或者租金的实现而订立担保合同,并在该动产交付后十日内办理登记,主张其权利优先于买受人为他人设立的担保物权的,人民法院应予支持。

同一动产上存在多个价款优先权的,人民法院应当按照登记的时间先后确定清偿顺序。

考点47 非典型担保

《民法典担保制度解释》

第六十三条 债权人与担保人订立担保合同,约定以法律、行政法规尚未规定可以担保的财产权利设立担保,当事人主张合同无效的,人民法院不予支持。当事人未在法定的登记机构依法进行登记,主张该担保具有物权效力的,人民法院不予支持。〔2022年回忆~担保合同的效力〕

第六十四条 在所有权保留买卖中,出卖人依法有权取回标的物,但是与买受人协商不成,当事人请求参照民事诉讼法"实现担保物权案件"的有关规定,拍卖、变卖标的物的,人民法院应予准许。

出卖人请求取回标的物,符合民法典第六百四十二条规定的,人民法院应予支持;买受人以抗辩或者反诉的方式主张拍卖、变卖标的物,并在扣除买受人未支付的价款以及必要费用后返还剩余款项的,人民法院应当一并处理。

第六十五条 在融资租赁合同中,承租人未按照约定支付租金,经催告后在合理期限内仍不支付,出租人请求承租人支付全部剩余租金,并以拍卖、变卖租赁物所得的价款优先受偿的,人民法院应予支持;当事人请求参照民事诉讼法"实现担保物权案件"的有关规定,以拍卖、变卖租赁物所得价款支付租金的,人民法院应予准许。

出租人请求解除融资租赁合同并收回租赁物,承租人以抗辩或者反诉的方式主张返还租赁物价值超过欠付租金以及其他费用的,人民法院应当一并处理。当事人对租赁物的价值有争议的,应当按照下列规则确定租赁物的价值:

(一)融资租赁合同有约定的,按照其约定;

(二)融资租赁合同未约定或者约定不明的,根据约定的租赁物折旧以及合同到期后租赁物的残值来确定;

(三)根据前两项规定的方法仍然难以确定,或者当事人认为根据前两项规定的方法确定的价值严重偏离租赁物实际价值的,由人民法院的申请委托有资质的机构评估。

第六十八条 债务人或者第三人与债权人约定将财产形式上转移至债权人名下,债务人不履行到期债务,债权人有权对财产折价或者以拍卖、变卖所得的价款偿还债务的,人民法院应当认定该约定有效。当事人已经完成财产权利变动的公示,债务人不履行到期债务,债权人请求参照民法典关于担保物权的有关规定就该财产优先受偿的,人民法院应予支持。

债务人或者第三人与债权人约定将财产形式上转移至债权人名下,债务人不履行到期债务,财产归债权人所有的,人民法院应当认定该约定无效,但是不影响当事人有关提供担保的意思表示的效力。当事人已经完成财产权利变动的公示,债务人不履行到期债务,债权人请求对该财产享有所有权的,人民法院不予支持;债权人请求参照民法典关于担保物权的规定对财产折价或者以拍卖、变卖该财产所得的价款优先受偿的,人民法院应予支持;债务人履行债务后请求返还财产,或者请求对财产折价或者以拍卖、变卖所得的价款清偿债务的,人民法院应予支持。

债务人与债权人约定将财产转移至债权人名下,在一定期间后再由债务人或者其指定的第三人以交易本金加上溢价款回购,债务人到期不履行回购义务,财产归债权人所有的,人民法院应当参照第二款规定处理。回购对象自始不存在的,人民法院应当依照民法典第一百四十六条第二款的规定,按照其实际构成的法律关系处理。〔2022年回忆~让与担保;2021年回忆~股权让与担保〕

第六十九条 股东以将其股权转移至债权人名下的方式为债务履行提供担保,公司或者公司的债权人以股东未履行或者未全面履行出资义务、抽逃出资等为由,请求作为名义股东的债权人与股东承担连带责任的,人民法院不予支持。〔2021年回忆~股权让与担保〕

《民间借贷规定》

第二十三条 当事人以订立买卖合同作为民间借贷合同的担保,借款到期后借款人不能还款,出借人请求履行买卖合同的,人民法院应当按照民间借贷法律关系审理。当事人根据法庭审理情况变更诉讼请求的,人民法院应当准许。

按民间借贷法律关系审理作出的判决生效后,借款人不履行生效判决确定的金钱债务,出借人可以申请拍卖买卖合同标的物,以偿还债务。就拍卖所得的价款与应偿还借款本息之间的差额,借款人或者出借人有权主张返还或者补偿。〔2018年回忆~民间借贷与买卖型担保〕

专题十一 占 有

考点48 占有

第四百五十九条 [恶意占有人的损害赔偿责任]占有人因使用占有的不动产或者动产,致使该不动产或者动产受到损害的,恶意占有人应当承担赔偿责任。

第四百六十条 [权利人的返还请求权和占有人的费用求偿权]不动产或者动产被占有人占有的,权利人可以请求返还原物及其孳息;但是,应当支付善意占有人因维护该不动产或者动产支出的必要费用。

第四百六十一条 [占有物毁损或者灭失时占有人的责任]占有的不动产或者动产毁损、灭失,该不动产或者动产的权利人请求赔偿的,占有人应当将因毁损、灭失取得的保险金、赔偿金或者补偿金等返还给权利人;权利人的损害未得到足够弥补的,恶意占有人还应当赔偿损失。

第四百六十二条　[占有保护的方法]占有的不动产或者动产被侵占的,占有人有权请求返还原物;对妨害占有的行为,占有人有权请求排除妨害或者消除危险;因侵占或者妨害造成损害的,占有人有权依法请求损害赔偿。

占有人返还原物的请求权,自侵占发生之日起一年内未行使的,该请求权消灭。

第三编　合　同

专题十二　债与合同概述

考点49　债的分类
(一)选择之债
第五百一十五条　[选择之债中债务人的选择权]标的有多项而债务人只需履行其中一项的,债务人享有选择权;但是,法律另有规定、当事人另有约定或者另有交易习惯的除外。

享有选择权的当事人在约定期限内或者履行期限届满未作选择,经催告后在合理期限内仍未选择的,选择权转移至对方。

第五百一十六条　[选择权的行使]当事人行使选择权应当及时通知对方,通知到达对方时,标的确定。标的确定后不得变更,但是经对方同意的除外。

可选择的标的发生不能履行情形的,享有选择权的当事人不得选择不能履行的标的,但是该不能履行的情形是由对方造成的除外。

(二)连带之债
第五百一十八条　[连带债权与连带债务]债权人为二人以上,部分或者全部债权人均可以请求债务人履行债务的,为连带债权;债务人为二人以上,债权人可以请求部分或者全部债务人履行全部债务的,为连带债务。

连带债权或者连带债务,由法律规定或者当事人约定。

第五百一十九条　[连带债务份额的确定及追偿]连带债务人之间的份额难以确定的,视为份额相同。

实际承担债务超过自己份额的连带债务人,有权就超出部分在其他连带债务人未履行的份额范围内向其追偿,并相应地享有债权人的权利,但是不得损害债权人的利益。其他连带债务人对债权人的抗辩,可以向该债务人主张。

被追偿的连带债务人不能履行其应分担份额的,其他连带债务人应当在相应范围内按比例分担。

第五百二十条　[部分连带债务人所生事项涉他效力]部分连带债务人履行、抵销债务或者提存标的物的,其他连带债务人对债权人的债务在相应范围内消灭;该债务人可以依据前条规定向其他连带债务人追偿。

部分连带债务人的债务被债权人免除的,在该连带债务人应当承担的份额范围内,其他连带债务人对债权人的债务消灭。

部分连带债务人的债务与债权人的债权同归于一人的,在扣除该债务人应当承担的份额后,债权人对其他债务人的债权继续存在。

债权人对部分连带债务人的给付受领迟延的,对其他连带债务人发生效力。

第五百二十一条　[连带债权内外部关系]连带债权人之间的份额难以确定的,视为份额相同。

实际受领债权的连带债权人,应当按比例向其他连带债权人返还。

连带债权参照适用本章连带债务的有关规定。

考点51　合同的相对性
第四百六十五条　[依法成立的合同受法律保护及合同相对性原则]依法成立的合同,受法律保护。

依法成立的合同,仅对当事人具有法律约束力,但是法律另有规定的除外。

第五百二十二条　[向第三人履行]当事人约定由债务人向第三人履行债务,债务人未向第三人履行债务或者履行债务不符合约定的,应当向债权人承担违约责任。

法律规定或者当事人约定第三人可以直接请求债务人向其履行债务,第三人未在合理期限内明确拒绝,债务人未向第三人履行债务或者履行债务不符合约定的,第三人可以请求债务人承担违约责任;债务人对债权人的抗辩,可以向第三人主张。

第五百二十三条　[第三人履行]当事人约定由第三人向债权人履行债务,第三人不履行债务或者履行债务不符合约定的,债务人应当向债权人承担违约责任。

第五百二十四条　[第三人代为履行]债务人不履行债务,第三人对履行该债务具有合法利益的,第三人有权向债权人代为履行;但是,根据债务性质、按照当事人约定或者依照法律规定只能由债务人履行的除外。

债权人接受第三人履行后,其对债务人的债权转让给第三人,但是债务人和第三人另有约定的除外。

第五百九十三条　[因第三人原因造成违约情况下的责任承担]当事人一方因第三人的原因造成违约的,应当依法向对方承担违约责任。当事人一方和第三人之间的纠纷,依照法律规定或者按照约定处理。

专题十三　合同的订立

考点52　合同的成立及效力
(一)要约与要约邀请
第四百七十二条　[要约的定义及其构成]要约是希望与他人订立合同的意思表示,该意思表示应当符合下列条件:

(一)内容具体确定;
(二)表明经受要约人承诺,要约人即受该意思表示约束。

第四百七十三条　[要约邀请]要约邀请是希望他人

向自己发出要约的表示。拍卖公告、招标公告、招股说明书、债券募集办法、基金招募说明书、商业广告和宣传、寄送的价目表等为要约邀请。

商业广告和宣传的内容符合要约条件的,构成要约。

第四百七十四条 [要约的生效时间]要约生效的时间适用本法第一百三十七条的规定。

第四百七十六条 [要约不得撤销情形]要约可以撤销,但是有下列情形之一的除外:

(一)要约人以确定承诺期限或者其他形式明示要约不可撤销;

(二)受要约人有理由认为要约是不可撤销的,并已经为履行合同做了合理准备工作。

第四百七十八条 [要约失效]有下列情形之一的,要约失效:

(一)要约被拒绝;
(二)要约被依法撤销;
(三)承诺期限届满,受要约人未作出承诺;
(四)受要约人对要约的内容作出实质性变更。

《民法典》

第一百三十七条 [有相对人的意思表示的生效时间]以对话方式作出的意思表示,相对人知道其内容时生效。

以非对话方式作出的意思表示,到达相对人时生效。以非对话方式作出的采用数据电文形式的意思表示,相对人指定特定系统接收数据电文的,该数据电文进入该特定系统时生效;未指定特定系统的,相对人知道或者应当知道该数据电文进入其系统时生效。当事人对采用数据电文形式的意思表示的生效时间另有约定的,按照其约定。

《商品房买卖合同解释》

第三条 商品房的销售广告和宣传资料为要约邀请,但是出卖人就商品房开发规划范围内的房屋及相关设施所作的说明和允诺具体确定,并对商品房买卖合同的订立以及房屋价格的确定有重大影响的,构成要约。该说明和允诺即使未载入商品房买卖合同,亦应当为合同内容,当事人违反的,应当承担违约责任。

(二)承诺

第四百八十一条 [承诺的期限]承诺应当在要约确定的期限内到达要约人。

要约没有确定承诺期限的,承诺应当依照下列规定到达:

(一)要约以对话方式作出的,应当即时作出承诺;
(二)要约以非对话方式作出的,承诺应当在合理期限内到达。

第四百八十三条 [合同成立时间]承诺生效时合同成立,但是法律另有规定或者当事人另有约定的除外。

第四百八十六条 [逾期承诺及效果]受要约人超过承诺期限发出承诺,或者在承诺期限内发出承诺,按照通常情形不能及时到达要约人的,为新要约;但是,要约人及时通知受要约人该承诺有效的除外。

第四百八十七条 [迟到的承诺]受要约人在承诺期限内发出承诺,按照通常情形能够及时到达要约人,但是因其他原因致使承诺到达要约人时超过承诺期限的,除要约人及时通知受要约人因承诺超过期限不接受该承诺外,该承诺有效。

第四百八十八条 [承诺对要约内容的实质性变更]承诺的内容应当与要约的内容一致。受要约人对要约的内容作出实质性变更的,为新要约。有关合同标的、数量、质量、价款或者报酬、履行期限、履行地点和方式、违约责任和解决争议方法等的变更,是对要约内容的实质性变更。

第四百八十九条 [承诺对要约内容的非实质性变更]承诺对要约的内容作出非实质性变更的,除要约人及时表示反对或者要约表明承诺不得对要约的内容作出任何变更外,该承诺有效,合同的内容以承诺的内容为准。

(三)合同的成立与生效

(1)合同的成立

第四百九十条 [采用书面形式订立合同的成立时间]当事人采用合同书形式订立合同的,自当事人均签名、盖章或者按指印时合同成立。在签名、盖章或者按指印之前,当事人一方已经履行主要义务,对方接受时,该合同成立。

法律、行政法规规定或者当事人约定合同应当采用书面形式订立,当事人未采用书面形式但是一方已经履行主要义务,对方接受时,该合同成立。

第四百九十一条 [签订确认书的合同及电子合同成立时间]当事人采用信件、数据电文等形式订立合同要求签订确认书的,签订确认书时合同成立。

当事人一方通过互联网等信息网络发布的商品或者服务信息符合要约条件的,对方选择该商品或者服务并提交订单成功时合同成立,但是当事人另有约定的除外。

第四百九十三条 [采用合同书订立合同的成立地点]当事人采用合同书形式订立合同的,最后签名、盖章或者按指印的地点为合同成立的地点,但是当事人另有约定的除外。

《民法典合同编通则解释》

第三条第一款 当事人对合同是否成立存在争议,人民法院能够确定当事人姓名或者名称、标的和数量的,一般应当认定合同成立。但是,法律另有规定或者当事人另有约定的除外。

第四条 采取招标方式订立合同,当事人请求确认合同自中标通知书到达中标人时成立的,人民法院应予支持。合同成立后,当事人拒绝签订书面合同的,人民法院应当依据招标文件、投标文件和中标通知书等确定合同内容。

采取现场拍卖、网络拍卖等公开竞价方式订立合同,当事人请求确认合同自拍卖师落槌、电子交易系统确认成交时成立的,人民法院应予支持。合同成立后,当事人拒绝签订成交确认书的,人民法院应当依据拍卖公告、竞买人的报价等确定合同内容。

产权交易所等机构主持拍卖、挂牌交易,其公布的拍卖公告、交易规则等文件公开确定了合同成立需要具备的条件,当事人请求确认合同自该条件具备时成立的,人民法院应予支持。

(2)合同的生效

第五百零二条 [合同生效时间及未办理批准手续的处理规则]依法成立的合同,自成立时生效,但是法律另有规定或者当事人另有约定的除外。

依照法律、行政法规的规定,合同应当办理批准等手续的,依照其规定。未办理批准等手续影响合同生效的,不影响合同中履行报批等义务条款以及相关条款的效力。应当办理申请批准等手续的当事人未履行义务的,对方可以请求其承担违反该义务的责任。

依照法律、行政法规的规定,合同的变更、转让、解除等情形应当办理批准等手续的,适用前款规定。

《民法典合同编通则解释》

第十二条 合同依法成立后,负有报批义务的当事人不履行报批义务或者履行报批义务不符合合同的约定或者法律、行政法规的规定,对方请求其继续履行报批义务的,人民法院应予支持;对方主张解除合同并请求其承担违反报批义务的赔偿责任的,人民法院应予支持。

人民法院判决当事人一方履行报批义务后,其仍不履行,对方主张解除合同并参照违反合同的违约责任请求其承担赔偿责任的,人民法院应予支持。

合同获得批准前,当事人一方起诉请求对方履行合同约定的主要义务,经释明后拒绝变更诉讼请求的,人民法院应当判决驳回其诉讼请求,但是不影响其另行提起诉讼。

负有报批义务的当事人已经办理申请批准等手续或者已经履行生效判决确定的报批义务,批准机关决定不予批准,对方请求其承担赔偿责任的,人民法院不予支持。但是,因迟延履行报批义务等可归责于当事人的原因导致合同未获批准,对方请求赔偿因此受到的损失的,人民法院应当依据民法典第一百五十七条的规定处理。

考点53 格式条款

第四百九十六条 [格式条款]格式条款是当事人为了重复使用而预先拟定,并在订立合同时未与对方协商的条款。

采用格式条款订立合同的,提供格式条款的一方应当遵循公平原则确定当事人之间的权利和义务,并采取合理的方式提示对方注意免除或者减轻其责任等与对方有重大利害关系的条款,按照对方的要求,对该条款予以说明。提供格式条款的一方未履行提示或者说明义务,致使对方没有注意或者理解与其有重大利害关系的条款的,对方可以主张该条款不成为合同的内容。

第四百九十七条 [格式条款无效的情形]有下列情形之一的,该格式条款无效:

(一)具有本法第一编第六章第三节和本法第五百零六条规定的无效情形;

(二)提供格式条款一方不合理地免除或者减轻其责任、加重对方责任、限制对方主要权利;

(三)提供格式条款一方排除对方主要权利。

第四百九十八条 [格式条款的解释方法]对格式条款的理解发生争议的,应当按照通常理解予以解释。对格式条款有两种以上解释的,应当作出不利于提供格式条款一方的解释。格式条款和非格式条款不一致的,应当采用非格式条款。

《民法典》

第一百四十二条第一款 [意思表示的解释]有相对人的意思表示的解释,应当按照所使用的词句,结合相关条款、行为的性质和目的、习惯以及诚信原则,确定意思表示的含义。

第四百六十六条 [合同的解释规则]当事人对合同条款的理解有争议的,应当依据本法第一百四十二条第一款的规定,确定争议条款的含义。

合同文本采用两种以上文字订立并约定具有同等效力的,对各文本使用的词句推定具有相同含义。各文本使用的词句不一致的,应当根据合同的相关条款、性质、目的以及诚信原则等予以解释。

《民法典合同编通则解释》

第九条 合同条款符合民法典第四百九十六条第一款规定的情形,当事人仅以合同系依据合同示范文本制作或者双方已经明确约定合同条款不属于格式条款为由主张该条款不是格式条款的,人民法院不予支持。

从事经营活动的当事人一方仅以未实际重复使用为由主张其预先拟定且未与对方协商的合同条款不是格式条款的,人民法院不予支持。但是,有证据证明该条款不是为了重复使用而预先拟定的除外。

第十条 提供格式条款的一方在合同订立时采用通常足以引起对方注意的文字、符号、字体等明显标识,提示对方注意免除或者减轻其责任、排除或者限制对方权利等与对方有重大利害关系的异常条款的,人民法院可以认定其已经履行民法典第四百九十六条第二款规定的提示义务。

提供格式条款的一方按照对方的要求,就与对方有重大利害关系的异常条款的概念、内容及其法律后果以书面或者口头形式向对方作出通常能够理解的解释说明的,人民法院可以认定其已经履行民法典第四百九十六条第二款规定的说明义务。

提供格式条款的一方对其已经尽到提示义务或者说明义务承担举证责任。对于通过互联网等信息网络订立的电子合同,提供格式条款的一方仅以采取了设置勾选、弹窗等方式为由主张其已经履行提示义务或者说明义务的,人民法院不予支持,但是其举证符合前两款规定的除外。

《时间效力的规定》

第九条 民法典施行前订立的合同,提供格式条款一方未履行提示或者说明义务,涉及格式条款效力认定的,适用民法典第四百九十六条的规定。

《消费者权益保护法》

第二十六条　经营者在经营活动中使用格式条款的,应当以显著方式提请消费者注意商品或者服务的数量和质量、价款或者费用、履行期限和方式、安全注意事项和风险警示、售后服务、民事责任等与消费者有重大利害关系的内容,并按照消费者的要求予以说明。

经营者不得以格式条款、通知、声明、店堂告示等方式,作出排除或者限制消费者权利、减轻或者免除经营者责任、加重消费者责任等对消费者不公平、不合理的规定,不得利用格式条款并借助技术手段强制交易。

格式条款、通知、声明、店堂告示等含有前款所列内容的,其内容无效。

考点54　缔约过失责任

第五百条　[缔约过失责任]当事人在订立合同过程中有下列情形之一,造成对方损失的,应当承担赔偿责任:

（一）假借订立合同,恶意进行磋商；

（二）故意隐瞒与订立合同有关的重要事实或者提供虚假情况；

（三）有其他违背诚信原则的行为。〔2021年回忆~缔约责任过失〕

第五百零一条　[合同缔结人的保密义务]当事人在订立合同过程中知悉的商业秘密或者其他应当保密的信息,无论合同是否成立,不得泄露或者不正当地使用;泄露、不正当地使用该商业秘密或者信息,造成对方损失的,应当承担赔偿责任。

专题十四　合同的履行

考点55　合同履行与债的清偿

（一）一般规则

第五百零九条　[合同履行的原则]当事人应当按照约定全面履行自己的义务。

当事人应当遵循诚信原则,根据合同的性质、目的和交易习惯履行通知、协助、保密等义务。

当事人在履行合同过程中,应当避免浪费资源、污染环境和破坏生态。

第五百一十二条　[电子合同交付时间的认定]通过互联网等信息网络订立的电子合同的标的为交付商品并采用快递物流方式交付的,收货人的签收时间为交付时间。电子合同的标的为提供服务的,生成的电子凭证或者实物凭证中载明的时间为提供服务时间；前述凭证没有载明时间或者载明时间与实际提供服务时间不一致的,以实际提供服务的时间为准。

电子合同的标的物为采用在线传输方式交付的,合同标的物进入对方当事人指定的特定系统且能够检索识别的时间为交付时间。

电子合同当事人对交付商品或者提供服务的方式、时间另有约定的,按照其约定。

第五百三十条　[债务人提前履行债务]债权人可以拒绝债务人提前履行债务,但是提前履行不损害债权人利益的除外。

债务人提前履行债务给债权人增加的费用,由债务人负担。

第五百三十一条　[债务人部分履行债务]债权人可以拒绝债务人部分履行债务,但是部分履行不损害债权人利益的除外。

债务人部分履行债务给债权人增加的费用,由债务人负担。

第五百三十二条　[当事人变化不影响合同效力]合同生效后,当事人不得因姓名、名称的变更或者法定代表人、负责人、承办人的变动而不履行合同义务。

（二）代物清偿

《民法典合同编通则解释》

第二十七条　债务人或者第三人与债权人在债务履行期限届满后达成以物抵债协议,不存在影响合同效力情形的,人民法院应当认定该协议自当事人意思表示一致时生效。

债务人或者第三人履行以物抵债协议后,人民法院应当认定相应的原债务同时消灭;债务人或者第三人未按照约定履行以物抵债协议,经催告后在合理期限内仍不履行,债权人选择请求履行原债务或者以物抵债的,人民法院应予支持,但是法律另有规定或者当事人另有约定的除外。

前款规定的以物抵债协议经人民法院确认或者人民法院根据当事人达成的以物抵债协议制作成调解书,债权人主张财产权利自确认书、调解书生效时发生变动或者具有对抗善意第三人效力的,人民法院不予支持。

债务人或者第三人以自己不享有所有权或者处分权的财产权利订立以物抵债协议的,依据本解释第十九条的规定处理。

第二十八条　债务人或者第三人与债权人在债务履行期限届满前达成以物抵债协议的,人民法院应当在审理债权债务关系的基础上认定该协议的效力。

当事人约定债务人到期没有清偿债务,债权人可以对抵债财产拍卖、变卖、折价以实现债权的,人民法院应当认定该约定有效。当事人约定债务人到期没有清偿债务,抵债财产归债权人所有的,人民法院应当认定约定无效,但是不影响其他部分的效力;债权人请求对抵债财产拍卖、变卖、折价以实现债权的,人民法院应予支持。

当事人订立前款规定的以物抵债协议后,债务人或者第三人未将财产权利转移至债权人名下,债权人主张优先受偿的,人民法院不予支持;债务人或者第三人已将财产权利转移至债权人名下的,依据《最高人民法院关于适用〈中华人民共和国民法典〉有关担保制度的解释》第六十八条的规定处理。

(三)清偿顺序

第五百六十条 [数项债务的清偿抵充顺序]债务人对同一债权人负担的数项债务种类相同,债务人的给付不足以清偿全部债务的,除当事人另有约定外,由债务人在清偿时指定其履行的债务。

债务人未作指定的,应当优先履行已经到期的债务;数项债务均到期的,优先履行对债权人缺乏担保或者担保最少的债务;均无担保或者担保相等的,优先履行债务人负担较重的债务;负担相同的,按照债务到期的先后顺序履行;到期时间相同的,按照债务比例履行。〔2023年回忆~债的清偿抵充顺序〕

考点56 合同履行中的第三人

(一)向第三人履行

第五百二十二条 [向第三人履行]当事人约定由债务人向第三人履行债务,债务人未向第三人履行债务或者履行债务不符合约定的,应当向债权人承担违约责任。

法律规定或者当事人约定第三人可以直接请求债务人向其履行债务,第三人未在合理期限内明确拒绝,债务人未向第三人履行债务或者履行债务不符合约定的,第三人可以请求债务人承担违约责任;债务人对债权人的抗辩,可以向第三人主张。

《民法典合同编通则解释》

第二十九条 民法典第五百二十二条第二款规定的第三人请求债务人向自己履行债务的,人民法院应予支持;请求行使撤销权、解除权等民事权利的,人民法院不予支持,但是法律另有规定的除外。

合同依法被撤销或者被解除,债务人请求债权人返还财产的,人民法院应予支持。

债务人按照约定向第三人履行债务,第三人拒绝受领,债权人请求债务人向自己履行的,人民法院应予支持,但是债务人已经采取提存等方式消灭债务的除外。第三人拒绝受领或者受领迟延,债务人请求债权人赔偿因此造成的损失的,人民法院依法予以支持。

(二)由第三人履行

第五百二十三条 [第三人履行]当事人约定由第三人向债权人履行债务,第三人不履行债务或者履行债务不符合约定的,债务人应当向债权人承担违约责任。

第五百二十四条 [第三人代为履行]债务人不履行债务,第三人对履行该债务具有合法利益的,第三人有权向债权人代为履行;但是,根据债务性质、按照当事人约定或者依照法律规定只能由债务人履行的除外。

债权人接受第三人履行后,其对债务人的债权转让给第三人,但是债务人和第三人另有约定的除外。

《民法典合同编通则解释》

第三十条 下列民事主体,人民法院可以认定为民法典第五百二十四条第一款规定的对履行债务具有合法利益的第三人:

(一)保证人或者提供物的担保的第三人;

(二)担保财产的受让人、用益物权人、合法占有人;

(三)担保财产上的后顺位担保权人;

(四)对债务人的财产享有合法权益且该权益将因财产被强制执行而丧失的第三人;

(五)债务人为法人或者非法人组织的,其出资人或者设立人;

(六)债务人为自然人的,其近亲属;

(七)其他对履行债务具有合法利益的第三人。

第三人在其已经代为履行的范围内取得对债务人的债权,但是不得损害债权人的利益。

担保人代为履行债务取得债权后,向其他担保人主张担保权利的,依据《最高人民法院关于适用〈中华人民共和国民法典〉有关担保制度的解释》第十三条、第十四条、第十八条第二款等规定处理。

考点57 合同履行中的抗辩权

第五百二十五条 [同时履行抗辩权]当事人互负债务,没有先后履行顺序的,应当同时履行。一方在对方履行之前有权拒绝其履行请求。一方在对方履行债务不符合约定时,有权拒绝其相应的履行请求。

第五百二十六条 [顺序履行抗辩权]当事人互负债务,有先后履行顺序,应当先履行债务一方未履行的,后履行一方有权拒绝其履行请求。先履行一方履行债务不符合约定的,后履行一方有权拒绝其相应的履行请求。

第五百二十七条 [不安抗辩权]应当先履行债务的当事人,有确切证据证明对方有下列情形之一的,可以中止履行:

(一)经营状况严重恶化;

(二)转移财产、抽逃资金,以逃避债务;

(三)丧失商业信誉;

(四)有丧失或者可能丧失履行债务能力的其他情形。

当事人没有确切证据中止履行的,应当承担违约责任。〔2011年真题~不安抗辩权〕

第五百二十八条 [不安抗辩权的行使]当事人依据前条规定中止履行的,应当及时通知对方。对方提供适当担保的,应当恢复履行。中止履行后,对方在合理期限内未恢复履行能力且未提供适当担保的,视为以自己的行为表明不履行主要债务,中止履行的一方可以解除合同并可以请求对方承担违约责任。〔2011年真题~不安抗辩权〕

《民法典合同编通则解释》

第三十一条 当事人互负债务,一方以对方没有履行非主要债务为由拒绝履行自己的主要债务的,人民法院不予支持。但是,对方不履行非主要债务致使不能实现合同目的或者当事人另有约定的除外。

当事人一方起诉请求对方履行债务,被告依据民法典第五百二十五条的规定主张双方同时履行的抗辩且抗辩成立,被告未提起反诉的,人民法院应当判决被告在原告履行债务的同时履行自己的债务,并在判项中明确原告申请强制执行的,人民法院应当在原告履行自己的债务后对被告采取执行行为;被告提起反诉的,人民法院应当判决双方同时履行自己的债务,并在判项中明确任何一方申请强制执行的,人民法院应当在该当事人履行自己的债务后对对方采取执行行为。

当事人一方起诉请求对方履行债务,被告依据民法典第五百二十六条的规定主张原告应先履行的抗辩且抗辩成立的,人民法院应当驳回原告的诉讼请求,但是不影响原告履行债务后另行提起诉讼。

考点58 情势变更

第五百三十三条 [情势变更]合同成立后,合同的基础条件发生了当事人在订立合同时无法预见的、不属于商业风险的重大变化,继续履行合同对于当事人一方明显不公平的,受不利影响的当事人可以与对方重新协商;在合理期限内协商不成的,当事人可以请求人民法院或者仲裁机构变更或者解除合同。

人民法院或者仲裁机构应当结合案件的实际情况,根据公平原则变更或者解除合同。

《民法典合同编通则解释》

第三十二条 合同成立后,因政策调整或者市场供求关系异常变动等原因导致价格发生当事人在订立合同时无法预见的、不属于商业风险的涨跌,继续履行合同对于当事人一方明显不公平的,人民法院应当认定合同的基础条件发生了民法典第五百三十三条第一款规定的"重大变化"。但是,合同涉及市场属性活跃、长期以来价格波动较大的大宗商品以及股票、期货等风险投资型金融产品的除外。

合同的基础条件发生了民法典第五百三十三条第一款规定的重大变化,当事人请求变更合同的,人民法院不得解除合同;当事人一方请求变更合同,对方请求解除合同的,或者当事人一方请求解除合同,对方请求变更合同的,人民法院应当结合案件的实际情况,根据公平原则判决变更或者解除合同。

人民法院依据民法典第五百三十三条的规定判决变更或者解除合同的,应当综合考虑合同基础条件发生重大变化的时间、当事人重新协商的情况以及因合同变更或者解除给当事人造成的损失等因素,在判项中明确合同变更或者解除的时间。

当事人事先约定排除民法典第五百三十三条适用的,人民法院应当认定该约定无效。

专题十五 合同的保全

考点59 合同的保全:债权人代位权与债权人撤销权

(一)债权人代位权

第五百三十五条 [债权人代位权]因债务人怠于行使其债权或者与该债权有关的从权利,影响债权人的到期债权实现的,债权人可以向人民法院请求以自己的名义代位行使债务人对相对人的权利,但是该权利专属于债务人自身的除外。

代位权的行使范围以债权人的到期债权为限。债权人行使代位权的必要费用,由债务人负担。

相对人对债务人的抗辩,可以向债权人主张。

第五百三十六条 [保存行为]债权人的债权到期前,债务人的债权或者与该债权有关的从权利存在诉讼时效期间即将届满或者未及时申报破产债权等情形,影响债权人的债权实现的,债权人可以代位向债务人的相对人请求其向债务人履行、向破产管理人申报或者作出其他必要的行为。

《民法典合同编通则解释》

第三十三条 债务人不履行其对债权人的到期债务,又不以诉讼或者仲裁方式向相对人主张其享有的债权或者与该债权有关的从权利,致使债权人的到期债权未能实现的,人民法院可以认定为民法典第五百三十五条规定的"债务人怠于行使其债权或者与该债权有关的从权利,影响债权人的到期债权实现"。

第三十四条 下列权利,人民法院可以认定为民法典第五百三十五条第一款规定的专属于债务人自身的权利:

(一)抚养费、赡养费或者扶养费请求权;
(二)人身损害赔偿请求权;
(三)劳动报酬请求权,但是超过债务人及其所扶养家属的生活必需费用的部分除外;
(四)请求支付基本养老保险金、失业保险金、最低生活保障金等保障当事人基本生活的权利;
(五)其他专属于债务人自身的权利。

第三十五条 债权人依据民法典第五百三十五条的规定对债务人的相对人提起代位权诉讼的,由被告住所地人民法院管辖,但是依法应当适用专属管辖规定的除外。

债务人或者相对人以双方之间的债权债务关系订有管辖协议为由提出异议的,人民法院不予支持。

第三十六条 债权人提起代位权诉讼后,债务人或者相对人以双方之间的债权债务关系订有仲裁协议为由对法院主管提出异议的,人民法院不予支持。但是,债务人或者相对人在首次开庭前就债务人与相对人之间的债权债务关系申请仲裁的,人民法院可以依法中止代位权诉讼。

第三十七条 债权人以债务人的相对人为被告向人民法院提起代位权诉讼,未将债务人列为第三人的,人民法院应当追加债务人为第三人。

两个以上债权人以债务人的同一相对人为被告提起代位权诉讼的,人民法院可以合并审理。债务人对相对人享有的债权不足以清偿其对两个以上债权人负担的债务的,人民法院应当按照债权人享有的债权比例确定相对人的履行份额,但是法律另有规定的除外。

第三十八条 债权人向人民法院起诉债务人后,又向同一人民法院对债务人的相对人提起代位权诉讼的,属于该人民法院管辖的,可以合并审理。不属于该人民法院管辖的,应当告知其向有管辖权的人民法院另行起诉;在起诉债务人的诉讼终结前,代位权诉讼应当中止。

第三十九条 在代位权诉讼中,债务人对超过债权人代位请求数额的债权部分起诉相对人,属于同一人民法院管辖的,可以合并审理。不属于同一人民法院管辖的,应当告知其向有管辖权的人民法院另行起诉;在代位权诉讼终结前,债务人对相对人的诉讼应当中止。

第四十条 代位权诉讼中,人民法院经审理认为债权人的主张不符合代位权行使条件的,应当驳回诉讼请求,但是不影响债权人根据新的事实再次起诉。

债务人的相对人仅以债权人提起代位权诉讼时债权人与债务人之间的债权债务关系未经生效法律文书确认为由,主张债权人提起的诉讼不符合代位权行使条件的,人民法院不予支持。

第四十一条 债权人提起代位权诉讼后,债务人无正当理由减免相对人的债务或者延长相对人的履行期限,相对人以此向债权人抗辩的,人民法院不予支持。

《诉讼时效规定》

第十六条 债权人提起代位权诉讼的,应当认定对债权人的债权和债务人的债权均发生诉讼时效中断的效力。

（二）债权人撤销权

第五百三十八条 ［债权人对债务人无偿处分行为的撤销权］债务人以<u>放弃其债权、放弃债权担保、无偿转让财产等方式无偿处分财产权益,或者恶意延长其到期债权的履行期限,影响债权人的债权实现的,债权人可以请求人民法院撤销债务人的行为</u>。［2020年回忆～赠与的撤销、债权人撤销权;2010年真题～赠与合同、债权人撤销权］

第五百三十九条 ［债权人对债务人有偿处分行为的撤销权］<u>债务人以明显不合理的低价转让财产,以明显不合理的高价受让他人财产或者为他人的债务提供担保,影响债权人的债权实现,债务人的相对人知道或者应当知道该情形的,债权人可以请求人民法院撤销债务人的行为</u>。［2020年回忆～可撤销的法律行为;2019年回忆～设立、变更、转让和消灭不动产物权的合同的效力,不合理转移财产情形下的债权人撤销权,债权人行使撤销权的客观要件］

第五百四十条 ［撤销权的行使范围］撤销权的行使范围以债权人的债权为限。<u>债权人行使撤销权的必要费用,由债务人负担</u>。

第五百四十一条 ［撤销权的行使期间］<u>撤销权自债权人知道或者应当知道撤销事由之日起一年内行使。自债务人的行为发生之日起五年内没有行使撤销权的,该撤销权消灭</u>。

《民法典合同编通则解释》

第四十二条 对于民法典第五百三十九条规定的"明显不合理"的低价或者高价,人民法院应当按照交易当地一般经营者的判断,并参考交易时交易地的市场交易价或者物价部门指导价予以认定。

转让价格未达到交易时交易地的市场交易价或者指导价百分之七十的,一般可以认定为"明显不合理的低价";受让价格高于交易时交易地的市场交易价或者指导价百分之三十的,一般可以认定为"明显不合理的高价"。

债务人与相对人存在亲属关系、关联关系的,不受前款规定的百分之七十、百分之三十的限制。

第四十三条 债务人以明显不合理的价格,实施互易财产、以物抵债、出租或者承租财产、知识产权许可使用等行为,影响债权人的债权实现,债务人的相对人知道或者应当知道该情形,债权人请求撤销债务人的行为的,人民法院应当依据民法典第五百三十九条的规定予以支持。

第四十四条 债权人依据民法典第五百三十八条、第五百三十九条的规定提起撤销权诉讼的,应当以债务人和债务人的相对人为共同被告,由债务人或者相对人的住所地人民法院管辖,但是依法应当适用专属管辖规定的除外。

两个以上债权人就债务人的同一行为提起撤销权诉讼的,人民法院可以合并审理。

第四十五条 在债权人撤销权诉讼中,被撤销行为的标的可分,当事人主张在受影响的债权范围内撤销债务人的行为的,人民法院应予支持;被撤销行为的标的不可分,债权人主张将债务人的行为全部撤销的,人民法院应予支持。

债权人行使撤销权所支付的合理的律师代理费、差旅费等费用,可以认定为民法典第五百四十条规定的"必要费用"。

第四十六条 债权人在撤销权诉讼中同时请求债务人的相对人向债务人承担返还财产、折价补偿、履行到期债务等法律后果的,人民法院依法予以支持。

债权人请求受理撤销权诉讼的人民法院一并审理其与债务人之间的债权债务关系,属于该人民法院管辖的,可以合并审理。不属于该人民法院管辖的,应当告知其向有管辖权的人民法院另行起诉。

债权人依据其与债务人的诉讼、撤销权诉讼产生的生效法律文书申请强制执行的,人民法院可以就债务人对相对人享有的权利采取强制执行措施以实现债权人的债权。债权人在撤销权诉讼中,申请对相对人的财产采取保全措施的,人民法院依法予以准许。

专题十六　保证和定金（债权性担保）

考点60　定金

1 **第五百八十六条** ［定金］当事人可以约定一方向对方给付定金作为债权的担保。<u>定金合同自实际交付定金时成立</u>。

定金的数额由当事人约定;但是,<u>不得超过主合同标的额的百分之二十,超过部分不产生定金的效力。实际交付的定金数额多于或者少于约定数额的,视为变更约定的定金数额</u>。

第五百八十七条　[定金罚则] 债务人履行债务的,定金应当抵作价款或者收回。给付定金的一方不履行债务或者履行债务不符合约定,致使不能实现合同目的的,无权请求返还定金;收受定金的一方不履行债务或者履行债务不符合约定,致使不能实现合同目的的,应当双倍返还定金。

《民法典合同编通则解释》

第六十七条　当事人交付留置金、担保金、保证金、订约金、押金或者订金等,但是没有约定定金性质,一方主张适用民法典第五百八十七条规定的定金罚则的,人民法院不予支持。当事人约定了定金性质,但是未约定定金类型或者约定不明,一方主张为违约定金的,人民法院应予支持。

当事人约定以交付定金作为订立合同的担保,一方拒绝订立合同或者在磋商订立合同时违背诚信原则导致未能订立合同,对方主张适用民法典第五百八十七条规定的定金罚则的,人民法院应予支持。

当事人约定以交付定金作为合同成立或者生效条件,应当交付定金的一方未交付定金,但是合同主要义务已经履行完毕并为对方所接受的,人民法院应当认定合同在对方接受履行时已经成立或者生效。

当事人约定定金性质为解约定金,交付定金的一方主张以丧失定金为代价解除合同的,或者收受定金的一方主张以双倍返还定金为代价解除合同的,人民法院应予支持。

第六十八条　双方当事人均具有致使不能实现合同目的的违约行为,其中一方请求适用定金罚则的,人民法院不予支持。当事人一方仅有轻微违约,对方具有致使不能实现合同目的的违约行为,轻微违约方主张适用定金罚则,对方以轻微违约方也构成违约为由抗辩的,人民法院对该抗辩不予支持。

当事人一方已经部分履行合同,对方接受并主张按照未履行部分所占比例适用定金罚则的,人民法院应予支持。对方主张按合同整体适用定金罚则的,人民法院不予支持,但是部分未履行致使不能实现合同目的的除外。

因不可抗力致使合同不能履行,非违约方主张适用定金罚则的,人民法院不予支持。

❷ 第五百八十八条　[违约金与定金竞合选择权] 当事人既约定违约金,又约定定金的,一方违约时,对方可以选择适用违约金或者定金条款。

定金不足以弥补一方违约造成的损失的,对方可以请求赔偿超过定金数额的损失。[2010年真题~违约金与定金竞合选择权]

考点61　保证合同的成立及保证方式

(一)保证合同的一般规定

(1)概念与特征

第六百八十一条　[保证合同的概念] 保证合同是为保障债权的实现,保证人和债权人约定,当债务人不履行到期债务或者发生当事人约定的情形时,保证人履行债务或者承担责任的合同。

第六百八十二条　[保证合同的附从性及被确认无效后的责任分配] 保证合同是主债权债务合同的从合同。主债权债务合同无效的,保证合同无效,但是法律另有规定的除外。

保证合同被确认无效后,债务人、保证人、债权人有过错的,应当根据其过错各自承担相应的民事责任。

《民法典担保制度解释》

第十七条　主合同有效而第三人提供的担保合同无效,人民法院应当区分不同情形确定担保人的赔偿责任:

(一)债权人与担保人均有过错的,担保人承担的赔偿责任不应超过债务人不能清偿部分的二分之一;

(二)担保人有过错而债权人无过错的,担保人对债务人不能清偿的部分承担赔偿责任;

(三)债权人有过错而担保人无过错的,担保人不承担赔偿责任。

主合同无效导致第三人提供的担保合同无效,担保人无过错的,不承担赔偿责任;担保人有过错的,其承担的赔偿责任不应超过债务人不能清偿部分的三分之一。

(二)保证合同的订立方式

第六百八十五条　[保证合同的订立] 保证合同可以是单独订立的书面合同,也可以是主债权债务合同中的保证条款。

第三人单方以书面形式向债权人作出保证,债权人接收且未提出异议的,保证合同成立。[2021年回忆~保证合同的成立]

《民法典担保制度解释》

第三十六条　第三人向债权人提供差额补足、流动性支持等类似承诺文件作为增信措施,具有提供担保的意思表示,债权人请求第三人承担保证责任的,人民法院应当依照保证的有关规定处理。

第三人向债权人提供的承诺文件,具有加入债务或者与债务人共同承担债务等意思表示的,人民法院应当认定为民法典第五百五十二条规定的债务加入。

前两款中第三人提供的承诺文件难以确定是保证还是债务加入的,人民法院应当将其认定为保证。

第三人向债权人提供的承诺文件不符合前三款规定的情形,债权人请求第三人承担保证责任或者连带责任的,人民法院不予支持,但是不影响其依据承诺文件请求第三人履行约定的义务或者承担相应的民事责任。

(二)保证方式

第六百八十六条　[保证方式] 保证的方式包括一般保证和连带责任保证。

当事人在保证合同中对保证方式没有约定或者约定不明确的,按照一般保证承担保证责任。[2022年回忆~一般保证责任;2017年真题~个人独资企业的投资人责任承担,混同担保,质权的消灭]

第六百八十七条　[一般保证及先诉抗辩权] 当事人在保证合同中约定,债务人不能履行债务时,由保证人承担保证责任的,为一般保证。

一般保证的保证人在主合同纠纷未经审判或者仲裁,并就债务人财产依法强制执行仍不能履行债务前,有权拒绝向债权人承担保证责任,但是有下列情形之一的除外:

(一)债务人下落不明,且无财产可供执行;
(二)人民法院已经受理债务人破产案件;
(三)债权人有证据证明债务人的财产不足以履行全部债务或者丧失履行债务能力;
(四)保证人书面表示放弃本款规定的权利。

第六百八十八条 [连带责任保证]当事人在保证合同中约定保证人和债务人对债务承担连带责任的,为连带责任保证。

连带责任保证的债务人不履行到期债务或者发生当事人约定的情形时,债权人可以请求债务人履行债务,也可以请求保证人在其保证范围内承担保证责任。[2023年回忆~连带保证责任]

《民法典担保制度解释》

第二十五条 当事人在保证合同中约定了保证人在债务人不能履行债务或者无力偿还债务时才承担保证责任等类似内容,具有债务人应当先承担责任的意思表示的,人民法院应当将其认定为一般保证。

当事人在保证合同中约定了保证人在债务人不履行债务或者未偿还债务时即承担保证责任、无条件承担保证责任等类似内容,不具有债务人应当先承担责任的意思表示的,人民法院应当将其认定为连带责任保证。[2022年回忆~连带责任保证]

第二十六条 一般保证中,债权人以债务人为被告提起诉讼的,人民法院应予受理。债权人未就主合同纠纷提起诉讼或者申请仲裁,仅起诉一般保证人的,人民法院应当驳回起诉。

一般保证中,债权人一并起诉债务人和保证人的,人民法院可以受理,但是在作出判决时,除有民法典第六百八十七条第二款但书规定的情形外,应当在判决书主文中明确,保证人仅对债务人财产依法强制执行后仍不能履行的部分承担保证责任。

债权人未对债务人的财产申请保全,或者保全的债务人的财产足以清偿债务,债权人申请对一般保证人的财产进行保全的,人民法院不予准许。[2022年回忆~先诉抗辩权]

考点62 保证人及其权利

第六百八十三条 [保证人的资格]机关法人不得为保证人,但是经国务院批准为使用外国政府或者国际经济组织贷款进行转贷的除外。

以公益为目的的非营利法人、非法人组织不得为保证人。

第七百条 [保证人的追偿权]保证人承担保证责任后,除当事人另有约定外,有权在其承担保证责任的范围内向债务人追偿,享有债权人对债务人的权利,但是不得损害债权人的利益。

第七百零一条 [保证人的抗辩权]保证人可以主张债务人对债权人的抗辩。债务人放弃抗辩的,保证人仍有权向债权人主张抗辩。

《民法典担保制度解释》

第十八条 承担了担保责任或者赔偿责任的担保人,在其承担责任的范围内向债务人追偿的,人民法院应予支持。

同一债权既有债务人自己提供的物的担保,又有第三人提供的担保,承担了担保责任或者赔偿责任的第三人,主张行使债权人对债务人享有的担保物权的,人民法院应予支持。

《民法典合同编通则解释》

第三十条第三款 担保人代为履行债务取得债权后,向其他担保人主张担保权利的,依据《最高人民法院关于适用〈中华人民共和国民法典〉有关担保制度的解释》第十三条、第十四条、第十八条第二款等规定处理。

考点63 共同保证(见考点36)

考点64 保证期间与保证债务的诉讼时效

第六百九十二条 [保证期间]保证期间是确定保证人承担保证责任的期间,不发生中止、中断和延长。

债权人与保证人可以约定保证期间,但是约定的保证期间早于主债务履行期限或者与主债务履行期限同时届满的,视为没有约定;没有约定或者约定不明确的,保证期间为主债务履行期限届满之日起六个月。

债权人与保证人对主债务履行期限没有约定或者约定不明确的,保证期间自债权人请求债务人履行债务的宽限期届满之日起计算。

第六百九十三条 [保证期间届满的法律效果]一般保证的债权人未在保证期间对债务人提起诉讼或者申请仲裁的,保证人不再承担保证责任。

连带责任保证的债权人未在保证期间请求保证人承担保证责任的,保证人不再承担保证责任。

第六百九十四条 [保证债务的诉讼时效]一般保证的债权人在保证期间届满前对债务人提起诉讼或者申请仲裁的,从保证人拒绝承担保证责任的权利消灭之日起,开始计算保证债务的诉讼时效。

连带责任保证的债权人在保证期间届满前请求保证人承担保证责任的,从债权人请求保证人承担保证责任之日起,开始计算保证债务的诉讼时效。

《民法典担保制度解释》

第二十七条 一般保证的债权人取得对债务人赋予强制执行效力的公证债权文书后,在保证期间内向人民法院申请强制执行,保证人以债权人未在保证期间内对债务人提起诉讼或者申请仲裁为由主张不承担保证责任的,人民法院不予支持。

第二十八条 一般保证中,债权人依据生效法律文书对债务人的财产依法申请强制执行,保证债务诉讼时效的起算时间按照下列规则确定:

（一）人民法院作出终结本次执行程序裁定,或者依照民事诉讼法第二百五十七条(现为第二百六十八条)①第三项、第五项的规定作出终结执行裁定的,自裁定送达债权人之日起开始计算;

（二）人民法院自收到申请执行书之日起一年内未作出前项裁定的,自人民法院收到申请执行书满一年之日起开始计算,但是保证人有证据证明债务人仍有财产可供执行的除外。

一般保证的债权人在保证期间届满前对债务人提起诉讼或者申请仲裁,债权人举证证明存在民法典第六百八十七条第二款但书规定情形的,保证债务的诉讼时效自债权人知道或者应当知道该情形之日起开始计算。

第二十九条　同一债务有两个以上保证人,债权人以其已经在保证期间内依法向部分保证人行使权利为由,主张已经在保证期间内向其他保证人行使权利的,人民法院不予支持。

同一债务有两个以上保证人,保证人之间相互有追偿权,债权人未在保证期间内依法向部分保证人行使权利,导致其他保证人在承担保证责任后丧失追偿权,其他保证人主张在其不能追偿的范围内免除保证责任的,人民法院应予支持。

第三十条　最高额保证合同对保证期间的计算方式、起算时间等有约定的,按照其约定。

最高额保证合同对保证期间的计算方式、起算时间等没有约定或者约定不明,被担保债权的履行期限均已届满的,保证期间自债权确定之日起开始计算;被担保债权的履行期限尚未届满的,保证期间自最后到期债权的履行期限届满之日起开始计算。

前款所称债权确定之日,依照民法典第四百二十三条的规定认定。

第三十一条　一般保证的债权人在保证期间内对债务人提起诉讼或者申请仲裁后,又撤回起诉或者仲裁申请,债权人在保证期间届满前未再行提起诉讼或者申请仲裁,保证人主张不再承担保证责任的,人民法院应予支持。

连带责任保证的债权人在保证期间内对保证人提起诉讼或者申请仲裁后,又撤回起诉或者仲裁申请,起诉状副本或者仲裁申请书副本已经送达保证人的,人民法院应当认定债权人已在保证期间内向保证人行使了权利。

第三十二条　保证合同约定保证人承担保证责任直至主债本息还清时为止等类似内容的,视为约定不明,保证期间为主债务履行期限届满之日起六个月。

第三十三条　保证合同无效,债权人未在约定或者法定的保证期间内依法行使权利,保证人主张不承担赔偿责任的,人民法院应予支持。

第三十四条　人民法院在审理保证合同纠纷案件时,应当将保证期间是否届满、债权人是否在保证期间内依法行使权利等事实作为案件基本事实予以查明。

债权人在保证期间内未依法行使权利的,保证责任消灭。保证责任消灭后,债权人书面通知保证人要求承担保证责任,保证人在通知书上签字、盖章或者按指印,债权人请求保证人继续承担保证责任的,人民法院不予支持,但是债权人有证据证明成立了新的保证合同的除外。

第三十五条　保证人知道或者应当知道主债权诉讼时效期间届满仍然提供保证或者承担保证责任,又以诉讼时效期间届满为由拒绝承担保证责任或者请求返还财产的,人民法院不予支持;保证人承担保证责任后向债务人追偿的,人民法院不予支持,但是债务人放弃诉讼时效抗辩的除外。

专题十七　合同的变更、转让和权利义务终止

考点65 合同的变更

第五百四十三条　[协议变更合同]当事人协商一致,可以变更合同。〔2018年回忆～表见代理、仲裁协议〕

第五百四十四条　[合同变更不明确推定为未变更]当事人对合同变更的内容约定不明确的,推定为未变更。

考点67 债权转让与债务承担

（一）债权转让

第五百四十五条　[债权转让]债权人可以将债权的全部或者部分转让给第三人,但是有下列情形之一的除外:

（一）根据债权性质不得转让;
（二）按照当事人约定不得转让;
（三）依照法律规定不得转让。

当事人约定非金钱债权不得转让的,不得对抗善意第三人。当事人约定金钱债权不得转让的,不得对抗第三人。

第五百四十六条　[债权转让的通知义务]债权人转让债权,未通知债务人的,该转让对债务人不发生效力。

债权转让的通知不得撤销,但是经受让人同意的除外。

第五百四十七条　[债权转让从权利一并转让]债权人转让债权的,受让人取得与债权有关的从权利,但是该从权利专属于债权人自身的除外。

受让人取得从权利不因该从权利未办理转移登记手续或者未转移占有而受到影响。

第五百四十八条　[债权转让中债务人抗辩]债务人接到债权转让通知后,债务人对让与人的抗辩,可以向受让人主张。

第五百四十九条　[债权转让中债务人的抵销权]有下列情形之一的,债务人可以向受让人主张抵销:

（一）债务人接到债权转让通知时,债务人对让与人享有债权,且债务人的债权先于转让的债权到期或者同时到期;

---

① 编者注,下同。

(二)债务人的债权与转让的债权是基于同一合同产生。

第五百五十条 [债权转让费用的承担]因债权转让增加的履行费用,由让与人负担。

第六百九十六条 [债权转让时保证人的保证责任]债权人转让全部或者部分债权,未通知保证人的,该转让对保证人不发生效力。

保证人与债权人约定禁止债权转让,债权人未经保证人书面同意转让债权的,保证人对受让人不再承担保证责任。

《民法典合同编通则解释》

第四十七条 债权转让后,债务人向受让人主张其对让与人的抗辩,人民法院可以追加让与人为第三人。

债务转移后,新债务人主张原债务人对债权人的抗辩的,人民法院可以追加原债务人为第三人。

当事人一方将合同权利义务一并转让后,对方就合同权利义务向受让人主张抗辩或者受让人就合同权利义务向对方主张抗辩的,人民法院可以追加让与人为第三人。

第四十八条 债务人在接到债权转让通知前已经向让与人履行,受让人请求债务人履行的,人民法院不予支持;债务人接到债权转让通知后仍然向让与人履行,受让人请求债务人履行的,人民法院应予支持。

让与人未通知债务人,受让人直接起诉债务人请求履行债务,人民法院经审理确认债权转让事实的,应当认定债权转让自起诉状副本送达时对债务人发生效力。债务人主张因未通知而给其增加的费用或者造成的损失从认定的债权数额中扣除的,人民法院依法予以支持。

第四十九条 债务人接到债权转让通知后,让与人以债权转让合同不成立、无效、被撤销或者确定不发生效力为由请求债务人向其履行的,人民法院不予支持。但是,该债权转让通知被依法撤销的除外。

受让人基于债务人对债权真实存在的确认受让债权后,债务人又以该债权不存在为由拒绝向受让人履行的,人民法院不予支持。但是,受让人知道或者应当知道该债权不存在的除外。

第五十条 让与人将同一债权转让给两个以上受让人,债务人以已经向最先通知的受让人履行为由主张其不再履行债务的,人民法院应予支持。债务人明知接受履行的受让人不是最先通知的受让人,最先通知的受让人请求债务人继续履行债务或者依据债权转让协议主张让与人承担违约责任的,人民法院应予支持;最先通知的受让人请求接受履行的受让人返还其接受的财产的,人民法院不予支持,但是接受履行的受让人明知该债权在其受让前已经转让给其他受让人的除外。

前款所称最先通知的受让人,是指最先到达债务人的转让通知中载明的受让人。当事人之间对通知到达时间有争议的,人民法院应当结合通知的方式等因素综合判断,而不能仅根据债务人认可的通知时间或者通知记载的时间予以认定。当事人采用邮寄、通讯电子系统等方式发出通知的,人民法院应当以邮戳时间或者通讯电子系统记载的时间等作为认定通知到达时间的依据。

《诉讼时效规定》

第十七条 债权转让的,应当认定诉讼时效从债权转让通知到达债务人之日起中断。

债务承担情形下,构成原债务人对债务承认的,应当认定诉讼时效从债务承担意思表示到达债权人之日起中断。

(二)债务转移与债务加入

(1)债务转移

第五百五十一条 [债务转移]债务人将债务的全部或者部分转移给第三人的,应当经债权人同意。

债务人或者第三人可以催告债权人在合理期限内予以同意,债权人未作表示的,视为不同意。

第五百五十三条 [债务转移时新债务人抗辩]债务人转移债务的,新债务人可以主张原债务人对债权人的抗辩;原债务人对债权人享有债权的,新债务人不得向债权人主张抵销。

第五百五十四条 [从债务随主债务转移]债务人转移债务的,新债务人应当承担与主债务有关的从债务,但是该从债务专属于原债务人自身的除外。

第六百九十七条 [债务承担对保证责任的影响]债权人未经保证人书面同意,允许债务人转移全部或者部分债务,保证人对未经其同意转移的债务不再承担保证责任,但是债权人和保证人另有约定的除外。

第三人加入债务的,保证人的保证责任不受影响。

(2)债务加入

第五百五十二条 [债务加入]第三人与债务人约定加入债务并通知债权人,或者第三人向债权人表示愿意加入债务,债权人未在合理期限内明确拒绝的,债权人可以请求第三人在其愿意承担的债务范围内和债务人承担连带债务。

《民法典合同编通则解释》

第五十一条 第三人加入债务并与债务人约定了追偿权,其履行债务后主张向债务人追偿的,人民法院应予支持;没有约定追偿权,第三人依照民法典关于不当得利等的规定,在其已经向债权人履行债务的范围内请求债务人向其履行的,人民法院应予支持,但是第三人知道或者应当知道加入债务会损害债务人利益的除外。

债务人就其对债权人享有的抗辩向加入债务的第三人主张的,人民法院应予支持。

《民法典担保制度解释》

第三十六条 第三人向债权人提供差额补足、流动性支持等类似承诺文件作为增信措施,具有提供担保的意思表示,债权人请求第三人承担保证责任的,人民法院应当依照保证的有关规定处理。

第三人向债权人提供的承诺文件,具有加入债务或者与债务人共同承担债务等意思表示的,人民法院应当认定为民法典第五百五十二条规定的债务加入。

前两款中第三人提供的承诺文件难以确定是保证还

是债务加入的,人民法院应当将其认定为保证。

第三人向债权人提供的承诺文件不符合前三款规定的情形,债权人请求第三人承担保证责任或者连带责任的,人民法院不予支持,但是不影响其依据承诺文件请求第三人履行约定的义务或者承担相应的民事责任。〔2022年回忆～保证与债务加入〕

考点68 合同的消灭:合同解除

(一)类型

第五百六十二条 [合同的约定解除]当事人协商一致,可以解除合同。

当事人可以约定一方解除合同的事由。解除合同的事由发生时,解除权人可以解除合同。〔2011年真题～约定解除权〕

第五百六十三条 [合同的法定解除]有下列情形之一的,当事人可以解除合同:

(一)因不可抗力致使不能实现合同目的;

(二)在履行期限届满前,当事人一方明确表示或者以自己的行为表明不履行主要债务;

(三)当事人一方迟延履行主要债务,经催告后在合理期限内仍未履行;

(四)当事人一方迟延履行债务或者有其他违约行为致使不能实现合同目的;

(五)法律规定的其他情形。

以持续履行的债务为内容的不定期合同,当事人可以随时解除合同,但是应当在合理期限之前通知对方。〔2018年回忆～合同的解除;2015年真题～预约合同〕

《民法典》

第五百二十八条 [不安抗辩权的行使]当事人依据前条规定中止履行的,应当及时通知对方。对方提供适当担保的,应当恢复履行。中止履行后,对方在合理期限内未恢复履行能力且未提供适当担保的,视为以自己的行为表明不履行主要债务,中止履行的一方可以解除合同并可以请求对方承担违约责任。〔2011年真题～不安抗辩权〕

第五百三十三条 [情势变更]合同成立后,合同的基础条件发生了当事人在订立合同时无法预见的、不属于商业风险的重大变化,继续履行合同对于当事人一方明显不公平的,受不利影响的当事人可以与对方重新协商;在合理期限内协商不成的,当事人可以请求人民法院或者仲裁机构变更或者解除合同。

人民法院或者仲裁机构应当结合案件的实际情况,根据公平原则变更或者解除合同。

《民法典合同编通则解释》

第五十二条 当事人就解除合同协商一致时未对合同解除后的违约责任、结算和清理等问题作出处理,一方主张合同已经解除的,人民法院应予支持。但是,当事人另有约定的除外。

有下列情形之一的,除当事人一方另有意思表示外,人民法院可以认定合同解除:

(一)当事人一方主张行使法律规定或者合同约定的解除权,经审理认为不符合解除权行使条件但是对方同意解除的;

(二)双方当事人均不符合解除权行使的条件但是均主张解除合同的。

前两款情形下的违约责任、结算和清理等问题,人民法院应当依据民法典第五百六十六条、第五百六十七条和有关违约责任的规定处理。

《商品房买卖合同解释》

第十一条 根据民法典第五百六十三条的规定,出卖人迟延交付房屋或者买受人迟延支付购房款,经催告后在三个月的合理期限内仍未履行,解除权人请求解除合同的,应予支持,但当事人另有约定的除外。

法律没有规定或者当事人没有约定,经对方当事人催告后,解除权行使的合理期限为三个月。对方当事人没有催告的,解除权人自知道或者应当知道解除事由之日起一年内行使。逾期不行使的,解除权消灭。

《买卖合同解释》

第十九条 出卖人没有履行或者不当履行从给付义务,致使买受人不能实现合同目的的,买受人主张解除合同的,人民法院应当根据民法典第五百六十三条第一款第四项的规定,予以支持。

(二)程序

1 第五百六十四条 [解除权行使期限]法律规定或者当事人约定解除权行使期限,期限届满当事人不行使的,该权利消灭。

法律没有规定或者当事人没有约定解除权行使期限,自解除权人知道或者应当知道解除事由之日起一年内不行使,或者经对方催告后在合理期限内不行使的,该权利消灭。

2 第五百六十五条 [合同解除权的行使规则]当事人一方依法主张解除合同的,应当通知对方。合同自通知到达对方时解除;通知载明债务人在一定期限内不履行债务则合同自动解除,债务人在该期限内未履行债务的,合同自通知载明的期限届满时解除。对方对解除合同有异议的,任何一方当事人均可以请求人民法院或者仲裁机构确认解除行为的效力。

当事人一方未通知对方,直接以提起诉讼或者申请仲裁的方式依法主张解除合同,人民法院或者仲裁机构确认该主张的,合同自起诉状副本或者仲裁申请书副本送达对方时解除。

《民法典合同编通则解释》

第五十三条 当事人一方以通知方式解除合同,并以对方未在约定的异议期限或者其他合理期限内提出异议为由主张合同已经解除的,人民法院应当对其是否享有法律规定或者合同约定的解除权进行审查。经审查,享有解除权的,合同自通知到达对方时解除;不享有解除权的,不发生合同解除的效力。

第五十四条 当事人一方未通知对方,直接以提起诉讼的方式主张解除合同,撤诉后再次起诉主张解除同,人民法院经审理支持该主张的,合同自再次起诉的起诉状副本送达对方时解除。但是,当事人一方撤诉后又通知对方解除合同且该通知已经到达对方的除外。

（三）效力

第五百六十六条 ［合同解除的法律后果］合同解除后,尚未履行的,终止履行;已经履行的,根据履行情况和合同性质,当事人可以请求恢复原状或者采取其他补救措施,并有权请求赔偿损失。

合同因违约解除的,解除权人可以请求违约方承担违约责任,但是当事人另有约定的除外。

主合同解除后,担保人对债务人应当承担的民事责任仍应当承担担保责任,但是担保合同另有约定的除外。
［2022年回忆~合同解除的法律后果］

第五百六十七条 ［结算、清理条款效力的独立性］合同的权利义务关系终止,不影响合同中结算和清理条款的效力。

《买卖合同解释》

第二十条 买卖合同因违约而解除后,守约方主张继续适用违约金条款的,人民法院应予支持;但约定的违约金过分高于造成的损失的,人民法院可以参照民法典第五百八十五条第二款的规定处理。

考点69 合同的消灭：其他方式

（一）抵销

第五百六十八条 ［法定抵销］当事人互负债务,该债务的标的物种类、品质相同的,任何一方可以将自己的债务与对方的到期债务抵销;但是,根据债务性质、按照当事人约定或者依照法律规定不得抵销的除外。

当事人主张抵销的,应当通知对方。通知自到达对方时生效。抵销不得附条件或者附期限。

第五百六十九条 ［约定抵销］当事人互负债务,标的物种类、品质不相同的,经协商一致,也可以抵销。

《民法典合同编通则解释》

第五十五条 当事人一方依民法典第五百六十八条的规定主张抵销,人民法院经审理认为抵销权成立的,应当认定通知到达对方时双方互负的主债务、利息、违约金或者损害赔偿金等债务在同等数额内消灭。

第五十六条 行使抵销权的一方负担的数项债务种类相同,但是享有的债权不足以抵销全部债务,当事人因抵销的顺序发生争议的,人民法院可以参照民法典第五百六十条的规定处理。

行使抵销权的一方享有的债权不足以抵销其负担的包括主债务、利息、实现债权的有关费用在内的全部债务,当事人因抵销的顺序发生争议的,人民法院可以参照民法典第五百六十一条的规定处理。

第五十七条 因侵害自然人人身权益,或者故意、重大过失侵害他人财产权益产生的损害赔偿债务,侵权人主张抵销的,人民法院不予支持。

第五十八条 当事人互负债务,一方以其诉讼时效期间已经届满的债权对另一方主张抵销,对方提出诉讼时效抗辩的,人民法院对该抗辩应予支持。一方的债权诉讼时效期间已经届满,对方主张抵销的,人民法院应予支持。

（二）提存

第五百七十条 ［提存的条件］有下列情形之一,难以履行债务的,债务人可以将标的物提存：

（一）债权人无正当理由拒绝受领;

（二）债权人下落不明;

（三）债权人死亡未确定继承人、遗产管理人,或者丧失民事行为能力未确定监护人;

（四）法律规定的其他情形。

标的物不适于提存或者提存费用过高的,债务人依法可以拍卖或者变卖标的物,提存所得的价款。

第五百七十一条 ［提存的成立］债务人将标的物或者将标的物依法拍卖、变卖所得价款交付提存部门时,提存成立。

提存成立的,视为债务人在其提存范围内已经交付标的物。

第五百七十二条 ［提存的通知］标的物提存后,债务人应当及时通知债权人或者债权人的继承人、遗产管理人、监护人、财产代管人。

第五百七十三条 ［提存期间风险、孳息和提存费用负担］标的物提存后,毁损、灭失的风险由债权人承担。提存期间,标的物的孳息归债权人所有。提存费用由债权人负担。

第五百七十四条 ［提存物的领取与取回］债权人可以随时领取提存物。但是,债权人对债务人负有到期债务的,在债权人未履行债务或者提供担保之前,提存部门根据债务人的要求应当拒绝其领取提存物。

债权人领取提存物的权利,自提存之日起五年内不行使而消灭,提存物扣除提存费用后归国家所有。但是,债权人未履行对债务人的到期债务,或者债权人向提存部门书面表示放弃领取提存物权利的,债务人负担提存费用后有权取回提存物。

（三）免除

第五百七十五条 ［债的免除］债权人免除债务人部分或者全部债务的,债权债务部分或者全部终止,但是债务人在合理期限内拒绝的除外。

（四）混同

第五百七十六条 ［债权债务混同］债权和债务同归于一人的,债权债务终止,但是损害第三人利益的除外。

专题十八 违约责任

考点70、71 违约责任

1 **第五百七十七条** ［违约责任的种类］当事人一方不履行合同义务或者履行合同义务不符合约定的,应当承担继续履行、采取补救措施或者赔偿损失等违约责任。［2023年回忆~违约责任;2020年回忆~无权处分、违约责任］

第五百七十八条 [预期违约责任]当事人一方明确表示或者以自己的行为表明不履行合同义务的,对方可以在履行期限届满前请求其承担违约责任。

第五百八十条 [非金钱债务的继续履行]当事人一方不履行非金钱债务或者履行非金钱债务不符合约定的,对方可以请求履行,但是有下列情形之一的除外:

(一)法律上或者事实上不能履行;
(二)债务的标的不适于强制履行或者履行费用过高;
(三)债权人在合理期限内未请求履行。

有前款规定的除外情形之一,致使不能实现合同目的的,人民法院或者仲裁机构可以根据当事人的请求终止合同权利义务关系,但是不影响违约责任的承担。

第五百八十一条 [替代履行]当事人一方不履行债务或者履行债务不符合约定,根据债务的性质不得强制履行的,对方可以请求其负担由第三人替代履行的费用。

第五百八十二条 [瑕疵履行违约责任]履行不符合约定的,应当按照当事人的约定承担违约责任。对违约责任没有约定或者约定不明确,依照本法第五百一十条的规定仍不能确定的,受损害方根据标的的性质以及损失的大小,可以合理选择请求对方承担修理、重作、更换、退货、减少价款或者报酬等违约责任。

第五百八十三条 [违约损害赔偿责任]当事人一方不履行合同义务或者履行合同义务不符合约定的,在履行义务或者采取补救措施后,对方还有其他损失的,应当赔偿损失。

第五百八十四条 [法定的违约赔偿损失]当事人一方不履行合同义务或者履行合同义务不符合约定,造成对方损失的,损失赔偿额应当相当于因违约所造成的损失,包括合同履行后可以获得的利益;但是,不得超过违约一方订立合同时预见到或者应当预见到的因违约可能造成的损失。[2015年真题~预约合同]

第五百九十条 [因不可抗力不能履行合同]当事人一方因不可抗力不能履行合同的,根据不可抗力的影响,部分或者全部免除责任,但是法律另有规定的除外。因不可抗力不能履行合同的,应当及时通知对方,以减轻可能给对方造成的损失,并应当在合理期限内提供证明。

当事人迟延履行后发生不可抗力的,不免除其违约责任。

第五百九十一条 [非违约方防止损失扩大义务]当事人一方违约后,对方应当采取适当措施防止损失的扩大;没有采取适当措施致使损失扩大的,不得就扩大的损失请求赔偿。

当事人因防止损失扩大而支出的合理费用,由违约方负担。

第五百九十二条 [双方违约和与过错相抵]当事人都违反合同的,应当各自承担相应的责任。

当事人一方违约造成对方损失,对方对损失的发生有过错的,可以减少相应的损失赔偿额。

第五百九十三条 [因第三人原因造成违约情况下的责任承担]当事人一方因第三人的原因造成违约的,应当依法向对方承担违约责任。当事人一方和第三人之间的纠纷,依照法律规定或者按照约定处理。

《民法典合同编通则解释》

第五十九条 当事人一方依据民法典第五百八十条第二款的规定请求终止合同权利义务关系的,人民法院一般应当以起诉状副本送达对方的时间作为合同权利义务关系终止的时间。根据案件的具体情况,以其他时间作为合同权利义务关系终止的时间更加符合公平原则和诚信原则的,人民法院可以以该时间作为合同权利义务关系终止的时间,但是应当在裁判文书中充分说明理由。

第六十条 人民法院依据民法典第五百八十四条的规定确定合同履行后可以获得的利益时,可以在扣除非违约方为订立、履行合同支出的费用等合理成本后,按照非违约方能够获得的生产利润、经营利润或者转售利润等计算。

非违约方依法行使合同解除权并实施了替代交易,主张按照替代交易价格与合同价格的差额确定合同履行后可以获得的利益的,人民法院依法予以支持;替代交易价格明显偏离替代交易发生时当地的市场价格,违约方主张按照市场价格与合同价格的差额确定合同履行后可以获得的利益的,人民法院应予支持。

非违约方依法行使合同解除权但是未实施替代交易,主张按照违约行为发生后合理期间内合同履行地的市场价格与合同价格的差额确定合同履行后可以获得的利益的,人民法院应予支持。

第六十三条 在认定民法典第五百八十四条规定的"违约一方订立合同时预见到或者应当预见到的因违约可能造成的损失"时,人民法院应当根据当事人订立合同的目的,综合考虑合同主体、合同内容、交易类型、交易习惯、磋商过程等因素,按照与违约方处于相同或者类似情况的民事主体在订立合同时预见到或者应当预见到的损失予以确定。

除合同履行后可以获得的利益外,非违约方主张还有其向第三人承担违约责任应当支出的额外费用等其他因违约所造成的损失,并请求违约方赔偿,经审理认为该损失系违约一方订立合同时预见到或者应当预见到的,人民法院应予支持。

在确定违约损失赔偿额时,违约方主张扣除非违约方未采取适当措施导致的扩大损失、非违约方也有过错造成的相应损失、非违约方因违约获得的额外利益或者减少的必要支出的,人民法院依法予以支持。

《买卖合同解释》

第十七条第一款 标的物质量不符合约定,买受人依照民法典第五百八十二条的规定要求减少价款的,人民法院应予支持。当事人主张以符合约定的标的物和实际交付的标的物按交付时的市场价值计算差价的,人民法院应予支持。

第二十三条 买卖合同当事人一方因对方违约而获有利益,违约方主张从损失赔偿额中扣除该部分利益的,人民法院应予支持。

❷ 第五百八十五条 [违约金的约定] 当事人可以约定一方违约时应当根据违约情况向对方支付一定数额的违约金，也可以约定因违约产生的损失赔偿额的计算方法。

约定的违约金低于造成的损失的，人民法院或者仲裁机构可以根据当事人的请求予以增加；约定的违约金过分高于造成的损失的，人民法院或者仲裁机构可以根据当事人的请求予以适当减少。

当事人就迟延履行约定违约金的，违约方支付违约金后，还应当履行债务。〔2022年回忆~违约金的约定；2011年真题~违约金〕

《民法典合同编通则解释》

第六十四条 当事人一方通过反诉或者抗辩的方式，请求调整违约金的，人民法院依法予以支持。

违约方主张约定的违约金过分高于违约造成的损失，请求予以适当减少的，应当承担举证责任。非违约方主张约定的违约金合理的，也应当提供相应的证据。

当事人仅以合同约定不得对违约金进行调整为由主张不予调整违约金的，人民法院不予支持。

第六十五条 当事人主张约定的违约金过分高于违约造成的损失，请求予以适当减少的，人民法院应当以民法典第五百八十四条规定的损失为基础，兼顾合同主体、交易类型、合同的履行情况、当事人的过错程度、履约背景等因素，遵循公平原则和诚信原则进行衡量，并作出裁判。

约定的违约金超过造成损失的百分之三十的，人民法院一般可以认定为过分高于造成的损失。

恶意违约的当事人一方请求减少违约金的，人民法院一般不予支持。

第六十六条 当事人一方请求对方支付违约金，对方以合同不成立、无效、被撤销、确定不发生效力、不构成违约或者非违约方不存在损失等为由抗辩，未主张调整过高的违约金的，人民法院应当就若不支持该抗辩，当事人是否请求调整违约金进行释明。第一审人民法院认为抗辩成立且未予释明，第二审人民法院认为应当判决支付违约金的，可以直接释明，并根据当事人的请求，在当事人就是否应当调整违约金充分举证、质证、辩论后，依法判决适当减少违约金。

被告因客观原因在第一审程序中未到庭参加诉讼，但是在第二审程序中到庭参加诉讼并请求减少违约金的，第二审人民法院可以在当事人就是否应当调整违约金充分举证、质证、辩论后，依法判决适当减少违约金。

专题十九 转移财产权利合同

考点72 买卖合同的成立与风险负担

第六百零四条 [标的物的风险承担] 标的物毁损、灭失的风险，在标的物交付之前由出卖人承担，交付之后由买受人承担，但是法律另有规定或者当事人另有约定的除外。〔2017年真题~买卖合同中的风险承担〕

第六百零五条 [迟延交付标的物的风险负担] 因买受人的原因致使标的物未按照约定的期限交付的，买受人应当自违反约定时起承担标的物毁损、灭失的风险。

第六百零六条 [路货买卖中的标的物风险转移] 出卖人出卖交由承运人运输的在途标的物，除当事人另有约定外，毁损、灭失的风险自合同成立时起由买受人承担。〔2010年真题~在途货物买卖合同的风险承担〕

第六百零七条 [需要运输的标的物风险负担] 出卖人按照约定将标的物运送至买受人指定地点并交付给承运人后，标的物毁损、灭失的风险由买受人承担。

当事人没有约定交付地点或者约定不明确，依照本法第六百零三条第二款第一项的规定标的物需要运输的，出卖人将标的物交付给第一承运人后，标的物毁损、灭失的风险由买受人承担。

第六百零八条 [买受人不履行接受标的物义务的风险负担] 出卖人按照约定或者依照本法第六百零三条第二款第二项的规定将标的物置于交付地点，买受人违反约定没有收取的，标的物毁损、灭失的风险自违反约定时起由买受人承担。

第六百零九条 [未交付单证、资料的风险负担] 出卖人按照约定未交付有关标的物的单证和资料的，不影响标的物毁损、灭失风险的转移。

第六百一十条 [根本违约] 因标的物不符合质量要求，致使不能实现合同目的的，买受人可以拒绝接受标的物或者解除合同。买受人拒绝接受标的物或者解除合同的，标的物毁损、灭失的风险由出卖人承担。

第六百一十一条 [买受人承担风险与出卖人违约责任关系] 标的物毁损、灭失的风险由买受人承担的，不影响因出卖人履行义务不符合约定，买受人请求其承担违约责任的权利。

《买卖合同解释》

第八条 民法典第六百零三条第二款第一项规定的"标的物需要运输的"，是指标的物由出卖人负责办理托运，承运人系独立于买卖合同当事人之外的运输业者的情形。标的物毁损、灭失的风险负担，按照民法典第六百零七条第二款的规定处理。

第九条 出卖人根据合同约定将标的物运送至买受人指定地点并交付给承运人后，标的物毁损、灭失的风险由买受人负担，但当事人另有约定的除外。

第十条 出卖人出卖交由承运人运输的在途标的物，在合同成立时知道或者应当知道标的物已经毁损、灭失却未告知买受人，买受人主张出卖人负担的标的物毁损、灭失的风险的，人民法院应予支持。

第十一条 当事人对风险负担没有约定，标的物为种类物，出卖人未以装运单据、加盖标记、通知买受人等可识别的方式清楚地将标的物特定于买卖合同，买受人主张不负担标的物毁损、灭失的风险的，人民法院应予支持。

《商品房买卖合同解释》

第八条 对房屋的转移占有，视为房屋的交付使用，但当事人另有约定的除外。

房屋毁损、灭失的风险,在交付使用前由出卖人承担,交付使用后由买受人承担;买受人接到出卖人的书面交房通知,无正当理由拒绝接收的,房屋毁损、灭失的风险自书面交房通知确定的交付使用之日起由买受人承担,但法律另有规定或者当事人另有约定的除外。

考点 73 一物多卖
《买卖合同解释》
第六条 出卖人就同一普通动产订立多重买卖合同,在买卖合同均有效的情况下,买受人均要求实际履行合同的,应当按照以下情形分别处理:
(一)先行受领交付的买受人请求确认所有权已经转移的,人民法院应予支持;
(二)均未受领交付,先行支付价款的买受人请求出卖人履行交付标的物等合同义务的,人民法院应予支持;
(三)均未受领交付,也未支付价款,依法成立在先合同的买受人请求出卖人履行交付标的物等合同义务的,人民法院应予支持。

考点 74 特种买卖合同
(一)分期付款买卖合同
第六百三十四条 [分期付款买卖] 分期付款的买受人未支付到期价款的数额达到全部价款的<u>五分之一</u>,经催告后在合理期限内仍未支付到期价款的,出卖人可以请求买受人支付全部价款或者解除合同。

出卖人解除合同的,可以向买受人请求支付该标的物的使用费。[2023年回忆~分期付款买卖]

《买卖合同解释》
第二十七条 民法典第六百三十四条第一款规定的"分期付款",系指买受人将应付的总价款在一定期限内至少分三次向出卖人支付。

分期付款买卖合同的约定违反民法典第六百三十四条第一款的规定,损害买受人利益,买受人主张该约定无效的,人民法院应予支持。

第二十八条 分期付款买卖合同约定出卖人在解除合同时可以扣留已受领价金,出卖人扣留的金额超过标的物使用费以及标的物受损赔偿额,买受人请求返还超过部分的,人民法院应予支持。

当事人对标的物的使用费没有约定的,人民法院可以参照当地同类标的物的租金标准确定。

(二)所有权保留买卖合同
第六百四十一条 [标的物所有权保留条款] 当事人可以在买卖合同中约定买受人未履行支付价款或者其他义务的,标的物的所有权属于出卖人。

<u>出卖人对标的物保留的所有权,未经登记,不得对抗善意第三人。</u>

第六百四十二条 [所有权保留中出卖人的取回权] 当事人约定出卖人保留合同标的物的所有权,在标的物所有权转移前,买受人有下列情形之一,造成出卖人损害的,除当事人另有约定外,出卖人有权取回标的物:

(一)未按照约定支付价款,经催告后在合理期限内仍未支付;
(二)未按照约定完成特定条件;
(三)将标的物出卖、出质或者作出其他不当处分。

出卖人可以与买受人协商取回标的物;协商不成的,可以参照适用担保物权的实现程序。

第六百四十三条 [买受人回赎权及出卖人再出卖权] 出卖人依据前条第一款的规定取回标的物的,买受人在双方约定或者出卖人指定的合理回赎期限内,消除出卖人取回标的物的事由的,可以请求回赎标的物。

买受人在回赎期限内没有回赎标的物,<u>出卖人可以以合理价格将标的物出卖给第三人,出卖所得价款扣除买受人未支付的价款以及必要费用后仍有剩余的,应当返还买受人;不足部分由买受人清偿。</u>

《买卖合同解释》
第二十五条 买卖合同当事人主张民法典第六百四十一条关于标的物所有权保留的规定适用于不动产的,人民法院不予支持。

第二十六条 买受人已经支付标的物总价款的百分之七十五以上,出卖人主张取回标的物的,人民法院不予支持。

在民法典第六百四十二条第一款第三项情形下,第三人依据民法典第三百一十一条的规定已经善意取得标的物所有权或者其他物权,出卖人主张取回标的物的,人民法院不予支持。

《民法典担保制度解释》
第六十四条 在所有权保留买卖中,出卖人依法有权取回标的物,但是与买受人协商不成,当事人请求参照民事诉讼法"实现担保物权案件"的有关规定,拍卖、变卖标的物的,人民法院应予准许。

出卖人请求取回标的物,符合民法典第六百四十二条规定的,人民法院应予支持;买受人以抗辩或者反诉的方式主张拍卖、变卖标的物,并在扣除买受人未支付的价款以及必要费用后返还剩余款项的,人民法院应一并处理。

第六十七条 在所有权保留买卖、融资租赁等合同中,出卖人、出租人的所有权未经登记不得对抗的"善意第三人"的范围及其效力,参照本解释第五十四条的规定处理。

第五十四条 动产抵押合同订立后未办理抵押登记,动产抵押权的效力按照下列情形分别处理:
(一)抵押人转让抵押财产,受让人占有抵押财产后,抵押权人向受让人请求行使抵押权的,人民法院不予支持,但是抵押权人能够举证证明受让人知道或者应当知道已经订立抵押合同的除外;
(二)抵押人将抵押财产出租给他人并移转占有,抵押权人行使抵押权的,租赁关系不受影响,但是抵押权人能够举证证明承租人知道或者应当知道已经订立抵押合同的除外;
(三)抵押人的其他债权人向人民法院申请保全或者

执行抵押财产,人民法院已经作出财产保全裁定或者采取执行措施,抵押权人主张对抵押财产优先受偿的,人民法院不予支持;

(四)抵押人破产,抵押权人主张对抵押财产优先受偿的,人民法院不予支持。

考点75 商品房买卖合同

(一)成立与效力

《商品房买卖合同解释》

第三条 [宣传资料性质]商品房的销售广告和宣传资料为要约邀请,但是出卖人就商品房开发规划范围内的房屋及相关设施所作的说明和允诺具体确定,并对商品房买卖合同的订立以及房屋价格的确定有重大影响的,构成要约。该说明和允诺即使未载入商品房买卖合同,亦应当视为合同内容,当事人违反的,应当承担违约责任。

第四条 [预收定金的处理]出卖人通过认购、订购、预订等方式向买受人收受定金作为订立商品房买卖合同担保的,如果因当事人一方原因未能订立商品房买卖合同,应当按照法律关于定金的规定处理;因不可归责于当事人双方的事由,导致商品房买卖合同未能订立的,出卖人应当将定金返还买受人。

第五条 [认购协议的性质]商品房的认购、订购、预订等协议具备《商品房销售管理办法》第十六条规定的商品房买卖合同的主要内容,并且出卖人已经按照约定收受购房款的,该协议应当认定为商品房买卖合同。

第六条 [预售备案的效力]当事人以商品房预售合同未按照法律、行政法规规定办理登记备案手续为由,请求确认合同无效的,不予支持。

当事人约定以办理登记备案手续为商品房预售合同生效条件的,从其约定,但当事人一方已经履行主要义务,对方接受的除外。

第七条 [恶意串通的无效规定]买受人以出卖人与第三人恶意串通,另行订立商品房买卖合同并将房屋交付使用,导致其无法取得房屋为由,请求确认出卖人与第三人订立的商品房买卖合同无效的,应予支持。

(二)因违约而导致的解除合同

(1)出卖人或买受人根本违约

《商品房买卖合同解释》

第九条 [房屋质量不合格]因房屋主体结构质量不合格不能交付使用,或者房屋交付使用后,房屋主体结构质量经核验确属不合格,买受人请求解除合同和赔偿损失的,应予支持。

第十条 [房屋质量影响正常居住使用]因房屋质量问题严重影响正常居住使用,买受人请求解除合同和赔偿损失的,应予支持。

交付使用的房屋存在质量问题,在保修期内,出卖人应当承担修复责任;出卖人拒绝修复或者在合理期限内拖延修复的,买受人可以自行或者委托他人修复。修复费用及修复期间造成的其他损失由出卖人承担。

第十一条 [迟延交房与迟延付款]根据民法典第五百六十三条的规定,出卖人迟延交付房屋或者买受人迟延支付购房款,经催告后在三个月的合理期限内仍未履行,解除权人请求解除合同的,应予支持,但当事人另有约定的除外。

法律没有规定或者当事人没有约定,经对方当事人催告后,解除权行使的合理期限为三个月。对方当事人没有催告的,解除权人自知道或者应当知道解除事由之日起一年内行使。逾期不行使的,解除权消灭。

第十五条 [无法办理登记]商品房买卖合同约定或者《城市房地产开发经营管理条例》第三十二条规定的办理不动产登记的期限届满后超过一年,由于出卖人的原因,导致买受人无法办理不动产登记,买受人请求解除合同和赔偿损失的,应予支持。

(2)涉及担保贷款的解除

《商品房买卖合同解释》

第十九条 [未能订立担保贷款合同]商品房买卖合同约定,买受人以担保贷款方式付款、因当事人一方原因未能订立商品房担保贷款合同并导致商品房买卖合同不能继续履行的,对方当事人可以请求解除合同和赔偿损失。因不可归责于当事人双方的事由未能订立商品房担保贷款合同并导致商品房买卖合同不能继续履行的,当事人可以请求解除合同,出卖人应当将收受的购房款本金及其利息或者定金返还买受人。

第二十条 [商品房买卖合同失效]因商品房买卖合同被确认无效或者被撤销、解除,致使商品房担保贷款合同的目的无法实现,当事人请求解除商品房担保贷款合同的,应予支持。

(3)诉讼及当事人

《商品房买卖合同解释》

第二十一条 [单独审理与合并审理]以担保贷款为付款方式的商品房买卖合同的当事人一方请求确认商品房买卖合同无效或者撤销、解除合同的,如果担保权人作为有独立请求权第三人提出诉讼请求,应当与商品房担保贷款合同纠纷合并审理;未提出诉讼请求的,仅处理商品房买卖合同纠纷。担保权人就商品房担保贷款合同纠纷另行起诉的,可以与商品房买卖合同纠纷合并审理。

商品房买卖合同被确认无效或者被撤销、解除后,商品房担保贷款合同也被解除的、出卖人应当将收受的购房贷款和购房款的本金及利息分别返还担保权人和买受人。

第二十二条 [未办理抵押登记的诉讼当事人]买受人未按照商品房担保贷款合同的约定偿还贷款,亦未与担保权人办理不动产抵押登记手续,担保权人起诉买受人,请求处分商品房买卖合同项下买受人合同权利的,应当通知出卖人参加诉讼;担保权人同时起诉出卖人时,如果出卖人为商品房担保贷款合同提供保证的,应当列为共同被告。

第二十三条 [已办理抵押登记的诉讼当事人]买受人未按照商品房担保贷款合同的约定偿还贷款,但是已经取得不动产权属证书并与担保权人办理了不动产抵押登记手续,抵押权人请求买受人偿还贷款或者就抵押的房屋优先受偿的,不应当追加出卖人为当事人,但出卖人提供保证的除外。

考点76 供用电、水、气、热力合同

第六百五十二条 [供电人中断供电时的通知义务]供电人因供电设施计划检修、临时检修、依法限电或者用电人违法用电等原因,需要中断供电时,应当按照国家有关规定事先通知用电人;未事先通知用电人中断供电,造成用电人损失的,应当承担赔偿责任。

第六百五十三条 [供电人抢修义务]因自然灾害等原因断电,供电人应当按照国家有关规定及时抢修;未及时抢修,造成用电人损失的,应当承担赔偿责任。

第六百五十四条 [用电人支付电费的义务]用电人应当按照国家有关规定和当事人的约定及时支付电费。用电人逾期不支付电费的,应当按照约定支付违约金。经催告用电人在合理期限内仍不支付电费和违约金的,供电人可以按照国家规定的程序中止供电。

供电人依据前款规定中止供电的,应当事先通知用电人。

第六百五十五条 [用电人安全用电义务]用电人应当按照国家有关规定和当事人的约定安全、节约和计划用电。用电人未按照国家有关规定和当事人的约定用电,造成供电人损失的,应当承担赔偿责任。

第六百五十六条 [供用水、气、热力合同参照适用供用电合同]供用水、供用气、供用热力合同,参照适用供用电合同的有关规定。

考点77 赠与合同

第六百五十八条 [赠与的任意撤销及限制]赠与人在赠与财产的权利转移之前可以撤销赠与。

经过公证的赠与合同或者依法不得撤销的具有救灾、扶贫、助残等公益、道德义务性质的赠与合同,不适用前款规定。[2020年回忆~赠与的撤销、债权人撤销权]

第六百六十条 [法定不得撤销赠与的赠与人不交付赠与财产的责任]经过公证的赠与合同或者依法不得撤销的具有救灾、扶贫、助残等公益、道德义务性质的赠与合同,赠与人不交付赠与财产的,受赠人可以请求交付。

依据前款规定应当交付的赠与财产因赠与人故意或者重大过失致使毁损、灭失的,赠与人应当承担赔偿责任。

第六百六十一条 [附义务的赠与合同]赠与可以附义务。

赠与附义务的,受赠人应当按照约定履行义务。

第六百六十二条 [赠与财产的瑕疵担保责任]赠与的财产有瑕疵的,赠与人不承担责任。附义务的赠与,赠与的财产有瑕疵的,赠与人在附义务的限度内承担与出卖人相同的责任。

赠与人故意不告知瑕疵或者保证无瑕疵,造成受赠人损失的,应当承担赔偿责任。

第六百六十三条 [赠与人的法定撤销情形及撤销权行使期间]受赠人有下列情形之一的,赠与人可以撤销赠与:

(一)严重侵害赠与人或者赠与人近亲属的合法权益;

(二)对赠与人有扶养义务而不履行;

(三)不履行赠与合同约定的义务。

赠与人的撤销权,自知道或者应当知道撤销事由之日起一年内行使。

第六百六十四条 [赠与人的继承人或法定代理人的撤销权]因受赠人的违法行为致使赠与人死亡或者丧失民事行为能力的,赠与人的继承人或者法定代理人可以撤销赠与。

赠与人的继承人或者法定代理人的撤销权,自知道或者应当知道撤销事由之日起六个月内行使。

第六百六十五条 [撤销赠与的效力]撤销权人撤销赠与的,可以向受赠人请求返还赠与的财产。

第六百六十六条 [赠与义务的免除]赠与人的经济状况显著恶化,严重影响其生产经营或者家庭生活的,可以不再履行赠与义务。

考点78 借款合同

第六百七十条 [借款利息不得预先扣除]借款的利息不得预先在本金中扣除。利息预先在本金中扣除的,应当按照实际借款数额返还借款并计算利息。

第六百七十三条 [借款人违约使用借款的后果]借款人未按照约定的借款用途使用借款的,贷款人可以停止发放借款、提前收回借款或者解除合同。

第六百七十七条 [提前偿还借款]借款人提前返还借款的,除当事人另有约定外,按照实际借款的期间计算利息。

第六百七十九条 [自然人之间借款合同的成立]自然人之间的借款合同,自贷款人提供借款时成立。

第六百八十条 [借款利率和利息]禁止高利放贷,借款的利率不得违反国家有关规定。

借款合同对支付利息没有约定的,视为没有利息。

借款合同对支付利息约定不明确,当事人不能达成补充协议的,按照当地或者当事人的交易方式、交易习惯、市场利率等因素确定利息;自然人之间借款的,视为没有利息。

《民间借贷规定》

第十三条 具有下列情形之一的,人民法院应当认定民间借贷合同无效:

(一)套取金融机构贷款转贷的;

(二)以向其他营利法人借贷、向本单位职工集资,或者以向公众非法吸收存款等方式取得的资金转贷的;

(三)未依法取得放贷资格的出借人,以营利为目的向社会不特定对象提供借款的;

(四)出借人事先知道或者应当知道借款人借款用于

违法犯罪活动仍然提供借款的；

（五）违反法律、行政法规强制性规定的；

（六）违背公序良俗的。

第二十三条 当事人以订立买卖合同作为民间借贷合同的担保，借款到期后借款人不能还款，出借人请求履行买卖合同的，人民法院应当按民间借贷法律关系审理。当事人根据法庭审理情况变更诉讼请求的，人民法院应当准许。

按照民间借贷法律关系审理作出的判决生效后，借款人不履行生效判决确定的金钱债务，出借人可以申请拍卖买卖合同标的物，以偿还债务。就拍卖所得的价款与应偿还借款本息之间的差额，借款人或者出借人有权主张返还或者补偿。〔2018年回忆~民间借贷与买卖型担保〕

第二十四条 借贷双方没有约定利息，出借人主张支付利息的，人民法院不予支持。

自然人之间借贷对利息约定不明，出借人主张支付利息的，人民法院不予支持。除自然人之间借贷外，借贷双方对借贷利息约定不明，出借人主张利息的，人民法院应当结合民间借贷合同的内容，并根据当地或者当事人的交易方式、交易习惯、市场报价利率等因素确定利息。〔2022年回忆~借贷利益〕

第二十五条 出借人请求借款人按照合同约定利率支付利息的，人民法院应予支持，但是双方约定的利率超过合同成立时一年期贷款市场报价利率四倍的除外。

前款所称"一年期贷款市场报价利率"，是指中国人民银行授权全国银行间同业拆借中心自2019年8月20日起每月发布的一年期贷款市场报价利率。〔2022年回忆~借贷利益〕

第二十六条 借据、收据、欠条等债权凭证载明的借款金额，一般认定为本金。预先在本金中扣除利息的，人民法院应当将实际出借的金额认定为本金。

第二十八条 借贷双方对逾期利率有约定的，从其约定，但是以不超过合同成立时一年期贷款市场报价利率四倍为限。

未约定逾期利率或者约定不明的，人民法院可以区分不同情况处理：

（一）既未约定借期内利率，也未约定逾期利率，出借人主张借款人自逾期还款之日起参照当时一年期贷款市场报价利率标准计算的利息承担逾期还款违约责任的，人民法院应予支持；

（二）约定了借期内利率但是未约定逾期利率，出借人主张借款人自逾期还款之日起按照借期内利率支付资金占用期间利息的，人民法院应予支持。

第二十九条 出借人与借款人既约定了逾期利率，又约定了违约金或者其他费用，出借人可以选择主张逾期利息、违约金或者其他费用，也可以一并主张，但是总计超过合同成立时一年期贷款市场报价利率四倍的部分，人民法院不予支持。

第三十条 借款人可以提前偿还借款，但是当事人另有约定的除外。

借款人提前偿还借款并主张按照实际借款期限计算利息的，人民法院应予支持。

考点79 租赁合同

（一）租赁合同中当事人的权利义务

第七百零八条 ［出租人义务］出租人应当按照约定将租赁物交付承租人，并在租赁期限内保持租赁物符合约定的用途。〔2013年真题~出租人对租赁物的维修义务〕

第七百一十条 ［承租人合理使用租赁物的免责］承租人按照约定的方法或者根据租赁物的性质使用租赁物，致使租赁物受到损耗的，不承担赔偿责任。

第七百一十一条 ［承租人未合理使用租赁物的责任］承租人未按照约定的方法或者未根据租赁物的性质使用租赁物，致使租赁物受到损失的，出租人可以解除合同并请求赔偿损失。

第七百一十二条 ［出租人的维修义务］出租人应当履行租赁物的维修义务，但是当事人另有约定的除外。〔2013年真题~出租人对租赁物的维修义务〕

第七百一十三条 ［租赁物的维修和维修费用负担］承租人在租赁物需要维修时可以请求出租人在合理期限内维修。出租人未履行维修义务的，承租人可以自行维修，维修费用由出租人负担。因维修租赁物影响承租人使用的，应当相应减少租金或者延长租期。

因承租人的过错致使租赁物需要维修的，出租人不承担前款规定的维修义务。〔2013年真题~出租人对租赁物的维修义务〕

第七百二十条 ［租赁物的收益归属］在租赁期限内因占有、使用租赁物获得的收益，归承租人所有，但是当事人另有约定的除外。

第七百二十三条 ［出租人的权利瑕疵担保责任］因第三人主张权利，致使承租人不能对租赁物使用、收益的，承租人可以请求减少租金或者不支付租金。

第三人主张权利的，承租人应当及时通知出租人。

第七百三十一条 ［租赁物质量不合格时承租人的解除权］租赁物危及承租人的安全或者健康的，即使承租人订立合同时明知该租赁物质量不合格，承租人仍然可以随时解除合同。

《房屋租赁合同解释》

第五条 出租人就同一房屋订立数份租赁合同，在合同均有效的情况下，承租人均主张履行合同的，人民法院按照下列顺序确定履行合同的承租人：

（一）已经合法占有租赁房屋的；

（二）已经办理登记备案手续的；

（三）合同成立在先的。

不能取得租赁房屋的承租人请求解除合同、赔偿损失的，依照民法典的有关规定处理。

第六条 承租人擅自变动房屋建筑主体和承重结构或者扩建，在出租人要求的合理期限内仍不予恢复原状，出租人请求解除合同并要求赔偿损失的,人民法院依照民法典第七百一十一条的规定处理。

(二)租赁合同中装修装饰物的处理

第七百一十五条　[承租人对租赁物进行改善或增设他物]承租人经出租人同意,可以对租赁物进行改善或者增设他物。

承租人未经出租人同意,对租赁物进行改善或者增设他物的,出租人可以请求承租人恢复原状或者赔偿损失。[2013年真题~承租人对租赁物进行改善或增设他物]

《房屋租赁合同解释》

第七条　承租人经出租人同意装饰装修,租赁合同无效时,未形成附合的装饰装修物,出租人同意利用的,可折价归出租人所有;不同意利用的,可由承租人拆除。因拆除造成房屋毁损的,承租人应当恢复原状。

已形成附合的装饰装修物,出租人同意利用的,可折价归出租人所有;不同意利用的,由双方各自按照导致合同无效的过错分担现值损失。

第八条　承租人经出租人同意装饰装修,租赁期间届满或者合同解除时,除当事人另有约定外,未形成附合的装饰装修物,可由承租人拆除。因拆除造成房屋毁损的,承租人应当恢复原状。

第九条　承租人经出租人同意装饰装修,合同解除时,双方对已形成附合的装饰装修物的处理没有约定的,人民法院按照下列情形分别处理:

(一)因出租人违约导致合同解除,承租人请求出租人赔偿剩余租赁期内装饰装修残值损失的,应予支持;

(二)因承租人违约导致合同解除,承租人请求出租人赔偿剩余租赁期内装饰装修残值损失的,不予支持。但出租人同意利用的,应在利用价值范围内予以适当补偿;

(三)因双方违约导致合同解除,剩余租赁期内的装饰装修残值损失,由双方根据各自的过错承担相应的责任;

(四)因不可归责于双方的事由导致合同解除的,剩余租赁期内的装饰装修残值损失,由双方按照公平原则分担。法律另有规定的,适用其规定。

第十条　承租人经出租人同意装饰装修,租赁期间届满时,承租人请求出租人补偿附合装饰装修费用的,不予支持。但当事人另有约定的除外。

第十一条　承租人未经出租人同意装饰装修或者扩建发生的费用,由承租人负担。出租人请求承租人恢复原状或者赔偿损失的,人民法院应予支持。

(三)转租

第七百一十六条　[转租]承租人经出租人同意,可以将租赁物转租给第三人。承租人转租的,承租人与出租人之间的租赁合同继续有效;第三人造成租赁物损失的,承租人应当赔偿损失。

承租人未经出租人同意转租的,出租人可以解除合同。[2021年回忆~转租]

第七百一十七条　[转租期限]承租人经出租人同意将租赁物转租给第三人,转租期限超过承租人剩余租赁期限的,超过部分的约定对出租人不具有法律约束力,但是出租人与承租人另有约定的除外。

第七百一十八条　[出租人同意转租的推定]出租人知道或者应当知道承租人转租,但是在六个月内未提出异议的,视为出租人同意转租。

第七百一十九条　[次承租人的代为清偿权]承租人拖欠租金的,次承租人可以代承租人支付其欠付的租金和违约金,但是转租合同对出租人不具有法律约束力的除外。

次承租人代为支付的租金和违约金,可以充抵次承租人应当向承租人支付的租金;超出其应付的租金数额的,可以向承租人追偿。[2013年真题~合同的相对性、转租中的代为清偿权]

(四)承租人的权利

第七百二十五条　[买卖不破租赁]租赁物在承租人按照租赁合同占有期限内发生所有权变动的,不影响租赁合同的效力。[2021年回忆~买卖不破租赁]

第七百二十六条　[房屋承租人的优先购买权]出租人出卖租赁房屋的,应当在出卖之前的合理期限内通知承租人,承租人享有以同等条件优先购买的权利;但是,房屋按份共有人行使优先购买权或者出租人将房屋出卖给近亲属的除外。

出租人履行通知义务后,承租人在十五日内未明确表示购买的,视为承租人放弃优先购买权。[2021年回忆~承租人的优先购买权]

第七百二十七条　[承租人对拍卖房屋的优先购买权]出租人委托拍卖人拍卖租赁房屋的,应当在拍卖五日前通知承租人。承租人未参加拍卖的,视为放弃优先购买权。

第七百二十八条　[妨害承租人优先购买权的赔偿责任]出租人未通知承租人或者有其他妨害承租人行使优先购买权情形的,承租人可以请求出租人承担赔偿责任。但是,出租人与第三人订立的房屋买卖合同的效力不受影响。

第七百三十一条　[租赁物质量不合格时承租人的解除权]租赁物危及承租人的安全或者健康的,即使承租人订立合同时明知该租赁物质量不合格,承租人仍然可以随时解除合同。

第七百三十二条　[房屋承租人死亡时租赁关系的处理]承租人在房屋租赁期限内死亡的,与其生前共同居住的人或者共同经营人可以按照原租赁合同租赁该房屋。

第七百三十四条　[租赁期限届满的续租及优先承租权]租赁期限届满,承租人继续使用租赁物,出租人没有提出异议的,原租赁合同继续有效,但是租赁期限为不定期。

租赁期限届满,房屋承租人享有以同等条件优先承租的权利。

《房屋租赁合同解释》

第十四条 租赁房屋在承租人按照租赁合同占有期限内发生所有权变动，承租人请求房屋受让人继续履行原租赁合同的，人民法院应予支持。但租赁房屋具有下列情形或者当事人另有约定的除外：

（一）房屋在出租前已设立抵押权，因抵押权人实现抵押权发生所有权变动的；

（二）房屋在出租前已被人民法院依法查封的。

第十五条 出租人与抵押权人协议折价、变卖租赁房屋偿还债务，应当在合理期限内通知承租人。承租人请求以同等条件优先购买房屋的，人民法院应予支持。

《民法典时间效力规定》

第二十一条 民法典施行前租赁期限届满，当事人主张适用民法典第七百三十四条第二款规定的，人民法院不予支持；租赁期限在民法典施行后届满，当事人主张适用民法典第七百三十四条第二款规定的，人民法院依法予以支持。

考点80 融资租赁合同

第七百三十七条 ［融资租赁通谋虚伪表示］当事人以虚构租赁物方式订立的融资租赁合同无效。

第七百三十八条 ［特定租赁物经营许可对合同效力影响］依照法律、行政法规的规定，对于租赁物的经营使用应当取得行政许可的，出租人未取得行政许可不影响融资租赁合同的效力。

第七百三十九条 ［融资租赁标的物的交付］出租人根据承租人对出卖人、租赁物的选择订立的买卖合同，出卖人应当按照约定向承租人交付标的物，承租人享有与受领标的物有关的买受人的权利。

第七百四十一条 ［承租人的索赔权］出租人、出卖人、承租人可以约定，出卖人不履行买卖合同义务的，由承租人行使索赔的权利。承租人行使索赔权利的，出租人应当协助。

第七百四十二条 ［承租人行使索赔权的租金支付义务］承租人对出卖人行使索赔权利，不影响其履行支付租金的义务。但是，承租人依赖出租人的技能确定租赁物或者出租人干预选择租赁物的，承租人可以请求减免相应租金。

第七百四十五条 ［租赁物的登记对抗效力］出租人对租赁物享有的所有权，未经登记，不得对抗善意第三人。

第七百四十七条 ［租赁物瑕疵担保责任］租赁物不符合约定或者不符合使用目的的，出租人不承担责任。但是，承租人依赖出租人的技能确定租赁物或者出租人干预选择租赁物的除外。

第七百四十九条 ［租赁物致人损害的责任承担］承租人占有租赁物期间，租赁物造成第三人人身损害或者财产损失的，出租人不承担责任。

第七百五十条 ［租赁物的保管、使用、维修］承租人应当妥善保管、使用租赁物。

承租人应当履行占有租赁物期间的维修义务。

第七百五十一条 ［承租人占有租赁物毁损、灭失的租金承担］承租人占有租赁物期间，租赁物毁损、灭失的，出租人有权请求承租人继续支付租金，但是法律另有规定或者当事人另有约定的除外。

第七百五十三条 ［承租人擅自处分租赁物时出租人的解除权］承租人未经出租人同意，将租赁物转让、抵押、质押、投资入股或者以其他方式处分的，出租人可以解除融资租赁合同。

第七百五十七条 ［租赁期满租赁物的归属］出租人和承租人可以约定租赁期限届满租赁物的归属；对租赁物的归属没有约定或者约定不明确，依据本法第五百一十条的规定仍不能确定的，租赁物的所有权归出租人。

第七百五十九条 ［支付象征性价款时的租赁物归属］当事人约定租赁期限届满承租人仅需向出租人支付象征性价款的，视为约定的租金义务履行完毕后租赁物的所有权归承租人。

第七百六十条 ［融资租赁合同无效时租赁物的归属］融资租赁合同无效，当事人就该情形下租赁物的归属有约定的，按照其约定；没有约定或者约定不明确的，租赁物应当返还出租人。但是，因承租人原因致使合同无效，出租人不请求返还或者返还后会显著降低租赁物效用的，租赁物的所有权归承租人，由承租人给予出租人合理补偿。

《融资租赁合同解释》

第二条 承租人将其自有物出卖给出租人，再通过融资租赁合同将租赁物从出租人处租回的，人民法院不应仅以承租人和出卖人系同一人为由认定不构成融资租赁法律关系。

第四条 出租人转让其在融资租赁合同项下的部分或者全部权利，受让方以此为由请求解除或者变更融资租赁合同的，人民法院不予支持。

第五条 有下列情形之一，出租人请求解除融资租赁合同的，人民法院应予支持：

（一）承租人未按照合同约定的期限和数额支付租金，符合合同约定的解除条件，经出租人催告后在合理期限内仍不支付的；

（二）合同对于欠付租金解除合同的情形没有明确约定，但承租人欠付租金达到两期以上，或者数额达到全部租金百分之十五以上，经出租人催告后在合理期限内仍不支付的；

（三）承租人违反合同约定，致使合同目的不能实现的其他情形。

第十条 出租人既请求承租人支付合同约定的全部未付租金又请求解除融资租赁合同的，人民法院应告知其依照民法典第七百五十二条的规定作出选择。

出租人请求承租人支付合同约定的全部未付租金，人民法院判决后承租人未予履行，出租人再行起诉请求解除融资租赁合同、收回租赁物的，人民法院应予受理。

第十三条 出卖人与买受人因买卖合同发生纠纷，

民法 ［考点法条］ 119

或者出租人与承租人因融资租赁合同发生纠纷,当事人仅对其中一个合同关系提起诉讼,人民法院经审查后认为另一合同关系的当事人与案件处理结果有法律上的利害关系的,可以通知其作为第三人参加诉讼。

承租人与租赁物的实际使用人不一致,融资租赁合同当事人未对租赁物的实际使用人提起诉讼,人民法院经审查后认为租赁物的实际使用人与案件处理结果有法律上的利害关系的,可以通知其作为第三人参加诉讼。

承租人基于买卖合同和融资租赁合同直接向出卖人主张受领租赁物、索赔等买卖合同权利的,人民法院应通知出租人作为第三人参加诉讼。

《民诉解释》

第十九条　财产租赁合同、融资租赁合同以租赁物使用地为合同履行地。合同对履行地有约定的,从其约定。

专题二十　完成工作交付成果合同

考点81　承揽合同

第七百七十条　[承揽合同的定义及类型]承揽合同是承揽人按照定作人的要求完成工作,交付工作成果,定作人支付报酬的合同。

承揽包括加工、定作、修理、复制、测试、检验等工作。

第七百七十二条　[承揽人独立完成主要工作]承揽人应当以自己的设备、技术和劳力,完成主要工作,但是当事人另有约定的除外。

承揽人将其承揽的主要工作交由第三人完成的,应当就该第三人完成的工作成果向定作人负责;未经定作人同意的,定作人也可以解除合同。

第七百七十三条　[承揽人对辅助性工作的责任]承揽人可以将其承揽的辅助工作交由第三人完成。承揽人将其承揽的辅助工作交由第三人完成的,应当就该第三人完成的工作成果向定作人负责。

第七百七十七条　[中途变更工作要求的责任]定作人中途变更承揽工作的要求,造成承揽人损失的,应当赔偿损失。

第七百八十六条　[共同承揽]共同承揽人对定作人承担连带责任,但是当事人另有约定的除外。

第七百八十七条　[定作人的任意解除权]定作人在承揽人完成工作前可以随时解除合同,造成承揽人损失的,应当赔偿损失。

考点82　建设工程合同

第七百八十九条　[建设工程合同形式]建设工程合同应当采用书面形式。

第七百九十一条　[总包与分包]发包人可以与总承包人订立建设工程合同,也可以分别与勘察人、设计人、施工人订立勘察、设计、施工承包合同。发包人不得将应当由一个承包人完成的建设工程支解成若干部分发包给数个承包人。

总承包人或者勘察、设计、施工承包人经发包人同意,可以将自己承包的部分工作交由第三人完成。第三人就其完成的工作成果与总承包人或者勘察、设计、施工承包人向发包人承担连带责任。承包人不得将其承包的全部建设工程转包给第三人或者将其承包的全部建设工程支解以后以分包的名义分别转包给第三人。

禁止承包人将工程分包给不具备相应资质条件的单位。禁止分包单位将其承包的工程再分包。建设工程主体结构的施工必须由承包人自行完成。

第七百九十三条　[建设工程施工合同无效的处理]建设工程施工合同无效,但是建设工程经验收合格的,可以参照合同关于工程价款的约定折价补偿承包人。

建设工程施工合同无效,且建设工程经验收不合格的,按照以下情形处理:

(一)修复后的建设工程经验收合格的,发包人可以请求承包人承担修复费用;

(二)修复后的建设工程经验收不合格的,承包人无权请求参照合同关于工程价款的约定折价补偿。

发包人对因建设工程不合格造成的损失有过错的,应当承担相应的责任。

第八百零七条　[工程价款的支付]发包人未按照约定支付价款的,承包人可以催告发包人在合理期限内支付价款。发包人逾期不支付的,除根据建设工程的性质不宜折价、拍卖外,承包人可以与发包人协议将该工程折价,也可以请求人民法院将该工程依法拍卖。建设工程的价款就该工程折价或者拍卖的价款优先受偿。

《建设工程施工合同解释(一)》

第一条一款　建设工程施工合同具有下列情形之一的,应当依据民法典第一百五十三条第一款的规定,认定无效:

(一)承包人未取得建筑业企业资质或者超越资质等级的;

(二)没有资质的实际施工人借用有资质的建筑施工企业名义的;

(三)建设工程必须进行招标而未招标或者中标无效的。

第二条　招标人和中标人另行签订的建设工程施工合同约定的工程范围、建设工期、工程质量、工程价款等实质性内容,与中标合同不一致,一方当事人请求按照中标合同确定权利义务的,人民法院应予支持。

招标人和中标人在中标合同之外就明显高于市场价格购买承建房产、无偿建设住房配套设施、让利、向建设单位捐赠财物等另行签订合同,变相降低工程价款,一方当事人以该合同背离中标合同实质性内容为由请求确认无效的,人民法院应予支持。

第三条　当事人以发包人未取得建设工程规划许可证等规划审批手续为由,请求确认建设工程施工合同无效的,人民法院应予支持,但发包人在起诉前取得建设工程规划许可证等规划审批手续的除外。

发包人能够办理审批手续而未办理,并以未办理审批手续为由请求确认建设工程施工合同无效的,人民法院不予支持。

第四条 承包人超越资质等级许可的业务范围签订建设工程施工合同,在建设工程竣工前取得相应资质等级,当事人请求按照无效合同处理的,人民法院不予支持。

第七条 缺乏资质的单位或者个人借用有资质的建筑施工企业名义签订建设工程施工合同,发包人请求出借方与借用方对建设工程质量不合格等因出借资质造成的损失承担连带赔偿责任的,人民法院应予支持。

第十五条 因建设工程质量发生争议的,发包人可以以总承包人、分包人和实际施工人为共同被告提起诉讼。

第十六条 发包人在承包人提起的建设工程施工合同纠纷案件中,以建设工程质量不符合合同约定或者法律规定为由,就承包人支付违约金或者赔偿修理、返工、改建的合理费用等损失提出反诉的,人民法院可以合并审理。

第二十四条 当事人就同一建设工程订立的数份建设工程施工合同均无效,但建设工程质量合格,一方当事人请求参照实际履行的合同关于工程价款的约定折价补偿承包人的,人民法院应予支持。

实际履行的合同难以确定,当事人请求参照最后签订的合同关于工程价款的约定折价补偿承包人的,人民法院应予支持。

第二十五条 当事人对垫资和垫资利息有约定,承包人请求按照约定返还垫资及其利息的,人民法院应予支持,但是约定的利息计算标准高于垫资时的同类贷款利率或者同期贷款市场报价利率的部分除外。

当事人对垫资没有约定的,按照工程欠款处理。

当事人对垫资利息没有约定,承包人请求支付利息的,人民法院不予支持。

第三十五条 与发包人订立建设工程施工合同的承包人,依据民法典第八百零七条的规定请求其承建工程的价款就工程折价或者拍卖的价款优先受偿的,人民法院应予支持。

第三十六条 承包人根据民法典第八百零七条规定享有的建设工程价款优先受偿权优于抵押权和其他债权。

第三十七条 装饰装修工程具备折价或者拍卖条件,装饰装修工程的承包人请求工程价款就该装饰装修工程折价或者拍卖的价款优先受偿的,人民法院应予支持。

第三十八条 建设工程质量合格,承包人请求其承建工程的价款就工程折价或者拍卖的价款优先受偿的,人民法院应予支持。

第三十九条 未竣工的建设工程质量合格,承包人请求其承建工程的价款就其承建工程部分折价或者拍卖的价款优先受偿的,人民法院应予支持。

第四十条 承包人建设工程价款优先受偿的范围依照国务院有关行政主管部门关于建设工程价款范围的规定确定。

承包人就逾期支付建设工程价款的利息、违约金、损害赔偿金等主张优先受偿的,人民法院不予支持。

第四十一条 承包人应当在合理期限内行使建设工程价款优先受偿权,但最长不得超过十八个月,自发包人应当给付建设工程价款之日起算。

第四十二条 发包人与承包人约定放弃或限制建设工程价款优先受偿权,损害建筑工人利益,发包人根据该约定主张承包人不享有建设工程价款优先受偿权的,人民法院不予支持。

第四十三条 实际施工人以转包人、违法分包人为被告起诉的,人民法院应当依法受理。

实际施工人以发包人为被告主张权利的,人民法院应当追加转包人或者违法分包人为本案第三人,在查明发包人欠付转包人或者违法分包人建设工程价款的数额后,判决发包人在欠付建设工程价款范围内对实际施工人承担责任。

第四十四条 实际施工人依据民法典第五百三十五条规定,以转包人或者违法分包人怠于向发包人行使到期债权或者与该债权有关的从权利,影响其到期债权实现,提起代位权诉讼的,人民法院应予支持。

专题二十一 提供劳务合同

考点83 运输合同

(一)客运合同

第八百一十四条 [客运合同的成立]客运合同自承运人向旅客出具客票时成立,但是当事人另有约定或者另有交易习惯的除外。

第八百一十五条 [按有效客票记载内容乘坐义务]旅客应当按照有效客票记载的时间、班次和座位号乘坐。旅客无票乘坐、超程乘坐、越级乘坐或者持不符合减价条件的优惠客票乘坐的,应当补交票款,承运人可以按照规定加收票款;旅客不支付票款的,承运人可以拒绝运输。

实名制客运合同的旅客丢失客票的,可以请求承运人挂失补办,承运人不得再次收取票款和其他不合理费用。

第八百一十七条 [按约定携带行李义务]旅客随身携带行李应当符合约定的限量和品类要求;超过限量或者违反品类要求携带行李的,应当办理托运手续。

第八百一十八条 [危险物品或者违禁物品的携带禁止]旅客不得随身携带或者在行李中夹带易燃、易爆、有毒、有腐蚀性、有放射性以及可能危及运输工具上人身和财产安全的危险物品或者违禁物品。

旅客违反前款规定的,承运人可以将危险物品或者违禁物品卸下、销毁或者送交有关部门。旅客坚持携带或者夹带危险物品或者违禁物品的,承运人应当拒绝运输。

第八百二十条 [承运人迟延运输或者有其他不能正常运输情形]承运人应当按照有效客票记载的时间、班次和座位号运输旅客。承运人迟延运输或者有其他不能正常运输情形的,应当及时告知和提醒旅客,采取必要的安置措施,并根据旅客的要求安排改乘其他班次或者退票;由此造成旅客损失的,承运人应当承担赔偿责任,但是不可归责于承运人的除外。

第八百二十一条 [承运人变更服务标准的后果]承运人擅自降低服务标准的,应当根据旅客的请求退票或者减收票款;提高服务标准的,不得加收票款。

第八百二十二条 [承运人尽力救助义务]承运人在运输过程中,应当尽力救助患有急病、分娩、遇险的旅客。

第八百二十三条 [旅客伤亡的赔偿责任]承运人应当对运输过程中旅客的伤亡承担赔偿责任;但是,伤亡是旅客自身健康原因造成的或者承运人证明伤亡是旅客故意、重大过失造成的除外。

前款规定适用于按照规定免票、持优待票或者经承运人许可搭乘的无票旅客。

第八百二十四条 [对行李的赔偿责任]在运输过程中旅客随身携带物品毁损、灭失,承运人有过错的,应当承担赔偿责任。

旅客托运的行李毁损、灭失的,适用货物运输的有关规定。

(二)货运合同

第八百二十九条 [托运人变更或解除的权利]在承运人将货物交付收货人之前,托运人可以要求承运人中止运输、返还货物、变更到达地或者将货物交给其他收货人,但是应当赔偿承运人因此受到的损失。

第八百三十条 [提货]货物运输到达后,承运人知道收货人的,应当及时通知收货人,收货人应当及时提货。收货人逾期提货的,应当向承运人支付保管费等费用。

第八百三十一条 [收货人对货物的检验]收货人提货时应当按照约定的期限检验货物。对检验货物的期限没有约定或者约定不明确,依据本法第五百一十条的规定仍不能确定的,应当在合理期限内检验货物。收货人在约定的期限或者合理期限内对货物的数量、毁损等未提出异议的,视为承运人已经按照运输单证的记载交付的初步证据。

第八百三十二条 [承运人对货损的赔偿责任]承运人对运输过程中货物的毁损、灭失承担赔偿责任。但是,承运人证明货物的毁损、灭失是因不可抗力、货物本身的自然性质或者合理损耗以及托运人、收货人的过错造成的,不承担赔偿责任。

第八百三十三条 [确定货损额的方法]货物的毁损、灭失的赔偿额,当事人有约定的,按照其约定;没有约定或者约定不明确,依据本法第五百一十条的规定仍不能确定的,按照交付或者应当交付时货物到达地的市场价格计算。法律、行政法规对赔偿额的计算方法和赔偿限额另有规定的,依照其规定。

第八百三十四条 [相继运输的责任承担]两个以上承运人以同一运输方式联运的,与托运人订立合同的承运人应当对全程运输承担责任;损失发生在某一运输区段的,与托运人订立合同的承运人和该区段的承运人承担连带责任。

第八百三十五条 [货物因不可抗力灭失的运费处理]货物在运输过程中因不可抗力灭失,未收取运费的,承运人不得请求支付运费;已经收取运费的,托运人可以请求返还。法律另有规定的,依照其规定。

第八百三十九条 [多式联运经营人的责任承担]多式联运经营人可以与参加多式联运的各区段承运人就多式联运合同的各区段运输约定相互之间的责任;但是,该约定不影响多式联运经营人对全程运输承担的义务。

考点84 保管合同与仓储合同

(一)保管合同

第八百八十九条 [保管合同的报酬]寄存人应当按照约定向保管人支付保管费。

当事人对保管费没有约定或者约定不明确,依据本法第五百一十条的规定仍不能确定的,视为无偿保管。

第八百九十条 [保管合同的成立]保管合同自保管物交付时成立,但是当事人另有约定的除外。

第八百九十一条 [保管人给付保管凭证的义务]寄存人向保管人交付保管物的,保管人应当出具保管凭证,但是另有交易习惯的除外。

第八百九十二条 [保管人对保管物的妥善保管义务]保管人应当妥善保管保管物。

当事人可以约定保管场所或者方法。除紧急情况或者为维护寄存人利益外,不得擅自改变保管场所或者方法。

第八百九十三条 [寄存人如实告知义务]寄存人交付的保管物有瑕疵或者根据保管物的性质需要采取特殊保管措施的,寄存人应当将有关情况告知保管人。寄存人未告知,致使保管物受损失的,保管人不承担赔偿责任;保管人因此受损失的,除保管人知道或者应当知道未采取补救措施外,寄存人应当承担赔偿责任。

第八百九十四条 [保管人亲自保管义务]保管人不得将保管物转交第三人保管,但是当事人另有约定的除外。

保管人违反前款规定,将保管物转交第三人保管,造成保管物损失的,应当承担赔偿责任。

第八百九十五条 [保管人不得使用或许可他人使用保管物义务]保管人不得使用或者许可第三人使用保管物,但是当事人另有约定的除外。

第八百九十六条 [保管人返还保管物的义务及危险通知义务]第三人对保管物主张权利的,除依法对保管物采取保全或者执行措施外,保管人应当履行向寄存人返还保管物的义务。

第三人对保管人提起诉讼或者对保管物申请扣押的,保管人应当及时通知寄存人。

第八百九十七条 [保管物毁损灭失责任]保管期内,因保管人保管不善造成保管物毁损、灭失的,保管人应当承担赔偿责任。但是,无偿保管人证明自己没有故意或者重大过失的,不承担赔偿责任。

第八百九十八条 [寄存贵重物品的声明义务]寄存人寄存货币、有价证券或者其他贵重物品的,应当向保管人声明,由保管人验收或者封存;寄存人未声明,该物品毁损、灭失后,保管人可以按照一般物品予以赔偿。

第八百九十九条 [保管物的领取及领取时间]寄存人可以随时领取保管物。

当事人对保管期限没有约定或者约定不明确的,保管人可以随时请求寄存人领取保管物;约定保管期限的,保管人无特别事由,不得请求寄存人提前领取保管物。

第九百条 [保管人归还原物及孳息的义务]保管期限届满或者寄存人提前领取保管物的,保管人应当将原物及其孳息归还寄存人。

(二)仓储合同

第九百零五条 [仓储合同的成立时间]仓储合同自保管人和存货人意思表示一致时成立。

第九百零八条 [保管人出具仓单、入库单义务]存货人交付仓储物的,保管人应当出具仓单、入库单等凭证。

第九百一十条 [仓单的转让和出质]仓单是提取仓储物的凭证。存货人或者仓单持有人在仓单上背书并经保管人签名或者盖章的,可以转让提取仓储物的权利。

第九百一十四条 [仓储物的提取]当事人对储存期限没有约定或者约定不明确的,存货人或者仓单持有人可以随时提取仓储物,保管人也可以随时请求存货人或者仓单持有人提取仓储物,但是应当给予必要的准备时间。

第九百一十五条 [仓储物的提取规则]储存期限届满,存货人或者仓单持有人应当凭仓单、入库单等提取仓储物。存货人或者仓单持有人逾期提取的,应当加收仓储费;提前提取的,不减收仓储费。

第九百一十七条 [保管不善的责任承担]储存期内,因保管不善造成仓储物毁损、灭失的,保管人应当承担赔偿责任。因仓储物本身的自然性质、包装不符合约定或者超过有效储存期造成仓储物变质、损坏的,保管人不承担赔偿责任。

考点85 委托合同

(一)含义

第九百一十九条 [委托合同的概念]委托合同是委托人和受托人约定,由受托人处理委托人事务的合同。

(二)转委托

第九百二十三条 [受托人亲自处理委托事务]受托人应当亲自处理委托事务。经委托人同意,受托人可以转委托。转委托经同意或者追认的,委托人可以就委托事务直接指示转委托的第三人,受托人仅就第三人的选任及其对第三人的指示承担责任。转委托未经同意或者追认的,受托人应当对转委托的第三人的行为承担责任;但是,在紧急情况下受托人为了维护委托人的利益需要转委托第三人的除外。

(三)委托合同中的间接代理

第九百二十五条 [显名的间接代理]受托人以自己的名义,在委托人的授权范围内与第三人订立的合同,第三人在订立合同时知道受托人与委托人之间的代理关系的,该合同直接约束委托人和第三人;但是,有确切证据证明该合同只约束受托人和第三人的除外。

第九百二十六条 [隐名的间接代理]受托人以自己的名义与第三人订立合同时,第三人不知道受托人与委托人之间的代理关系的,受托人因委托人的原因对第三人不履行义务,受托人应当向委托人披露第三人,委托人因此可以行使受托人对第三人的权利。但是,第三人与受托人订立合同时如果知道该委托人就不会订立合同的除外。

受托人因委托人的原因对第三人不履行义务,受托人应当向第三人披露委托人,第三人因此可以选择受托人或者委托人作为相对人主张其权利,但是第三人不得变更选定的相对人。

委托人行使受托人对第三人的权利的,第三人可以向委托人主张其对受托人的抗辩。第三人选定委托人作为其相对人的,委托人可以向第三人主张其对受托人的抗辩以及受托人对第三人的抗辩。

(四)任意解除权

第九百三十三条 [任意解除权]委托人或者受托人可以随时解除委托合同。因解除合同造成对方损失的,除不可归责于该当事人的事由外,无偿委托合同的解除方应当赔偿因解除时间不当造成的直接损失,有偿委托合同的解除方应当赔偿对方的直接损失和合同履行后可以获得的利益。[2018年回忆~合同的任意解除权]

考点87 行纪合同

第九百五十一条 [行纪合同的概念]行纪合同是行纪人以自己的名义为委托人从事贸易活动,委托人支付报酬的合同。

第九百五十二条 [行纪人的费用负担]行纪人处理委托事务支出的费用,由行纪人负担,但是当事人另有约定的除外。

第九百五十六条 [行纪人的介入权]行纪人卖出或者买入具有市场定价的商品,除委托人有相反的意思表示外,行纪人自己可以作为买受人或者出卖人。

行纪人有前款规定情形的,仍然可以请求委托人支付报酬。

考点88 中介合同

第九百六十一条 [中介合同的概念]中介合同是中介人向委托人报告订立合同的机会或者提供订立合同的媒介服务,委托人支付报酬的合同。

第九百六十二条 [中介人的如实报告义务]中介人应当就有关订立合同的事项向委托人如实报告。

中介人故意隐瞒与订立合同有关的重要事实或者提

供虚假情况,损害委托人利益的,不得请求支付报酬并应当承担赔偿责任。

第九百六十三条 [中介人的报酬请求权]中介人促成合同成立的,委托人应当按照约定支付报酬。对中介人的报酬没有约定或者约定不明确,依据本法第五百一十条的规定仍不能确定的,根据中介人的劳务合理确定。因中介提供订立合同的媒介服务而促成合同成立的,由该合同的当事人平均负担中介人的报酬。

中介人促成合同成立的,中介活动的费用,由中介人负担。

专题二十二 技术合同

考点90 技术开发合同

(一)含义

第八百五十一条 [技术开发合同的定义及种类]技术开发合同是当事人之间就新技术、新产品、新工艺、新品种或者新材料及其系统的研究开发所订立的合同。

技术开发合同包括委托开发合同和合作开发合同。

技术开发合同应当采用书面形式。

当事人之间就具有实用价值的科技成果实施转化订立的合同,参照适用技术开发合同的有关规定。

(二)发明创造的归属

第八百五十九条 [委托开发发明创造的归属和分享]委托开发完成的发明创造,除法律另有规定或者当事人另有约定外,申请专利的权利属于研究开发人。研究开发人取得专利权的,委托人可以依法实施该专利。

研究开发人转让专利申请权的,委托人享有以同等条件优先受让的权利。

第八百六十条 [合作开发发明创造专利申请权的归属和分享]合作开发完成的发明创造,申请专利的权利属于合作开发的当事人共有;当事人一方转让其共有的专利申请权的,其他各方享有以同等条件优先受让的权利。但是,当事人另有约定的除外。

合作开发的当事人一方声明放弃其共有的专利申请权的,除当事人另有约定外,可以由另一方单独申请或者由其他各方共同申请。申请人取得专利权的,放弃专利申请权的一方可以免费实施该专利。

合作开发的当事人一方不同意申请专利的,另一方或者其他各方不得申请专利。

(三)技术成果的归属

第八百六十一条 [技术秘密成果的归属与分配]委托开发或者合作开发完成的技术秘密成果的使用权、转让权以及收益的分配办法,由当事人约定;没有约定或者约定不明确,依据本法第五百一十条的规定仍不能确定的,在没有相同技术方案被授予专利权前,当事人均有使用和转让的权利。但是,委托开发的研究开发人不得在向委托人交付研究开发成果之前,将研究开发成果转让给第三人。

考点91 技术转让合同和技术许可合同

(一)含义

第八百六十三条 [技术转让合同和技术许可合同的种类及合同要件]技术转让合同包括专利权转让、专利申请权转让、技术秘密转让等合同。

技术许可合同包括专利实施许可、技术秘密使用许可等合同。

技术转让合同和技术许可合同应当采用书面形式。

(二)专利实施许可

第八百六十五条 [专利实施许可合同的有效期限]专利实施许可合同仅在该专利权的存续期限内有效。专利权有效期限届满或者专利权被宣告无效的,专利权人不得就该专利与他人订立专利实施许可合同。

第八百六十七条 [专利实施许可合同被许可人的义务]专利实施许可合同的被许可人应当按照约定实施专利,不得许可约定以外的第三人实施该专利,并按照约定支付使用费。

(三)改进技术成果的归属

第八百七十五条 [后续改进技术成果的分享办法]当事人可以按照互利的原则,在合同中约定实施专利、使用技术秘密后续改进的技术成果的分享办法;没有约定或者约定不明确,依据本法第五百一十条的规定仍不能确定的,一方后续改进的技术成果,其他各方无权分享。

考点92 技术服务合同

(一)含义

第八百七十八条第二款 [技术咨询合同、技术服务合同的定义]技术服务合同是当事人一方以技术知识为对方解决特定技术问题所订立的合同,不包括承揽合同和建设工程合同。

(二)权利义务

第八百八十二条 [技术服务合同委托人的义务]技术服务合同的委托人应当按照约定提供工作条件,完成配合事项,接受工作成果并支付报酬。

第八百八十三条 [技术服务合同受托人的义务]技术服务合同的受托人应当按照约定完成服务项目,解决技术问题,保证工作质量,并传授解决技术问题的知识。

第八百八十四条 [技术服务合同的当事人违约责任]技术服务合同的委托人不履行合同义务或者履行合同义务不符合约定,影响工作进度和质量,不接受或者逾期接受工作成果的,支付的报酬不得追回,未支付的报酬应当支付。

技术服务合同的受托人未按照约定完成服务工作的,应当承担免收报酬等违约责任。

专题二十三 合伙合同

考点93 合伙合同

第九百六十八条 [合伙人的出资义务]合伙人应当按照约定的出资方式、数额和缴付期限,履行出资义务。

第九百七十二条　[合伙的利润分配和亏损分担]合伙的利润分配和亏损分担,按照合伙合同的约定办理;合伙合同没有约定或者约定不明确的,由合伙人协商决定;协商不成的,由合伙人按照实缴出资比例分配、分担;无法确定出资比例的,由合伙人平均分配、分担。

第九百七十三条　[合伙人对合伙债务的连带责任及追偿权]合伙人对合伙债务承担连带责任。清偿合伙债务超过自己应当承担份额的合伙人,有权向其他合伙人追偿。

第九百七十四条　[合伙人转让财产份额的要求]除合伙合同另有约定外,合伙人向合伙人以外的人转让其全部或者部分财产份额的,须经其他合伙人一致同意。

第九百七十五条　[合伙人债权人代位行使权利的限制]合伙人的债权人不得代位行使合伙人依照本章规定和合伙合同享有的权利,但是合伙人享有的利益分配请求权除外。

第九百七十六条　[合伙期限的推定]合伙人对合伙期限没有约定或者约定不明确,依据本法第五百一十条的规定仍不能确定的,视为不定期合伙。

合伙期限届满,合伙人继续执行合伙事务,其他合伙人没有提出异议的,原合伙合同继续有效,合伙期限为不定期。

合伙人可以随时解除不定期合伙合同,但是应当在合理期限之前通知其他合伙人。

专题二十四　无因管理、不当得利

考点94　无因管理

第九百七十九条　[无因管理的定义及法律效果]管理人没有法定的或者约定的义务,为避免他人利益受损失而管理他人事务的,可以请求受益人偿还因管理事务而支出的必要费用;管理人因管理事务受到损失的,可以请求受益人给予适当补偿。

管理事务不符合受益人真实意思的,管理人不享有前款规定的权利;但是,受益人的真实意思违反法律或者违背公序良俗的除外。

第九百八十条　[不适当的无因管理]管理人管理事务不属于前条规定的情形,但是受益人享有管理利益的,受益人应当在其获得的利益范围内向管理人承担前条第一款规定的义务。

第九百八十一条　[管理人的善良管理义务]管理人管理他人事务,应当采取有利于受益人的方法。中断管理对受益人不利的,无正当理由不得中断。

第九百八十二条　[管理人的通知义务]管理人管理他人事务,能够通知受益人的,应当及时通知受益人。管理的事务不需要紧急处理的,应当等待受益人的指示。

第九百八十三条　[管理人的报告及移交财产义务]管理结束后,管理人应当向受益人报告管理事务的情况。管理人管理事务取得的财产,应当及时转交给受益人。

第九百八十四条　[本人对管理事务的追认]管理事务经受益人事后追认的,从管理事务开始时起,适用委托合同的有关规定,但是管理人另有意思表示的除外。

《民法典》

第一百八十三条　[因保护他人民事权益而受损的责任承担]因保护他人民事权益使自己受到损害的,由侵权人承担民事责任,受益人可以给予适当补偿。没有侵权人、侵权人逃逸或者无力承担民事责任,受害人请求补偿的,受益人应当给予适当补偿。

第一百八十四条　[紧急救助的责任豁免]因自愿实施紧急救助行为造成受助人损害的,救助人不承担民事责任。

《诉讼时效规定》

第七条　管理人因无因管理行为产生的给付必要管理费用、赔偿损失请求权的诉讼时效期间,从无因管理行为结束并且管理人知道或者应当知道本人之日起计算。

本人因不当无因管理行为产生的赔偿损失请求权的诉讼时效期间,从其知道或者应当知道管理人及损害事实之日起计算。

考点95　不当得利

第九百八十五条　[不当得利的构成及除外情况]得利人没有法律根据取得不当利益的,受损失的人可以请求得利人返还取得的利益,但是有下列情形之一的除外:

(一)为履行道德义务进行的给付;

(二)债务到期之前的清偿;

(三)明知无给付义务而进行的债务清偿。

第九百八十六条　[善意得利人的返还责任]得利人不知道且不应当知道取得的利益没有法律根据,取得的利益已经不存在的,不承担返还该利益的义务。

第九百八十七条　[恶意得利人的返还责任]得利人知道或者应当知道取得的利益没有法律根据的,受损失的人可以请求得利人返还其取得的利益并依法赔偿损失。

第九百八十八条　[第三人的返还义务]得利人已经将取得的利益无偿转让给第三人的,受损失的人可以请求第三人在相应范围内承担返还义务。

《诉讼时效规定》

第六条　返还不当得利请求权的诉讼时效期间,从当事人一方知道或者应当知道不当得利事实及对方当事人之日起计算。

第四编　人格权

专题二十五　人格权

考点96　生命权、身体权、健康权

第一千零二条　[生命权]自然人享有生命权。自然人的生命安全和生命尊严受法律保护。任何组织或者个人不得侵害他人的生命权。

第一千零三条　[身体权]自然人享有身体权。自然人的身体完整和行动自由受法律保护。任何组织或者个

人不得侵害他人的身体权。

第一千零四条 [健康权]自然人享有健康权。自然人的身心健康受法律保护。任何组织或者个人不得侵害他人的健康权。

第一千零五条 [法定救助义务]自然人的生命权、身体权、健康权受到侵害或者处于其他危难情形的,负有法定救助义务的组织或者个人应当及时施救。

第一千零六条 [人体捐献]完全民事行为能力人有权依法自主决定无偿捐献其人体细胞、人体组织、人体器官、遗体。任何组织或者个人不得强迫、欺骗、利诱其捐献。

完全民事行为能力人依据前款规定同意捐献的,应当采用书面形式,也可以订立遗嘱。

自然人生前未表示不同意捐献的,该自然人死亡后,其配偶、成年子女、父母可以共同决定捐献,决定捐献应当采用书面形式。

第一千零七条 [禁止买卖人体细胞、组织、器官和遗体]禁止以任何形式买卖人体细胞、人体组织、人体器官、遗体。

违反前款规定的买卖行为无效。

第一千零八条 [人体临床试验]为研制新药、医疗器械或者发展新的预防和治疗方法,需要进行临床试验的,应当依法经相关主管部门批准并经伦理委员会审查同意,向受试者或者受试者的监护人告知试验目的、用途和可能产生的风险等详细情况,并经其书面同意。

进行临床试验的,不得向受试者收取试验费用。

第一千零九条 [从事人体基因、胚胎等医学和科研活动的法定限制]从事与人体基因、人体胚胎等有关的医学和科研活动,应当遵守法律、行政法规和国家有关规定,不得危害人体健康,不得违背伦理道德,不得损害公共利益。

第一千零一十条 [性骚扰]违背他人意愿,以言语、文字、图像、肢体行为等方式对他人实施性骚扰的,受害人有权依法请求行为人承担民事责任。

机关、企业、学校等单位应当采取合理的预防、受理投诉、调查处置等措施,防止和制止利用职权、从属关系等实施性骚扰。

《关于审理人身损害赔偿案件适用法律若干问题的解释》

第一条 因生命、身体、健康遭受侵害,赔偿权利人起诉请求赔偿义务人赔偿物质损害和精神损害的,人民法院应予受理。

本条所称"赔偿权利人",是指因侵权行为或者其他致害原因直接遭受人身损害的受害人以及死亡受害人的近亲属。

本条所称"赔偿义务人",是指因自己或者他人的侵权行为以及其他致害原因依法应当承担民事责任的自然人、法人或者非法人组织。

考点97 姓名权与名称权

第一千零一十二条 [姓名权]自然人享有姓名权,有权依法决定、使用、变更或者许可他人使用自己的姓名,但是不得违背公序良俗。

第一千零一十三条 [名称权]法人、非法人组织享有名称权,有权依法决定、使用、变更、转让或者许可他人使用自己的名称。

第一千零一十四条 [禁止侵害他人的姓名或名称]任何组织或者个人不得以干涉、盗用、假冒等方式侵害他人的姓名权或者名称权。

第一千零一十五条 [自然人姓氏的选取]自然人应当随父姓或者母姓,但是有下列情形之一的,可以在父姓和母姓之外选取姓氏:

(一)选取其他直系长辈血亲的姓氏;

(二)因由法定扶养人以外的人扶养而选取扶养人姓氏;

(三)有不违背公序良俗的其他正当理由。

少数民族自然人的姓氏可以遵从本民族的文化传统和风俗习惯。

第一千零一十七条 [姓名与名称的扩展保护]具有一定社会知名度,被他人使用足以造成公众混淆的笔名、艺名、网名、译名、字号、姓名和名称的简称等,参照适用姓名权和名称权保护的有关规定。

考点98 肖像权

第一千零一十八条 [肖像权及肖像]自然人享有肖像权,有权依法制作、使用、公开或者许可他人使用自己的肖像。

肖像是通过影像、雕塑、绘画等方式在一定载体上所反映的特定自然人可以被识别的外部形象。

第一千零一十九条 [肖像权的保护]任何组织或者个人不得以丑化、污损,或者利用信息技术手段伪造等方式侵害他人的肖像权。未经肖像权人同意,不得制作、使用、公开肖像权人的肖像,但是法律另有规定的除外。

未经肖像权人同意,肖像作品权利人不得以发表、复制、发行、出租、展览等方式使用或者公开肖像权人的肖像。

第一千零二十条 [肖像权的合理使用]合理实施下列行为的,可以不经肖像权人同意:

(一)为个人学习、艺术欣赏、课堂教学或者科学研究,在必要范围内使用肖像权人已经公开的肖像;

(二)为实施新闻报道,不可避免地制作、使用、公开肖像权人的肖像;

(三)为依法履行职责,国家机关在必要范围内制作、使用、公开肖像权人的肖像;

(四)为展示特定公共环境,不可避免地制作、使用、公开肖像权人的肖像;

(五)为维护公共利益或者肖像权人合法权益,制作、使用、公开肖像权人的肖像的其他行为。

考点99 名誉权

第一千零二十四条 [名誉权及名誉]民事主体享有名誉权。任何组织或者个人不得以侮辱、诽谤等方式侵害他人的名誉权。

名誉是对民事主体的品德、声望、才能、信用等的社会评价。

第一千零二十五条 [新闻报道、舆论监督与保护名誉权关系问题]行为人为公共利益实施新闻报道、舆论监督等行为,影响他人名誉的,不承担民事责任,但是有下列情形之一的除外:

(一)捏造、歪曲事实;

(二)对他人提供的严重失实内容未尽到合理核实义务;

(三)使用侮辱性言辞等贬损他人名誉。

第一千零三十一条 [荣誉权]民事主体享有荣誉权。任何组织或者个人不得非法剥夺他人的荣誉称号,不得诋毁、贬损他人的荣誉。

获得的荣誉称号应当记载而没有记载的,民事主体可以请求记载;获得的荣誉称号记载错误的,民事主体可以请求更正。

考点 100 隐私权

第一千零三十二条 [隐私权及隐私]自然人享有隐私权。任何组织或者个人不得以刺探、侵扰、泄露、公开等方式侵害他人的隐私权。

隐私是自然人的私人生活安宁和不愿为他人知晓的私密空间、私密活动、私密信息。

第一千零三十三条 [侵害隐私权的行为]除法律另有规定或者权利人明确同意外,任何组织或者个人不得实施下列行为:

(一)以电话、短信、即时通讯工具、电子邮件、传单等方式侵扰他人的私人生活安宁;

(二)进入、拍摄、窥视他人的住宅、宾馆房间等私密空间;

(三)拍摄、窥视、窃听、公开他人的私密活动;

(四)拍摄、窥视他人身体的私密部位;

(五)处理他人的私密信息;

(六)以其他方式侵害他人的隐私权。

考点 101 个人信息保护

第一千零三十四条 [个人信息保护]自然人的个人信息受法律保护。

个人信息是以电子或者其他方式记录的能够单独或者与其他信息结合识别特定自然人的各种信息,包括自然人的姓名、出生日期、身份证件号码、生物识别信息、住址、电话号码、电子邮箱、健康信息、行踪信息等。

个人信息中的私密信息,适用有关隐私权的规定;没有规定的,适用有关个人信息保护的规定。

第一千零三十五条 [个人信息处理的原则]处理个人信息的,应当遵循合法、正当、必要原则,不得过度处理,并符合下列条件:

(一)征得该自然人或者其监护人同意,但是法律、行政法规另有规定的除外;

(二)公开处理信息的规则;

(三)明示处理信息的目的、方式和范围;

(四)不违反法律、行政法规的规定和双方的约定。

个人信息的处理包括个人信息的收集、存储、使用、加工、传输、提供、公开等。

第一千零三十九条 [国家机关及其工作人员对个人信息的保密义务]国家机关、承担行政职能的法定机构及其工作人员对于履行职责过程中知悉的自然人的隐私和个人信息,应当予以保密,不得泄露或者向他人非法提供。

考点 102 人格权的保护

第九百九十五条 [人格权保护的请求权]人格权受到侵害的,受害人有权依照本法和其他法律的规定请求行为人承担民事责任。受害人的停止侵害、排除妨碍、消除危险、消除影响、恢复名誉、赔礼道歉请求权,不适用诉讼时效的规定。

第九百九十六条 [人格权责任竞合下的精神损害赔偿]因当事人一方的违约行为,损害对方人格权并造成严重精神损害,受损害方选择请求其承担违约责任的,不影响受损害方请求精神损害赔偿。

第九百九十七条 [申请法院责令停止侵害]民事主体有证据证明行为人正在实施或者即将实施侵害其人格权的违法行为,不及时制止将使其合法权益受到难以弥补的损害的,有权依法向人民法院申请采取责令行为人停止有关行为的措施。

第一千条 [消除影响、恢复名誉、赔礼道歉责任方式]行为人因侵害人格权承担消除影响、恢复名誉、赔礼道歉等民事责任的,应当与行为的具体方式和造成的影响范围相当。

行为人拒不承担前款规定的民事责任的,人民法院可以采取在报刊、网络等媒体上发布公告或者公布生效裁判文书等方式执行,产生的费用由行为人负担。

考点 103 死者人格利益保护

第九百九十二条 [人格权不得放弃、转让、继承]人格权不得放弃、转让或者继承。

第九百九十四条 [死者人格利益保护]死者的姓名、肖像、名誉、荣誉、隐私、遗体等受到侵害的,其配偶、子女、父母有权依法请求行为人承担民事责任;死者没有配偶、子女且父母已经死亡的,其他近亲属有权依法请求行为人承担民事责任。

第五编 婚姻家庭

专题二十六 结 婚

考点 104 结婚

(一)有效婚姻

第一千零四十七条 [法定婚龄]结婚年龄,男不得早于二十二周岁,女不得早于二十周岁。

第一千零四十八条 [禁止结婚的情形]直系血亲或者三代以内的旁系血亲禁止结婚。

第一千零四十九条 [结婚程序]要求结婚的男女双方应当亲自到婚姻登记机关申请结婚登记。符合本法规定的,予以登记,发给结婚证。完成结婚登记,即确立婚姻关系。未办理结婚登记的,应当补办登记。

《民法典婚姻家庭编解释(一)》

第六条 男女双方依据民法典第一千零四十九条规定补办结婚登记的,婚姻关系的效力从双方均符合民法典所规定的结婚的实质要件时起算。

第七条 未依据民法典第一千零四十九条规定办理结婚登记而以夫妻名义共同生活的男女,提起诉讼要求离婚的,应当区别对待:

(一)1994年2月1日民政部《婚姻登记管理条例》公布实施以前,男女双方已经符合结婚实质要件的,按事实婚姻处理。

(二)1994年2月1日民政部《婚姻登记管理条例》公布实施以后,男女双方符合结婚实质要件的,人民法院应当告知其补办结婚登记。未补办结婚登记的,依据本解释第三条规定处理。

第八条 未依据民法典第一千零四十九条规定办理结婚登记而以夫妻名义共同生活的男女,一方死亡,另一方以配偶身份主张享有继承权的,依据本解释第七条的原则处理。

第三条 当事人提起诉讼仅请求解除同居关系的,人民法院不予受理;已经受理的,裁定驳回起诉。

当事人因同居期间财产分割或者子女抚养纠纷提起诉讼的,人民法院应当受理。

(二)无效婚姻

第一千零五十一条 [婚姻无效的情形]有下列情形之一的,婚姻无效:

(一)重婚;

(二)有禁止结婚的亲属关系;

(三)未到法定婚龄。

《民法典婚姻家庭编解释(一)》

第九条 有权依据民法典第一千零五十一条规定向人民法院就已办结婚登记的婚姻请求确认婚姻无效的主体,包括婚姻当事人及利害关系人。其中,利害关系人包括:

(一)以重婚为由的,为当事人的近亲属及基层组织;

(二)以未到法定婚龄为由的,为未到法定婚龄者的近亲属;

(三)以有禁止结婚的亲属关系为由的,为当事人的近亲属。

第十条 当事人依据民法典第一千零五十一条规定向人民法院请求确认婚姻无效,法定的无效婚姻情形在提起诉讼时已经消失的,人民法院不予支持。

第十一条 人民法院受理请求确认婚姻无效案件后,原告申请撤诉的,不予准许。

对婚姻效力的审理不适用调解,应当依法作出判决。涉及财产分割和子女抚养的,可以调解。调解达成协议的,另行制作调解书;未达成调解协议的,应当一并作出判决。

第十三条 人民法院就同一婚姻关系分别受理了离婚和请求确认婚姻无效案件的,对于离婚案件的审理,应当待请求确认婚姻无效案件作出判决后进行。

第十四条 夫妻一方或者双方死亡后,生存一方或者利害关系人依据民法典第一千零五十一条的规定请求确认婚姻无效的,人民法院应当受理。

第十五条 利害关系人依据民法典第一千零五十一条的规定,请求人民法院确认婚姻无效的,利害关系人为原告,婚姻关系当事人双方为被告。

夫妻一方死亡的,生存一方为被告。

第十六条 人民法院审理重婚导致的无效婚姻案件时,涉及财产处理的,应当准许合法婚姻当事人作为有独立请求权的第三人参加诉讼。

第十七条 当事人以民法典第一千零五十一条规定的三种无效婚姻以外的情形请求确认婚姻无效的,人民法院应当判决驳回当事人的诉讼请求。

当事人以结婚登记程序存在瑕疵为由提起民事诉讼,主张撤销结婚登记的,告知其可以依法申请行政复议或者提起行政诉讼。

(三)可撤销婚姻

1 第一千零五十二条 [受胁迫婚姻的撤销]因胁迫结婚的,受胁迫的一方可以向人民法院请求撤销婚姻。

请求撤销婚姻的,应当自胁迫行为终止之日起一年内提出。

被非法限制人身自由的当事人请求撤销婚姻的,应当自恢复人身自由之日起一年内提出。

《民法典婚姻家庭编解释(一)》

第十八条 行为人以给另一方当事人或者其近亲属的生命、身体、健康、名誉、财产等方面造成损害为要挟,迫使另一方当事人违背真实意愿结婚的,可以认定为民法典第一千零五十二条所称的"胁迫"。

因受胁迫而请求撤销婚姻的,只能是受胁迫一方的婚姻关系当事人本人。

第十九条第一款 民法典第一千零五十二条规定的"一年",不适用诉讼时效中止、中断或者延长的规定。

2 第一千零五十三条 [隐瞒重大疾病的可撤销婚姻]一方患有重大疾病的,应当在结婚登记前如实告知另一方;不如实告知的,另一方可以向人民法院请求撤销婚姻。

请求撤销婚姻的,应当自知道或者应当知道撤销事由之日起一年内提出。

(四)无效与被撤销婚姻的法律后果

第一千零五十四条 [婚姻无效或被撤销的法律后果]无效的或者被撤销的婚姻自始没有法律约束力,当事人不具有夫妻的权利和义务。同居期间所得的财产,由当事人协议处理;协议不成的,由人民法院根据照顾无过错方的原则判决。对重婚导致的无效婚姻的财产处理,不得侵害合法婚姻当事人的财产权益。当事人所生的子女,适用本法关于父母子女的规定。

婚姻无效或者被撤销的,无过错方有权请求损害赔偿。

《民法典婚姻家庭编解释(一)》

第二十一条　人民法院根据当事人的请求,依法确认婚姻无效或者撤销婚姻的,应当收缴双方的结婚证书并将生效的判决书寄送当地婚姻登记管理机关。

第二十二条　被确认无效或者被撤销的婚姻,当事人同居期间所得的财产,除有证据证明为当事人一方所有的以外,按共同共有处理。

(五)彩礼返还

(1)彩礼的认定

《最高人民法院关于审理涉彩礼纠纷案件适用法律若干问题的规定》

第三条　人民法院在审理涉彩礼纠纷案件中,可以根据一方给付财物的目的,综合考虑双方当地习俗、给付的时间和方式、财物价值、给付人及接收人等事实,认定彩礼范围。

下列情形给付的财物,不属于彩礼:

(一)一方在节日、生日等有特殊纪念意义时点给付的价值不大的礼物、礼金;

(二)一方为表达或者增进感情的日常消费性支出;

(三)其他价值不大的财物。

(2)返还彩礼的情形

《民法典婚姻家庭编解释(一)》

第五条　当事人请求返还按照习俗给付的彩礼的,如果查明属于以下情形,人民法院应当予以支持:

(一)双方未办理结婚登记手续;

(二)双方办理结婚登记手续但未共同生活;

(三)婚前给付并导致给付人生活困难。

适用前款第二项、第三项的规定,应当以双方离婚为条件。

《最高人民法院关于审理涉彩礼纠纷案件适用法律若干问题的规定》

第五条　双方已办理结婚登记且共同生活,离婚时一方请求返还按照习俗给付的彩礼的,人民法院一般不予支持。但是,如果共同生活时间较短且彩礼数额过高的,人民法院可以根据彩礼实际使用及嫁妆情况,综合考虑彩礼数额、共同生活及孕育情况、双方过错等事实,结合当地习俗,确定是否返还以及返还的具体比例。

人民法院认定彩礼数额是否过高,应当综合考虑彩礼给付方所在地居民人均可支配收入、给付家庭经济情况以及当地习俗等因素。

第六条　双方未办理结婚登记但已共同生活,一方请求返还按照习俗给付的彩礼的,人民法院应当根据彩礼实际使用及嫁妆情况,综合考虑共同生活及孕育情况、双方过错等事实,结合当地习俗,确定是否返还以及返还的具体比例。

(3)诉讼当事人

《最高人民法院关于审理涉彩礼纠纷案件适用法律若干问题的规定》

第四条　婚约财产纠纷中,婚约一方及其实际给付彩礼的父母可以作为共同原告;婚约另一方及其实际接收彩礼的父母可以作为共同被告。

离婚纠纷中,一方提出返还彩礼诉讼请求的,当事人仍为夫妻双方。

专题二十七　家庭关系

考点105 夫妻财产关系

(一)夫妻共同财产

1 第一千零六十二条　[夫妻共同财产]夫妻在婚姻关系存续期间所得的下列财产,为夫妻的共同财产,归夫妻共同所有:

(一)工资、奖金、劳务报酬;

(二)生产、经营、投资的收益;

(三)知识产权的收益;

(四)继承或者受赠的财产,但是本法第一千零六十三条第三项规定的除外;

(五)其他应当归共同所有的财产。

夫妻对共同财产,有平等的处理权。

《民法典婚姻家庭编解释(一)》

第二十四条　民法典第一千零六十二条第一款第三项规定的"知识产权的收益",是指婚姻关系存续期间,实际取得或者已经明确可以取得的财产性收益。

第二十五条　婚姻关系存续期间,下列财产属于民法典第一千零六十二条规定的"其他应当归共同所有的财产":

(一)一方以个人财产投资取得的收益;

(二)男女双方实际取得或者应当取得的住房补贴、住房公积金;

(三)男女双方实际取得或者应当取得的基本养老金、破产安置补偿费。

第二十六条　夫妻一方个人财产在婚后产生的收益,除孳息和自然增值外,应认定为夫妻共同财产。

第二十七条　由一方婚前承租、婚后用共同财产购买的房屋,登记在一方名下的,应当认定为夫妻共同财产。

第二十九条　当事人结婚前,父母为双方购置房屋出资的,该出资应当认定为对自己子女个人的赠与,但父母明确表示赠与双方的除外。

当事人结婚后,父母为双方购置房屋出资的,依照约定处理;没有约定或者约定不明确的,按照民法典第一千零六十二条第一款第四项规定的原则处理。

2 第一千零六十六条　[婚内分割夫妻共同财产]婚姻关系存续期间,有下列情形之一的,夫妻一方可以向人民法院请求分割共同财产:

(一)一方有隐藏、转移、变卖、毁损、挥霍夫妻共同财产或者伪造夫妻共同债务等严重损害夫妻共同财产利益的行为；

（二）一方负有法定扶养义务的人患重大疾病需要医治，另一方不同意支付相关医疗费用。

《民法典婚姻家庭编解释（一）》

第三十八条　婚姻关系存续期间，除民法典第一千零六十六条规定情形以外，夫妻一方请求分割共同财产的，人民法院不予支持。

3 第一千零八十七条　[离婚时夫妻共同财产的处理]离婚时，夫妻的共同财产由双方协议处理；协议不成的，由人民法院根据财产的具体情况，按照照顾子女、女方和无过错方权益的原则判决。

对夫或者妻在家庭土地承包经营中享有的权益等，应当依法予以保护。

《民法典婚姻家庭编解释（一）》

第七十三条　人民法院审理离婚案件，涉及分割夫妻共同财产中以一方名义在有限责任公司的出资额，另一方不是该公司股东的，按以下情形分别处理：

（一）夫妻双方协商一致将出资额部分或者全部转让给该股东的配偶，其他股东过半数同意，并且其他股东均明确表示放弃优先购买权的，该股东的配偶可以成为该公司股东；

（二）夫妻双方就出资额转让份额和转让价格等事项协商一致后，其他股东半数以上不同意转让，但愿意以同等条件购买该出资额的，人民法院可以对转让出资所得财产进行分割。其他股东半数以上不同意转让，也不愿意以同等条件购买该出资额的，视为其同意转让，该股东的配偶可以成为该公司股东。

用于证明前款规定的股东同意的证据，可以是股东会议材料，也可以是当事人通过其他合法途径取得的股东的书面声明材料。

第七十四条　人民法院审理离婚案件，涉及分割夫妻共同财产中以一方名义在合伙企业中的出资，另一方不是该企业合伙人的，当夫妻双方协商一致，将其合伙企业中的财产份额全部或者部分转让给对方时，按以下情形分别处理：

（一）其他合伙人一致同意的，该配偶依法取得合伙人地位；

（二）其他合伙人不同意转让，在同等条件下行使优先购买权的，可以对转让所得的财产进行分割；

（三）其他合伙人不同意转让，也不行使优先购买权，但同意该合伙人退伙或者削减部分财产份额，可以对结算后的财产进行分割；

（四）其他合伙人既不同意转让，也不行使优先购买权，又不同意该合伙人退伙或者削减部分财产份额的，视为全体合伙人同意转让，该配偶依法取得合伙人地位。

第七十八条　夫妻一方婚前订立不动产买卖合同，以个人财产支付首付款并在银行贷款，婚后用夫妻共同财产还贷，不动产登记于首付款支付方名下的，离婚时该不动产由双方协议处理。

依前款规定不能达成协议的，人民法院可以判决该不动产归登记一方，尚未归还的贷款为不动产登记一方的个人债务。双方婚后共同还贷支付的款项及其相对应财产增值部分，离婚时应根据民法典第一千零八十七条第一款规定的原则，由不动产登记一方对另一方进行补偿。

第七十九条　婚姻关系存续期间，双方用夫妻共同财产出资购买以一方父母名义参加房改的房屋，登记在一方父母名下，离婚时另一方主张按照夫妻共同财产对该房屋进行分割的，人民法院不予支持。购买该房屋时的出资，可以作为债权处理。

（二）夫妻个人财产

第一千零六十三条　[夫妻个人财产]下列财产为夫妻一方的个人财产：

（一）一方的婚前财产；

（二）一方因受到人身损害获得的赔偿或者补偿；

（三）遗嘱或者赠与合同中确定只归一方的财产；

（四）一方专用的生活用品；

（五）其他应当归一方的财产。

《民法典婚姻家庭编解释（一）》

第三十条　军人的伤亡保险金、伤残补助金、医药生活补助费属于个人财产。

第三十一条　民法典第一千零六十三条规定为夫妻一方的个人财产，不因婚姻关系的延续而转化为夫妻共同财产。但当事人另有约定的除外。

（三）约定财产制

第一千零六十五条　[夫妻约定财产制]男女双方可以约定婚姻关系存续期间所得的财产以及婚前财产归各自所有、共同所有或者部分各自所有、部分共同所有。约定应当采用书面形式。没有约定或者约定不明确的，适用本法第一千零六十二条、第一千零六十三条的规定。

夫妻对婚姻关系存续期间所得的财产以及婚前财产的约定，对双方具有法律约束力。

夫妻对婚姻关系存续期间所得的财产约定归各自所有，夫或者妻一方对外所负的债务，相对人知道该约定的，以夫或者妻一方的个人财产清偿。

考点106 夫妻债务归属与清偿

1 第一千零六十四条　[夫妻共同债务]夫妻双方共同签名或者夫妻一方事后追认等共同意思表示所负的债务，以及夫妻一方在婚姻关系存续期间以个人名义为家庭日常生活需要所负的债务，属于夫妻共同债务。

夫妻一方在婚姻关系存续期间以个人名义超出家庭日常生活需要所负的债务，不属于夫妻共同债务；但是，债权人能够证明该债务用于夫妻共同生活、共同生产经营或者基于夫妻双方共同意思表示的除外。[2019年回忆~夫妻共同债务的认定]

《民法典婚姻家庭编解释（一）》

第三十三条　债权人就一方婚前所负个人债务向债务人的配偶主张权利的，人民法院不予支持。但债权人能够证明所负债务用于婚后家庭共同生活的除外。

第三十四条　夫妻一方与第三人串通,虚构债务,第三人主张该债务为夫妻共同债务的,人民法院不予支持。

夫妻一方在从事赌博、吸毒等违法犯罪活动中所负债务,第三人主张该债务为夫妻共同债务的,人民法院不予支持。

第三十五条　当事人的离婚协议或者人民法院生效判决、裁定、调解书已经对夫妻财产分割问题作出处理的,债权人仍有权就夫妻共同债务向男女双方主张权利。

一方就夫妻共同债务承担清偿责任后,主张由另一方按照离婚协议或者人民法院的法律文书承担相应债务的,人民法院应予支持。

第三十六条　夫或者妻一方死亡的,生存一方应当对婚姻关系存续期间的夫妻共同债务承担清偿责任。

2 第一千零八十九条　[离婚时夫妻共同债务的清偿]离婚时,夫妻共同债务应当共同偿还。共同财产不足清偿或者财产归各自所有的,由双方协议清偿;协议不成的,由人民法院判决。

专题二十八　离　婚

考点108　协议离婚与诉讼离婚

(一)协议离婚

第一千零七十六条　[协议离婚]夫妻双方自愿离婚的,应当签订书面离婚协议,并亲自到婚姻登记机关申请离婚登记。

离婚协议应当载明双方自愿离婚的意思表示和对子女抚养、财产以及债务处理等事项协商一致的意见。

第一千零七十七条　[离婚冷静期]自婚姻登记机关收到离婚登记申请之日起三十日内,任何一方不愿意离婚的,可以向婚姻登记机关撤回离婚登记申请。

前款规定期限届满后三十日内,双方应当亲自到婚姻登记机关申请发给离婚证;未申请的,视为撤回离婚登记申请。

(二)诉讼离婚

(1)法定事由

第一千零七十九条　[诉讼离婚]夫妻一方要求离婚的,可以由有关组织进行调解或者直接向人民法院提起离婚诉讼。

人民法院审理离婚案件,应当进行调解;如果感情确已破裂,调解无效的,应当准予离婚。

有下列情形之一,调解无效的,应当准予离婚:

(一)重婚或者与他人同居;

(二)实施家庭暴力或者虐待、遗弃家庭成员;

(三)有赌博、吸毒等恶习屡教不改;

(四)因感情不和分居满二年;

(五)其他导致夫妻感情破裂的情形。

一方被宣告失踪,另一方提起离婚诉讼的,应当准予离婚。

经人民法院判决不准离婚后,双方又分居满一年,一方再次提起离婚诉讼的,应当准予离婚。

《民法典婚姻家庭编解释(一)》

第二十三条　夫以妻擅自中止妊娠侵犯其生育权为由请求损害赔偿的,人民法院不予支持;夫妻双方因是否生育发生纠纷,致使感情确已破裂,一方请求离婚的,人民法院经调解无效,应依照民法典第一千零七十九条第三款第五项的规定处理。

第六十三条　人民法院审理离婚案件,符合民法典第一千零七十九条第三款规定"应当准予离婚"情形的,不应当因当事人有过错而判决不准离婚。

(2)特殊规定

第一千零八十一条　[现役军人离婚]现役军人的配偶要求离婚,应当征得军人同意,但是军人一方有重大过错的除外。

第一千零八十二条　[男方提出离婚的限制情形]女方在怀孕期间、分娩后一年内或者终止妊娠后六个月内,男方不得提出离婚;但是,女方提出离婚或者人民法院认为确有必要受理男方离婚请求的除外。

考点109　离婚后的子女抚养与探望权

(一)子女抚养

1 第一千零八十四条　[离婚后子女的抚养]父母与子女间的关系,不因父母离婚而消除。离婚后,子女无论由父或者母直接抚养,仍是父母双方的子女。

离婚后,父母对于子女仍有抚养、教育、保护的权利和义务。

离婚后,不满两周岁的子女,以由母亲直接抚养为原则。已满两周岁的子女,父母双方对抚养问题协议不成的,由人民法院根据双方的具体情况,按照最有利于未成年子女的原则判决。子女已满八周岁的,应当尊重其真实意愿。

《民法典婚姻家庭编解释(一)》

第四十四条　离婚案件涉及未成年子女抚养的,对不满两周岁的子女,按照民法典第一千零八十四条第三款规定的原则处理。母亲有下列情形之一,父亲请求直接抚养的,人民法院应予支持:

(一)患有久治不愈的传染性疾病或者其他严重疾病,子女不宜与其共同生活;

(二)有抚养条件不尽抚养义务,而父亲要求子女随其生活;

(三)因其他原因,子女确不宜随母亲生活。

第四十五条　父母双方协议不满两周岁子女由父亲直接抚养,并对子女健康成长无不利影响的,人民法院应予支持。

第四十六条　对已满两周岁的未成年子女,父母均要求直接抚养,一方有下列情形之一的,可予优先考虑:

(一)已做绝育手术或者因其他原因丧失生育能力;

(二)子女随其生活时间较长,改变生活环境对子女健康成长明显不利;

(三)无其他子女,而另一方有其他子女;

(四)子女随其生活,对子女成长有利,而另一方患有久治不愈的传染性疾病或者其他严重疾病,或者有其他不利于子女身心健康的情形,不宜与子女共同生活。

第四十七条 父母抚养子女的条件基本相同,双方均要求直接抚养子女,但子女单独随祖父母或者外祖父母共同生活多年,且祖父母或者外祖父母要求并且有能力帮助子女照顾孙子女或者外孙子女的,可以作为父或者母直接抚养子女的优先条件予以考虑。

第四十八条 在有利于保护子女利益的前提下,父母双方协议轮流直接抚养子女的,人民法院应予支持。

第五十四条 生父与继母离婚或者生母与继父离婚时,对曾受其抚养教育的继子女,继父或者继母不同意继续抚养的,仍应由生父或者生母抚养。

第五十五条 离婚后,父母一方要求变更子女抚养关系的,或者子女要求增加抚养费的,应当另行提起诉讼。

第五十六条 具有下列情形之一,父母一方要求变更子女抚养关系的,人民法院应予支持:

(一)与子女共同生活的一方因患严重疾病或者因伤残无力继续抚养子女的;

(二)与子女共同生活的一方不尽抚养义务或有虐待子女行为,或者其与子女共同生活对子女身心健康确有不利影响;

(三)已满八周岁的子女,愿随另一方生活,该方又有抚养能力;

(四)有其他正当理由需要变更。

第五十七条 父母双方协议变更子女抚养关系的,人民法院应予支持。

2 第一千零八十五条 [离婚后子女抚养费的负担]离婚后,子女由一方直接抚养的,另一方应当负担部分或全部抚养费。负担费用的多少和期限的长短,由双方协议;协议不成的,由人民法院判决。

前款规定的协议或者判决,不妨碍子女在必要时向父母任何一方提出超过协议或者判决原定数额的合理要求。

《民法典婚姻家庭编解释(一)》

第四十九条 抚养费的数额,可以根据子女的实际需要、父母双方的负担能力和当地的实际生活水平确定。

有固定收入的,抚养费一般可以按其月总收入的百分之二十至三十的比例给付。负担两个以上子女抚养费的,比例可以适当提高,但一般不得超过月总收入的百分之五十。

无固定收入的,抚养费的数额可以依据当年总收入或者同行业平均收入,参照上述比例确定。

有特殊情况的,可以适当提高或者降低上述比例。

第五十条 抚养费应当定期给付,有条件的可以一次性给付。

第五十一条 父母一方无经济收入或者下落不明的,可以用其财物折抵抚养费。

第五十二条 父母双方可以协议由一方直接抚养子女并由直接抚养方负担子女全部抚养费。但是,直接抚养方的抚养能力明显不能保障子女所需费用,影响子女健康成长的,人民法院不予支持。

第五十三条 抚养费的给付期限,一般至子女十八周岁为止。

十六周岁以上不满十八周岁,以其劳动收入为主要生活来源,并能维持当地一般生活水平的,父母可以停止给付抚养费。

第五十八条 具有下列情形之一,子女要求有负担能力的父或者母增加抚养费的,人民法院应予支持:

(一)原定抚养费数额不足以维持当地实际生活水平;

(二)因子女患病、上学,实际需要已超过原定数额;

(三)有其他正当理由应当增加。

第五十九条 父母不得因子女变更姓氏而拒付子女抚养费。父或者母擅自将子女姓氏改为继母或继父姓氏而引起纠纷的,应当责令恢复原姓氏。

(二)探望权

第一千零八十六条 [探望子女权利]离婚后,不直接抚养子女的父或者母,有探望子女的权利,另一方有协助的义务。

行使探望权利的方式、时间由当事人协议;协议不成的,由人民法院判决。

父或者母探望子女,不利于子女身心健康的,由人民法院依法中止探望;中止的事由消失后,应当恢复探望。

《民法典婚姻家庭编解释(一)》

第六十五条 人民法院作出的生效的离婚判决中未涉及探望权,当事人就探望权问题单独提起诉讼的,法院应予受理。

第六十六条 当事人在履行生效判决、裁定或者调解书的过程中,一方请求中止探望的,人民法院在征询双方当事人意见后,认为需要中止探望的,依法作出裁定;中止探望的情形消失后,人民法院应当根据当事人的请求书面通知其恢复探望。

第六十七条 未成年子女、直接抚养子女的父或者母以及其他对未成年子女负担抚养、教育、保护义务的法定监护人,有权向人民法院提出中止探望的请求。

第六十八条 对于拒不协助另一方行使探望权的有关个人或者组织,可以由人民法院依法采取拘留、罚款等强制措施,但是不能对子女的人身、探望行为进行强制执行。

考点110 离婚时的救济

(一)补偿请求权

第一千零八十八条 [离婚经济补偿]夫妻一方因抚育子女、照料老年人、协助另一方工作等负担较多义务的,离婚时有权向另一方请求补偿,另一方应当给予补偿。具体办法由双方协议;协议不成的,由人民法院判决。

（二）帮助请求权

第一千零九十条 ［离婚经济帮助］离婚时,如果一方生活困难,有负担能力的另一方应当给予适当帮助。具体办法由双方协议;协议不成的,由人民法院判决。

（三）赔偿请求权

第一千零九十一条 ［离婚损害赔偿］有下列情形之一,导致离婚的,无过错方有权请求损害赔偿:

（一）重婚;

（二）与他人同居;

（三）实施家庭暴力;

（四）虐待、遗弃家庭成员;

（五）有其他重大过错。

《民法典婚姻家庭编解释（一）》

第八十六条　民法典第一千零九十一条规定的"损害赔偿",包括物质损害赔偿和精神损害赔偿。涉及精神损害赔偿的,适用《最高人民法院关于确定民事侵权精神损害赔偿责任若干问题的解释》的有关规定。

第八十七条　承担民法典第一千零九十一条规定的损害赔偿责任的主体,为离婚诉讼当事人中无过错方的配偶。

人民法院判决不准离婚的案件,对于当事人基于民法典第一千零九十一条提出的损害赔偿请求,不予支持。

在婚姻关系存续期间,当事人不起诉离婚而单独依据民法典第一千零九十一条提起损害赔偿请求的,人民法院不予受理。

第八十八条　人民法院受理离婚案件时,应当将民法典第一千零九十一条等规定中当事人的有关权利义务,书面告知当事人。在适用民法典第一千零九十一条时,应当区分以下不同情况:

（一）符合民法典第一千零九十一条规定的无过错方作为原告基于该条规定向人民法院提起损害赔偿请求的,必须在离婚诉讼的同时提出;

（二）符合民法典第一千零九十一条规定的无过错方作为被告的离婚诉讼案件,如果被告不同意离婚也不基于该条规定提起损害赔偿请求的,可以就此单独提起诉讼;

（三）无过错方作为被告的离婚诉讼案件,一审时被告未基于民法典第一千零九十一条规定提出损害赔偿请求,二审期间提出的,人民法院应当进行调解;调解不成的,告知当事人另行起诉。双方当事人同意由第二审人民法院一并审理的,第二审人民法院可以一并裁判。

第八十九条　当事人在婚姻登记机关办理离婚登记手续后,以民法典第一千零九十一条规定为由向人民法院提出损害赔偿请求的,人民法院应当受理。但当事人在协议离婚时已经明确表示放弃该项请求的,人民法院不予支持。

第九十条　夫妻双方均有民法典第一千零九十一条规定的过错情形,一方或者双方向对方提出离婚损害赔偿请求的,人民法院不予支持。

考点 111　离婚夫妻共同财产的分割

1 **第一千零八十七条** ［离婚时夫妻共同财产的处理］离婚时,夫妻的共同财产由双方协议处理;协议不成的,由人民法院根据财产的具体情况,按照照顾子女、女方和无过错方权益的原则判决。

对夫或者妻在家庭土地承包经营中享有的权益等,应当依法予以保护。

《民法典婚姻家庭编解释（一）》

第七十条　夫妻双方协议离婚后就财产分割问题反悔,请求撤销财产分割协议的,人民法院应当受理。

人民法院审理后,未发现订立财产分割协议时存在欺诈、胁迫等情形的,应当依法驳回当事人的诉讼请求。

第七十一条　人民法院审理离婚案件,涉及分割发放到军人名下的复员费、自主择业费等一次性费用的,以夫妻婚姻关系存续年限乘以年平均值,所得数额为夫妻共同财产。

前款所称年平均值,是指将发放到军人名下的上述费用总额按具体年限均分得出的数额。其具体年限为人均寿命七十岁与军人入伍时实际年龄的差额。

第七十二条　夫妻双方分割共同财产中的股票、债券、投资基金份额等有价证券以及未上市股份有限公司股份时,协商不成或者按市价分配有困难的,人民法院可以根据数量按比例分配。

第七十三条　人民法院审理离婚案件,涉及分割夫妻共同财产中以一方名义在有限责任公司的出资额,另一方不是该公司股东的,按以下情形分别处理:

（一）夫妻双方协商一致将出资额部分或者全部转让给该股东的配偶,其他股东过半数同意,并且其他股东均明确表示放弃优先购买权的,该股东的配偶可以成为该公司股东;

（二）夫妻双方就出资额转让份额和转让价格等事项协商一致后,其他股东半数以上不同意转让,但愿意以同等条件购买该出资的,人民法院可以对转让出资所得财产进行分割。其他股东半数以上不同意转让,也不愿意以同等条件购买该出资的,视为其同意转让,该股东的配偶可以成为该公司股东。

用于证明前款规定的股东同意的证据,可以是股东会议材料,也可以是当事人通过其他合法途径取得的股东的书面声明材料。

第七十四条　人民法院审理离婚案件,涉及分割夫妻共同财产中以一方名义在合伙企业中的出资,另一方不是该企业合伙人的,当夫妻双方协商一致,将其合伙企业中的财产份额全部或者部分转让给对方时,按以下情形分别处理:

（一）其他合伙人一致同意的,该配偶依法取得合伙人地位;

（二）其他合伙人不同意转让,在同等条件下行使优先购买权的,可以对转让所得的财产进行分割;

（三）其他合伙人不同意转让,也不行使优先购买权,但同意该合伙人退伙或者削减部分财产份额的,可以对

结算后的财产进行分割;

（四）其他合伙人既不同意转让,也不行使优先购买权,又不同意该合伙人退伙或者削减部分财产份额的,视为全体合伙人同意转让,该配偶依法取得合伙人地位。

第七十五条　夫妻以一方名义投资设立个人独资企业的,人民法院分割夫妻在该个人独资企业中的共同财产时,应当按照以下情形分别处理:

（一）一方主张经营该企业的,对企业资产进行评估后,由取得企业资产所有权一方给予另一方相应的补偿;

（二）双方均主张经营该企业的,在双方竞价基础上,由取得企业资产所有权的一方给予另一方相应的补偿;

（三）双方均不愿意经营企业的,按照《中华人民共和国个人独资企业法》等有关规定办理。

第七十六条　双方对夫妻共同财产中的房屋价值及归属无法达成协议时,人民法院按以下情形分别处理:

（一）双方均主张房屋所有权并且同意竞价取得的,应当准许;

（二）一方主张房屋所有权的,由评估机构按市场价格对房屋作出评估,取得所有权的一方应当给予另一方相应的补偿;

（三）双方均不主张房屋所有权的,根据当事人的申请拍卖、变卖房屋,就所得价款进行分割。

第七十七条　离婚时双方对尚未取得所有权或者尚未取得完全所有权的房屋有争议且协商不成的,人民法院不宜判决房屋所有权的归属,应当根据实际情况判决由当事人使用。

当事人就前款规定的房屋取得完全所有权后,有争议的,可以另行向人民法院提起诉讼。

第七十八条　夫妻一方婚前签订不动产买卖合同,以个人财产支付首付款并在银行贷款,婚后用夫妻共同财产还贷,不动产登记于首付款支付方名下的,离婚时不动产由双方协议处理。

依前款规定不能达成协议的,人民法院可以判决该不动产归登记一方,尚未归还的贷款为不动产登记一方的个人债务。双方婚后共同还贷支付的款项及其相对应财产增值部分,离婚时应根据民法典第一千零八十七条第一款规定的原则,由不动产登记一方对另一方进行补偿。

第七十九条　婚姻关系存续期间,双方用夫妻共同财产出资购买以一方父母名义参加房改的房屋,登记在一方父母名下,离婚时另一方主张按照夫妻共同财产对该房屋进行分割的,人民法院不予支持。购买该房屋时的出资,可以作为债权处理。

第八十条　离婚时夫妻一方尚未退休、不符合领取基本养老金条件,另一方请求按夫妻共同财产分割基本养老金的,人民法院不予支持;婚后以夫妻共同财产缴纳基本养老保险费,离婚时一方主张将养老金账户中婚姻关系存续期间个人实际缴纳部分及利息作为夫妻共同财产分割的,人民法院应予支持。

第八十一条　婚姻关系存续期间,夫妻一方作为继承人依法可以继承的遗产,在继承人之间尚未实际分割,起诉离婚时另一方请求分割的,人民法院应当告知当事人在继承人之间实际分割遗产后另行起诉。

第八十二条　夫妻之间订立借款协议,以夫妻共同财产出借给一方从事个人经营活动或者用于其他个人事务的,应视为双方约定处分夫妻共同财产的行为,离婚时可以按照借款协议的约定处理。

第八十三条　离婚后,一方以尚有夫妻共同财产未处理为由向人民法院起诉请求分割的,经审查该财产确属离婚时未涉及的夫妻共同财产,人民法院应当依法予以分割。

❷ 第一千零九十二条　[一方侵害夫妻财产的处理规则] 夫妻一方隐藏、转移、变卖、毁损、挥霍夫妻共同财产,或者伪造夫妻共同债务企图侵占另一方财产的,在离婚分割夫妻共同财产时,对该方可以少分或者不分。离婚后,另一方发现有上述行为的,可以向人民法院提起诉讼,请求再次分割夫妻共同财产。

《民法典婚姻家庭编解释（一）》

第八十四条　当事人依民法典第一千零九十二条的规定向人民法院提起诉讼,请求再次分割夫妻共同财产的诉讼时效期间为三年,从当事人发现之日起计算。

专题二十九　收　养

考点112　收养

（一）收养关系的成立

第一千零九十八条　[收养人条件] 收养人应当同时具备下列条件:

（一）无子女或者只有一名子女;

（二）有抚养、教育和保护被收养人的能力;

（三）未患有在医学上认为不应当收养子女的疾病;

（四）无不利于被收养人健康成长的违法犯罪记录;

（五）年满三十周岁。

第一千零九十九条　[三代以内旁系同辈血亲的收养] 收养三代以内旁系同辈血亲的子女,可以不受本法第一千零九十三条第三项、第一千零九十四条第三项和第一千一百零二条规定的限制。

华侨收养三代以内旁系同辈血亲的子女,还可以不受本法第一千零九十八条第一项规定的限制。

第一千一百条　[收养人收养子女数量] 无子女的收养人可以收养两名子女;有子女的收养人只能收养一名子女。

收养孤儿、残疾未成年人或者儿童福利机构抚养的查找不到生父母的未成年人,可以不受前款和本法第一千零九十八条第一项规定的限制。

第一千一百零一条　[共同收养] 有配偶者收养子女,应当夫妻共同收养。

第一千一百零二条　[无配偶者收养异性子女的限制] 无配偶者收养异性子女的,收养人与被收养人的年龄应当相差四十周岁以上。

第一千一百零三条　[收养继子女的特别规定] 继父

或者继母经继子女的生父母同意,可以收养继子女,并可以不受本法第一千零九十三条第三项、第一千零九十四条第三项、第一千零九十八条和第一千一百条第一款规定的限制。

第一千一百零四条 [收养自愿原则]收养人收养与送养人送养,应当双方自愿。收养八周岁以上未成年人的,应当征得被收养人的同意。

第一千一百零五条第一款 [收养登记、收养协议、收养公证及收养评估]收养应当向县级以上人民政府民政部门登记。收养关系自登记之日起成立。

(二)收养关系的解除

第一千一百一十四条 [收养关系的协议解除与诉讼解除]收养人在被收养人成年以前,不得解除收养关系,但是收养人、送养人双方协议解除的除外。养子女八周岁以上的,应当征得本人同意。

收养人不履行抚养义务,有虐待、遗弃等侵害未成年养子女合法权益行为的,送养人有权要求解除养父母与养子女间的收养关系。送养人、收养人不能达成解除收养关系协议的,可以向人民法院提起诉讼。

第一千一百一十五条 [养父母与成年养子女解除收养关系]养父母与成年养子女关系恶化、无法共同生活的,可以协议解除收养关系。不能达成协议的,可以向人民法院提起诉讼。

第一千一百一十六条 [解除收养关系的登记]当事人协议解除收养关系的,应当到民政部门办理解除收养关系登记。

第一千一百一十七条 [收养关系解除的法律后果]收养关系解除后,养子女与养父母以及其他近亲属间的权利义务关系即行消除,与生父母以及其他近亲属间的权利义务关系自行恢复。但是,成年养子女与生父母以及其他近亲属间的权利义务关系是否恢复,可以协商确定。

第一千一百一十八条 [收养关系解除后生活费、抚养费支付]收养关系解除后,经养父母抚养的成年养子女,对缺乏劳动能力又缺乏生活来源的养父母,应当给付生活费。因养子女成年后虐待、遗弃养父母而解除收养关系的,养父母可以要求养子女补偿收养期间支出的抚养费。

生父母要求解除收养关系的,养父母可以要求生父母适当补偿收养期间支出的抚养费;但是,因养父母虐待、遗弃养子女而解除收养关系的除外。

第六编 继 承

专题三十 继承概述

考点113 继承的一般规定

(一)继承的开始

第一千一百二十一条 [继承的开始时间和死亡时间的推定]继承从被继承人死亡时开始。

相互有继承关系的数人在同一事件中死亡,难以确定死亡时间的,推定没有其他继承人的人先死亡。都有其他继承人,辈份不同的,推定长辈先死亡;辈份相同的,推定同时死亡,相互不发生继承。

(二)继承权的放弃

第一千一百二十四条 [继承和遗赠的接受和放弃]继承开始后,继承人放弃继承的,应当在遗产处理前,以书面形式作出放弃继承的表示;没有表示的,视为接受继承。

受遗赠人应当在知道受遗赠后六十日内,作出接受或者放弃受遗赠的表示;到期没有表示的,视为放弃受遗赠。

《民法典继承编解释(一)》

第三十二条 继承人因放弃继承权,致其不能履行法定义务的,放弃继承权的行为无效。

第三十三条 继承人放弃继承应当以书面形式向遗产管理人或者其他继承人表示。

第三十四条 在诉讼中,继承人向人民法院以口头方式表示放弃继承的,要制作笔录,由放弃继承的人签名。

第三十五条 继承人放弃继承的意思表示,应当在继承开始后、遗产分割前作出。遗产分割后表示放弃的,不再是继承权,而是所有权。

第三十六条 遗产处理前或者在诉讼进行中,继承人对放弃继承反悔的,由人民法院根据其提出的具体理由,决定是否承认。遗产处理后,继承人对放弃继承反悔的,不予承认。

第三十七条 放弃继承的效力,追溯到继承开始的时间。

第四十四条 继承诉讼开始后,如继承人、受遗赠人中有既不愿参加诉讼,又不表示放弃实体权利的,应当追加为共同原告;继承人已书面表示放弃继承、受遗赠人在知道受遗赠后六十日内表示放弃受遗赠或到期没有表示的,不再列为当事人。

(三)继承权的丧失

第一千一百二十五条 [继承权的丧失]继承人有下列行为之一的,丧失继承权:

(一)故意杀害被继承人;

(二)为争夺遗产而杀害其他继承人;

(三)遗弃被继承人,或者虐待被继承人情节严重;

(四)伪造、篡改、隐匿或者销毁遗嘱,情节严重;

(五)以欺诈、胁迫手段迫使或者妨碍被继承人设立、变更或者撤回遗嘱,情节严重。

继承人有前款第三项至第五项行为,确有悔改表现,被继承人表示宽恕或者事后在遗嘱中将其列为继承人的,该继承人不丧失继承权。

受遗赠人有本条第一款规定行为的,丧失受遗赠权。

《民法典继承编解释(一)》

第六条 继承人是否符合民法典第一千一百二十五条第一款第三项规定的"虐待被继承人情节严重",可以从实施虐待行为的时间、手段、后果和社会影响等方面认定。

虐待被继承人情节严重的，不论是否追究刑事责任，均可确认其丧失继承权。

第七条　继承人故意杀害被继承人的，不论是既遂还是未遂，均应当确认其丧失继承权。

第八条　继承人有民法典第一千一百二十五条第一款第一项或者第二项所列之行为，而被继承人以遗嘱将遗产指定由该继承人继承的，可以确认遗嘱无效，并确认该继承人丧失继承权。

第九条　继承人伪造、篡改、隐匿或者销毁遗嘱，侵害了缺乏劳动能力又无生活来源的继承人的利益，并造成其生活困难的，应当认定为民法典第一千一百二十五条第一款第四项规定的"情节严重"。

(四)继承权的保护
《民法典继承编解释(一)》

第四十四条　继承诉讼开始后，如继承人、受遗赠人中有既不愿参加诉讼，又不表示放弃实体权利的，应当追加为共同原告；继承人已书面表示放弃继承、受遗赠人在知道受遗赠后六十日内表示放弃受遗赠或者到期没有表示的，不再列为当事人。

专题三十一　法定继承

考点114　法定继承人的范围和继承顺序

第一千一百二十七条　[继承人的范围及继承顺序] 遗产按照下列顺序继承：

（一）第一顺序：配偶、子女、父母；
（二）第二顺序：兄弟姐妹、祖父母、外祖父母。

继承开始后，由第一顺序继承人继承，第二顺序继承人不继承；没有第一顺序继承人继承的，由第二顺序继承人继承。

本编所称子女，包括婚生子女、非婚生子女、养子女和有扶养关系的继子女。

本编所称父母，包括生父母、养父母和有扶养关系的继父母。

本编所称兄弟姐妹，包括同父母的兄弟姐妹、同父异母或者同母异父的兄弟姐妹、养兄弟姐妹、有扶养关系的继兄弟姐妹。

第一千一百二十九条　[丧偶儿媳、女婿的继承权] 丧偶儿媳对公婆，丧偶女婿对岳父母，尽了主要赡养义务的，作为第一顺序继承人。

《民法典继承编解释(一)》

第十条　被收养人对养父母尽了赡养义务，同时又对生父母扶养较多的，除可以依照民法典第一千一百二十七条的规定继承养父母的遗产外，也可以依照民法典第一千一百三十一条的规定分得生父母适当的遗产。

第十一条　继子女继承了继父母遗产的，不影响其继承生父母的遗产。

继父母继承了继子女遗产的，不影响其继承生子女的遗产。

第十二条　养子女与生子女之间、养子女与养子女之间，系养兄弟姐妹，可以互为第二顺序继承人。

被收养人与其亲兄弟姐妹之间的权利义务关系，因收养关系的成立而消除，不能互为第二顺序继承人。

第十三条　继兄弟姐妹之间的继承权，因继兄弟姐妹之间的扶养关系而发生。没有扶养关系的，不能互为第二顺序继承人。

继兄弟姐妹之间相互继承了遗产的，不影响其继承亲兄弟姐妹的遗产。

第十八条　丧偶儿媳对公婆、丧偶女婿对岳父母，无论其是否再婚，依照民法典第一千一百二十九条规定作为第一顺序继承人时，不影响其子女代位继承。

考点115　法定继承中遗产的分配

1 **第一千一百三十条　[遗产分配规则]** 同一顺序继承人继承遗产的份额，一般应当均等。

对生活有特殊困难又缺乏劳动能力的继承人，分配遗产时，应当予以照顾。

对被继承人尽了主要扶养义务或者与被继承人共同生活的继承人，分配遗产时，可以多分。

有扶养能力和有扶养条件的继承人，不尽扶养义务的，分配遗产时，应当不分或者少分。

继承人协商同意的，也可以不均等。

《民法典继承编解释(一)》

第十九条　对被继承人生活提供了主要经济来源，或者在劳务等方面给予了主要扶助的，应当认定其尽了主要赡养义务或主要扶养义务。

第二十二条　继承人有扶养能力和扶养条件，愿意尽扶养义务，但被继承人因有固定收入和劳动能力，明确表示不要求其扶养的，分配遗产时，一般不应因此而影响其继承份额。

第二十三条　有扶养能力和扶养条件的继承人虽然与被继承人共同生活，但对需要扶养的被继承人不尽扶养义务的，分配遗产时，可以少分或者不分。

2 **第一千一百三十一条　[酌情分得遗产权]** 对继承人以外的依靠被继承人扶养的人，或者继承人以外的对被继承人扶养较多的人，可以分给适当的遗产。

《民法典继承编解释(一)》

第二十条　依照民法典第一千一百三十一条规定可以分给适当遗产的人，分给他们遗产时，按具体情况可以多于或者少于继承人。

第二十一条　依照民法典第一千一百三十一条规定可以分给适当遗产的人，在其依法取得被继承人遗产的权利受到侵害时，本人有权以独立的诉讼主体资格向人民法院提起诉讼。

考点116　代位继承与转继承

(一)代位继承

第一千一百二十八条　[代位继承] 被继承人的子女

先于被继承人死亡的,由被继承人的子女的直系晚辈血亲代位继承。

被继承人的兄弟姐妹先于被继承人死亡的,由被继承人的兄弟姐妹的子女代位继承。

代位继承人一般只能继承被代位继承人有权继承的遗产份额。

《民法典继承编解释(一)》

第十四条 被继承人的孙子女、外孙子女、曾孙子女、外曾孙子女都可以代位继承,代位继承人不受辈数的限制。

第十五条 被继承人的养子女、已形成扶养关系的继子女的生子女可以代位继承;被继承人亲生子女的养子女可以代位继承;被继承人养子女的养子女可以代位继承;与被继承人已形成扶养关系的继子女的养子女也可以代位继承。

第十六条 代位继承人缺乏劳动能力又没有生活来源,或者对被继承人尽过主要赡养义务的,分配遗产时,可以多分。

第十七条 继承人丧失继承权的,其晚辈直系血亲不得代位继承。如该代位继承人缺乏劳动能力又没有生活来源,或者对被继承人尽赡养义务较多的,可以适当分给遗产。

(二)转继承

第一千一百五十二条 [转继承]继承开始后,继承人于遗产分割前死亡,并没有放弃继承的,该继承人应当继承的遗产转给其继承人,但是遗嘱另有安排的除外。

《民法典继承编解释(一)》

第三十八条 继承开始后,受遗赠人表示接受遗赠,并于遗产分割前死亡的,其接受遗赠的权利转移给他的继承人。

专题三十二 遗嘱继承、遗赠和遗赠扶养协议

考点117 遗嘱继承

(一)遗嘱形式

第一千一百三十四条 [自书遗嘱]自书遗嘱由遗嘱人亲笔书写,签名,注明年、月、日。

第一千一百三十五条 [代书遗嘱]代书遗嘱应当有两个以上见证人在场见证,由其中一人代书,并由遗嘱人、代书人和其他见证人签名,注明年、月、日。

第一千一百三十六条 [打印遗嘱]打印遗嘱应当有两个以上见证人在场见证。遗嘱人和见证人应当在遗嘱每一页签名,注明年、月、日。

第一千一百三十七条 [录音录像遗嘱]以录音录像形式立的遗嘱,应当有两个以上见证人在场见证。遗嘱人和见证人应当在录音录像中记录其姓名或者肖像,以及年、月、日。

第一千一百三十八条 [口头遗嘱]遗嘱人在危急情况下,可以立口头遗嘱。口头遗嘱应当有两个以上见证人在场见证。危急情况消除后,遗嘱人能够以书面或者录音录像形式立遗嘱的,所立的口头遗嘱无效。

第一千一百三十九条 [公证遗嘱]公证遗嘱由遗嘱人经公证机构办理。

(二)遗嘱见证人

第一千一百四十条 [作为遗嘱见证人的消极条件]下列人员不能作为遗嘱见证人:

(一)无民事行为能力人、限制民事行为能力人以及其他不具有见证能力的人;

(二)继承人、受遗赠人;

(三)与继承人、受遗赠人有利害关系的人。

《民法典继承编解释(一)》

第二十四条 继承人、受遗赠人的债权人、债务人、共同经营的合伙人,也应当视为与继承人、受遗赠人有利害关系,不能作为遗嘱的见证人。

(三)遗嘱的撤回与变更

第一千一百四十二条 [遗嘱的撤回与变更]遗嘱人可以撤回、变更自己所立的遗嘱。

立遗嘱后,遗嘱人实施与遗嘱内容相反的民事法律行为的,视为对遗嘱相关内容的撤回。

立有数份遗嘱,内容相抵触的,以最后的遗嘱为准。

(四)遗嘱的无效

第一千一百四十三条 [遗嘱无效的情形]无民事行为能力人或者限制民事行为能力人所立的遗嘱无效。

遗嘱必须表示遗嘱人的真实意思,受欺诈、胁迫所立的遗嘱无效。

伪造的遗嘱无效。

遗嘱被篡改的,篡改的内容无效。

《民法典继承编解释(一)》

第二十六条 遗嘱人以遗嘱处分了国家、集体或者他人财产的,应当认定该部分遗嘱无效。

第二十八条 遗嘱人立遗嘱时必须具有完全民事行为能力。无民事行为能力人或者限制民事行为能力人所立的遗嘱,即使其本人后来具有完全民事行为能力,仍属无效遗嘱。遗嘱人立遗嘱时具有完全民事行为能力,后来成为无民事行为能力人或者限制民事行为能力人的,不影响遗嘱的效力。

(五)附义务遗嘱

第一千一百四十四条 [附义务的遗嘱继承或遗赠]遗嘱继承或者遗赠附有义务的,继承人或者受遗赠人应当履行义务。没有正当理由不履行义务的,经利害关系人或者有关组织请求,人民法院可以取消其接受附义务部分遗产的权利。

《民法典继承编解释(一)》

第二十九条 附义务的遗嘱继承或者遗赠,如义务能够履行,而继承人、受遗赠人无正当理由不履行,经受益人或者其他继承人请求,人民法院可以取消其接受附义务部分遗产的权利,由提出请求的继承人或者受益人负责按遗嘱人的意愿履行义务,接受遗产。

考点118 遗赠扶养协议

第一千一百五十八条 [遗赠扶养协议]自然人可以与继承人以外的组织或者个人签订遗赠扶养协议。按照协议，该组织或者个人承担该自然人生养死葬的义务，享有受遗赠的权利。

《民法典》

第一千一百二十三条 [法定继承、遗嘱继承、遗赠和遗赠扶养协议的效力]继承开始后，按照法定继承办理；有遗嘱的，按照遗嘱继承或者遗赠办理；有遗赠扶养协议的，按照协议办理。

《民法典继承编解释（一）》

第三条 被继承人生前与他人订有遗赠扶养协议，同时又立有遗嘱的，继承开始后，如果遗赠扶养协议与遗嘱没有抵触，遗产分别按协议和遗嘱处理；如果有抵触，按协议处理，与协议抵触的遗嘱全部或者部分无效。

第四十条 继承人以外的组织或者个人与自然人签订遗赠扶养协议后，无正当理由不履行，导致协议解除的，不能享有受遗赠的权利，其支付的供养费用一般不予补偿；遗赠人无正当理由不履行，导致协议解除的，则应当偿还继承人以外的组织或者个人已支付的供养费用。

专题三十三 遗产的处理

考点119、120 遗产的处理

(一)遗产管理人

第一千一百四十五条 [遗产管理人的选任]继承开始后，遗嘱执行人为遗产管理人；没有遗嘱执行人的，继承人应当及时推选遗产管理人；继承人未推选的，由继承人共同担任遗产管理人；没有继承人或者继承人均放弃继承的，由被继承人生前住所地的民政部门或者村民委员会担任遗产管理人。

(二)遗产分割

(1)遗产的确定

第一千一百五十三条 [遗产的确定]夫妻共同所有的财产，除有约定的外，遗产分割时，应当先将共同所有的财产的一半分出为配偶所有，其余的为被继承人的遗产。

遗产在家庭共有财产之中的，遗产分割时，应当先分出他人的财产。

(2)按法定继承分割的情形

第一千一百五十四条 [按法定继承办理]有下列情形之一的，遗产中的有关部分按法定继承办理：

(一)遗嘱继承人放弃继承或者受遗赠人放弃受遗赠；

(二)遗嘱继承人丧失继承权或者受遗赠人丧失受遗赠权；

(三)遗嘱继承人、受遗赠人先于遗嘱人死亡或者终止；

(四)遗嘱无效部分所涉及的遗产；

(五)遗嘱未处分的遗产。

(3)必留份与预留份

1 第一千一百四十一条 [必留份]遗嘱应当为缺乏劳动能力又没有生活来源的继承人保留必要的遗产份额。

《民法典继承编解释（一）》

第二十五条 遗嘱人未保留缺乏劳动能力又没有生活来源的继承人的遗产份额，遗产处理时，应当为该继承人留必要的遗产，所剩余的部分，才可参照遗嘱确定的分配原则处理。

继承人是否缺乏劳动能力又没有生活来源，应当按遗嘱生效时该继承人的具体情况确定。

2 第一千一百五十五条 [胎儿预留份]遗产分割时，应当保留胎儿的继承份额。胎儿娩出时是死体的，保留的份额按照法定继承办理。

《民法典继承编解释（一）》

第三十一条 应当为胎儿保留的遗产份额没有保留的，应从继承人所继承的遗产中扣回。

为胎儿保留的遗产份额，如胎儿出生后死亡的，由胎儿的继承人继承；如胎儿娩出时是死体的，由被继承人的继承人继承。

(4)无人继承遗产的分割

第一千一百六十条 [无人继承的遗产的处理]无人继承又无人受遗赠的遗产，归国家所有，用于公益事业；死者生前是集体所有制组织成员的，归所在集体所有制组织所有。

(三)债务清偿

第一千一百五十九条 [遗产分割时的义务]分割遗产，应当清偿被继承人依法应当缴纳的税款和债务；但是，应当为缺乏劳动能力又没有生活来源的继承人保留必要的遗产。

第一千一百六十一条 [限定继承]继承人以所得遗产实际价值为限清偿被继承人依法应当缴纳的税款和债务。超过遗产实际价值部分，继承人自愿偿还的不在此限。

继承人放弃继承的，对被继承人依法应当缴纳的税款和债务可以不负清偿责任。

第一千一百六十三条 [既有法定继承又有遗嘱继承、遗赠时的债务清偿]既有法定继承又有遗嘱继承、遗赠的，由法定继承人清偿被继承人依法应当缴纳的税款和债务；超过法定继承遗产实际价值部分，由遗嘱继承人和受遗赠人按比例以所得遗产清偿。

第七编 侵权责任

专题三十四 侵权责任概述

考点121 侵权责任与免责

第一千一百七十三条 [过错相抵]被侵权人对同一

损害的发生或者扩大有过错的,可以减轻侵权人的责任。

第一千一百七十四条 [受害人故意]损害是因受害人故意造成的,行为人不承担责任。

第一千一百七十五条 [第三人过错]损害是因第三人造成的,第三人应当承担侵权责任。

第一千一百七十六条 [自甘风险]自愿参加具有一定风险的文体活动,因其他参加者的行为受到损害的,受害人不得请求其他参加者承担侵权责任;但是,其他参加者对损害的发生有故意或者重大过失的除外。

活动组织者的责任适用本法第一千一百九十八条至第一千二百零一条的规定。

第一千一百七十七条 [自力救济]合法权益受到侵害,情况紧迫且不能及时获得国家机关保护,不立即采取措施将使其合法权益受到难以弥补的损害,受害人可以在保护自己合法权益的必要范围内采取扣留侵权人的财物等合理措施;但是,应当立即请求有关国家机关处理。

受害人采取的措施不当造成他人损害的,应当承担侵权责任。

考点122 数人侵权

第一千一百六十八条 [共同侵权]二人以上共同实施侵权行为,造成他人损害的,应当承担连带责任。

第一千一百七十条 [共同危险行为]二人以上实施危及他人人身、财产安全的行为,其中一人或者数人的行为造成他人损害,能够确定具体侵权人的,由侵权人承担责任;不能确定具体侵权人的,行为人承担连带责任。

第一千一百七十一条 [分别侵权的连带责任]二人以上分别实施侵权行为造成同一损害,每个人的侵权行为都足以造成全部损害的,行为人承担连带责任。

第一千一百七十二条 [分别侵权的按份责任]二人以上分别实施侵权行为造成同一损害,能够确定责任大小的,各自承担相应的责任;难以确定责任大小的,平均承担责任。

《人身损害赔偿解释》

第二条 赔偿权利人起诉部分共同侵权人的,人民法院应当追加其他共同侵权人作为共同被告。赔偿权利人在诉讼中放弃对部分共同侵权人的诉讼请求的,其他共同侵权人对被放弃诉讼请求的被告应当承担的赔偿份额不承担连带责任。责任范围难以确定的,推定各共同侵权人承担同等责任。

人民法院应当将放弃诉讼请求的法律后果告知赔偿权利人,并将放弃诉讼请求的情况在法律文书中叙明。

专题三十五 特殊侵权责任

考点123 用人单位责任

第一千一百九十一条 [用人单位责任和劳务派遣单位、劳务用工单位责任]用人单位的工作人员因执行工作任务造成他人损害的,由用人单位承担侵权责任。用人单位承担侵权责任后,可以向有故意或者重大过失的工作人员追偿。

劳务派遣期间,被派遣的工作人员因执行工作任务造成他人损害的,由接受劳务派遣的用工单位承担侵权责任;劳务派遣单位有过错的,承担相应的责任。[2014年真题~无意思联络的数人侵权、职务侵权;2013年真题~用人单位的替代产品、产品责任]

《人身损害赔偿解释》

第三条 依法应当参加工伤保险统筹的用人单位的劳动者,因工伤事故遭受人身损害,劳动者或者其近亲属向人民法院起诉请求用人单位承担民事赔偿责任的,告知其按《工伤保险条例》的规定处理。

因用人单位以外的第三人侵权造成劳动者人身损害,赔偿权利人请求第三人承担民事赔偿责任的,人民法院应予支持。

考点124 个人劳务关系中的侵权责任

第一千一百九十二条 [个人劳务关系中的侵权责任]个人之间形成劳务关系,提供劳务一方因劳务造成他人损害的,由接受劳务一方承担侵权责任。接受劳务一方承担侵权责任后,可以向有故意或者重大过失的提供劳务一方追偿。提供劳务一方因劳务受到损害的,根据双方各自的过错承担相应的责任。

提供劳务期间,因第三人的行为造成提供劳务一方损害的,提供劳务一方有权请求第三人承担侵权责任,也有权请求接受劳务一方给予补偿。接受劳务一方补偿后,可以向第三人追偿。

《民法典》

第一千一百九十三条 [承揽关系中的侵权责任]承揽人在完成工作过程中造成第三人损害或者自己损害的,定作人不承担侵权责任。但是,定作人对定作、指示或者选任有过错的,应当承担相应的责任。

考点125 帮工侵权责任

《人身损害赔偿解释》

第四条 无偿提供劳务的帮工人,在从事帮工活动中致人损害的,被帮工人应当承担赔偿责任。被帮工人承担赔偿责任后向有故意或者重大过失的帮工人追偿的,人民法院应予支持。被帮工人明确拒绝帮工的,不承担赔偿责任。

第五条 无偿提供劳务的帮工人因帮工活动遭受人身损害的,根据帮工人和被帮工人各自的过错承担相应的责任;被帮工人明确拒绝帮工的,被帮工人不承担赔偿责任,但可以在受益范围内予以适当补偿。

帮工人在帮工活动中因第三人的行为遭受人身损害的,有权请求第三人承担赔偿责任,也有权请求被帮工人予以适当补偿。被帮工人补偿后,可以向第三人追偿。

考点126 违反安全保障义务的侵权责任

第一千一百九十八条 [违反安全保障义务的侵权责任]宾馆、商场、银行、车站、机场、体育场馆、娱乐场所等经营场所、公共场所的经营者、管理者或者群众性活动的组织者,未尽到安全保障义务,造成他人损害的,应当承担侵权责任。

因第三人的行为造成他人损害的,由第三人承担侵权责任;经营者、管理者或者组织者未尽到安全保障义务的,承担相应的补充责任。经营者、管理者或者组织者承担补充责任后,可以向第三人追偿。

考点127 网络侵权责任

第一千一百九十四条　[网络侵权责任]网络用户、网络服务提供者利用网络侵害他人民事权益的,应当承担侵权责任。法律另有规定的,依照其规定。

第一千一百九十五条　["通知与取下"制度]网络用户利用网络服务实施侵权行为的,权利人有权通知网络服务提供者采取删除、屏蔽、断开链接等必要措施。通知应当包括构成侵权的初步证据及权利人的真实身份信息。

网络服务提供者接到通知后,应当及时将该通知转送相关网络用户,并根据构成侵权的初步证据和服务类型采取必要措施;未及时采取必要措施的,对损害的扩大部分与该网络用户承担连带责任。

权利人因错误通知造成网络用户或者网络服务提供者损害的,应当承担侵权责任。法律另有规定的,依照其规定。

第一千一百九十六条　["反通知"制度]网络用户接到转送的通知后,可以向网络服务提供者提交不存在侵权行为的声明。声明应当包括不存在侵权行为的初步证据及网络用户的真实身份信息。

网络服务提供者接到声明后,应当将该声明转送发出通知的权利人,并告知其可以向有关部门投诉或者向人民法院提起诉讼。网络服务提供者在转送声明到达权利人后的合理期限内,未收到权利人已经投诉或者提起诉讼通知的,应当及时终止所采取的措施。

《信息网络侵害人身权益规定》

第二条　原告依据民法典第一千一百九十五条、第一千一百九十七条的规定起诉网络用户或者网络服务提供者的,人民法院应予受理。

原告仅起诉网络用户,网络用户请求追加涉嫌侵权的网络服务提供者为共同被告或者第三人的,人民法院应予准许。

原告仅起诉网络服务提供者,网络服务提供者请求追加可以确定的网络用户为共同被告或者第三人的,人民法院应予准许。

第三条　原告起诉网络服务提供者,网络服务提供者以涉嫌侵权的信息系网络用户发布为由抗辩的,人民法院可以根据原告的请求及案件的具体情况,责令网络服务提供者向人民法院提供能够确定涉嫌侵权的网络用户的姓名(名称)、联系方式、网络地址等信息。

网络服务提供者无正当理由拒不提供的,人民法院可以依据民事诉讼法第一百一十四条(现为第一百一十七条)的规定对网络服务提供者采取处罚等措施。

原告根据网络服务提供者提供的信息请求追加网络用户为被告的,人民法院应予准许。

第五条　其发布的信息被采取删除、屏蔽、断开链接等措施的网络用户,主张网络服务提供者承担违约责任或者侵权责任,网络服务提供者以收到民法典第一千一百九十五条第一款规定的有效通知为由抗辩的,人民法院应予支持。

第八条　网络用户或者网络服务提供者采取诽谤、诋毁等手段,损害公众对经营主体的信赖,降低其产品或者服务的社会评价,经营主体请求网络用户或者网络服务提供者承担侵权责任的,人民法院应依法予以支持。

第十条　被侵权人与构成侵权的网络用户或者网络服务提供者达成一方支付报酬,另一方提供删除、屏蔽、断开链接等服务的协议,人民法院应认定为无效。

擅自篡改、删除、屏蔽特定网络信息或者以断开链接的方式阻止他人获取网络信息,发布该信息的网络用户或者网络服务提供者请求侵权人承担侵权责任的,人民法院应予支持。接受他人委托实施该行为的,委托人与受托人承担连带责任。

考点128 监护人责任

第一千一百八十八条　[监护人责任]无民事行为能力人、限制民事行为能力人造成他人损害的,由监护人承担侵权责任。监护人尽到监护职责的,可以减轻其侵权责任。

有财产的无民事行为能力人、限制民事行为能力人造成他人损害的,从本人财产中支付赔偿费用;不足部分,由监护人赔偿。

考点129 教育机构的侵权责任

第一千一百九十九条　[教育机构对无民事行为能力人受到人身损害的过错推定责任]无民事行为能力人在幼儿园、学校或者其他教育机构学习、生活期间受到人身损害的,幼儿园、学校或者其他教育机构应当承担侵权责任;但是,能够证明尽到教育、管理职责的,不承担侵权责任。

第一千二百条　[教育机构对限制民事行为能力人受到人身损害的过错责任]限制民事行为能力人在学校或者其他教育机构学习、生活期间受到人身损害,学校或者其他教育机构未尽到教育、管理职责的,应当承担侵权责任。

第一千二百零一条　[受到校外人员人身损害时的责任分担]无民事行为能力人或者限制民事行为能力人在幼儿园、学校或者其他教育机构学习、生活期间,受到幼儿园、学校或者其他教育机构以外的第三人人身损害的,由第三人承担侵权责任;幼儿园、学校或者其他教育机构未尽到管理职责的,承担相应的补充责任。幼儿园、学校或者其他教育机构承担补充责任后,可以向第三人追偿。

考点130 产品责任

第一千二百零三条　[被侵权人请求损害赔偿的途径和先行赔偿人追偿权]因产品存在缺陷造成他人损害

· 140 ·

的,被侵权人可以向产品的生产者请求赔偿,也可以向产品的销售者请求赔偿。

<u>产品缺陷由生产者造成的,销售者赔偿后,有权向生产者追偿。因销售者的过错使产品存在缺陷的,生产者赔偿后,有权向销售者追偿。</u>〔2013年真题~用人单位的替代责任、产品责任〕

第一千二百零四条 〔生产者、销售者的第三人追偿权〕因运输者、仓储者等第三人的过错使产品存在缺陷,造成他人损害的,产品的生产者、销售者赔偿后,<u>有权向第三人追偿</u>。

第一千二百零七条 〔产品责任中的惩罚性赔偿〕明知产品存在缺陷仍然生产、销售,或者没有依据前条规定采取有效补救措施,造成他人死亡或者健康严重损害的,被侵权人有权请求相应的惩罚性赔偿。

《道路交通事故损害赔偿解释》

第九条　机动车存在产品缺陷导致交通事故造成损害,当事人请求生产者或者销售者依照民法典第七编第四章的规定承担赔偿责任的,人民法院应予支持。

《医疗损害责任纠纷解释》

第三条　患者因缺陷医疗产品受到损害,起诉部分或者全部医疗产品的生产者、销售者、药品上市许可持有人和医疗机构的,应予受理。

患者仅起诉医疗产品的生产者、销售者、药品上市许可持有人、医疗机构中部分主体,当事人依法申请追加其他主体为共同被告或者第三人的,应予准许。必要时,人民法院可以依法追加相关当事人参加诉讼。

患者因输入不合格的血液受到损害提起侵权诉讼的,参照适用前两款规定。

考点131 医疗损害责任

第一千二百一十九条 〔医疗机构说明义务与患者知情同意权〕医务人员在诊疗活动中<u>应当向患者说明病情和医疗措施</u>。需要实施手术、特殊检查、特殊治疗的,医务人员应当及时向患者具体说明医疗风险、替代医疗方案等情况,并取得其明确同意;<u>不能或者不宜向患者说明的,应当向患者的近亲属说明,并取得其明确同意</u>。

医务人员未尽到前款义务,造成患者损害的,医疗机构应当承担赔偿责任。

第一千二百二十条 〔紧急情况下实施的医疗措施〕因抢救生命垂危的患者等紧急情况,不能取得患者或者其近亲属意见的,<u>经医疗机构负责人或者授权的负责人批准</u>,可以立即实施相应的医疗措施。

第一千二百二十二条 〔医疗机构过错推定的情形〕患者在诊疗活动中受到损害,有下列情形之一的,推定医疗机构有过错:

(一)违反法律、行政法规、规章以及其他有关诊疗规范的规定;

(二)隐匿或者拒绝提供与纠纷有关的病历资料;

(三)遗失、伪造、篡改或者违法销毁病历资料。

第一千二百二十三条 〔因药品、消毒产品、医疗器械的缺陷或输入不合格的血液的侵权责任〕因药品、消毒产品、医疗器械的缺陷,或者输入不合格的血液造成患者损害的,患者可以向药品上市许可持有人、生产者、血液提供机构请求赔偿,也可以向医疗机构请求赔偿。患者向医疗机构请求赔偿的,<u>医疗机构赔偿后,有权向负有责任的药品上市许可持有人、生产者、血液提供机构追偿</u>。

第一千二百二十四条 〔医疗机构免责事由〕患者在诊疗活动中受到损害,有下列情形之一的,医疗机构不承担赔偿责任:

(一)患者或者其近亲属不配合医疗机构进行符合诊疗规范的诊疗;

(二)医务人员在抢救生命垂危的患者等紧急情况下已经尽到合理诊疗义务;

(三)限于当时的医疗水平难以诊疗。

前款第一项情形中,医疗机构或者其医务人员也有过错的,应当承担相应的赔偿责任。

《医疗损害责任纠纷解释》

第五条　患者依据民法典第一千二百一十九条规定主张医疗机构承担赔偿责任的,应当按照前条第一款规定提交证据。

实施手术、特殊检查、特殊治疗的,医疗机构应当承担说明义务并取得患者或者患者近亲属明确同意,但属于民法典第一千二百二十条规定情形的除外。医疗机构提交患者或者患者近亲属明确同意证据的,人民法院可以认定医疗机构尽到说明义务,但患者有相反证据足以反驳的除外。

第十七条　医务人员违反民法典第一千二百一十九条第一款规定义务,但未造成患者人身损害,患者请求医疗机构承担损害赔偿责任的,不予支持。

第二十一条　因医疗产品的缺陷或者输入不合格血液受到损害,患者请求医疗机构、缺陷医疗产品的生产者、销售者、药品上市许可持有人或者血液提供机构承担赔偿责任的,应予支持。

医疗机构承担赔偿责任后,向缺陷医疗产品的生产者、销售者、药品上市许可持有人或者血液提供机构追偿的,应予支持。

因医疗机构的过错使医疗产品存在缺陷或者血液不合格,医疗产品的生产者、销售者、药品上市许可持有人或者血液提供机构承担赔偿责任后,向医疗机构追偿的,应予支持。

第二十二条　缺陷医疗产品与医疗机构的过错诊疗行为共同造成患者同一损害,患者请求医疗机构与医疗产品的生产者、销售者、药品上市许可持有人承担连带责任的,应予支持。

医疗机构或者医疗产品的生产者、销售者、药品上市许可持有人承担赔偿责任后,向其他责任主体追偿的,应当根据诊疗行为与缺陷医疗产品造成患者损害的原因力大小确定相应的数额。

输入不合格血液与医疗机构的过错诊疗行为共同造

成患者同一损害的,参照适用前两款规定。

第二十三条 医疗产品的生产者、销售者、药品上市许可持有人明知医疗产品存在缺陷仍然生产、销售,造成患者死亡或者健康严重损害,被侵权人请求生产者、销售者、药品上市许可持有人赔偿损失及二倍以下惩罚性赔偿的,人民法院应予支持。

考点132 机动车道路交通事故责任

第一千二百零九条 [租赁、借用机动车交通事故责任]因租赁、借用等情形机动车所有人、管理人与使用人不是同一人时,发生交通事故造成损害,属于该机动车一方责任的,由机动车使用人承担赔偿责任;机动车所有人、管理人对损害的发生有过错的,承担相应的赔偿责任。

第一千二百一十条 [转让并交付但未办理登记的机动车侵权责任]当事人之间已经以买卖或者其他方式转让并交付机动车但是未办理登记,发生交通事故造成损害,属于该机动车一方责任的,由受让人承担赔偿责任。[2017年真题~原告、被告诉讼地位的确定]

第一千二百一十一条 [挂靠机动车交通事故责任]以挂靠形式从事道路运输经营活动的机动车,发生交通事故造成损害,属于该机动车一方责任的,由挂靠人和被挂靠人承担连带责任。

第一千二百一十三条 [交通事故侵权救济来源的支付顺序]机动车发生交通事故造成损害,属于该机动车一方责任的,先由承保机动车强制保险的保险人在强制保险责任限额范围内予以赔偿;不足部分,由承保机动车商业保险的保险人按照保险合同的约定予以赔偿;仍然不足或者没有投保机动车商业保险的,由侵权人赔偿。

第一千二百一十七条 [好意同乘规则]非营运机动车发生交通事故造成无偿搭乘人损害,属于该机动车一方责任的,应当减轻其赔偿责任,但是机动车使用人有故意或者重大过失的除外。

《道路交通安全法》

第七十六条 机动车发生交通事故造成人身伤亡、财产损失的,由保险公司在机动车第三者责任强制保险责任限额范围内予以赔偿;不足部分,按照下列规定承担赔偿责任:

(一)机动车之间发生交通事故的,由有过错的一方承担赔偿责任;双方都有过错的,按照各自过错的比例分担责任。

(二)机动车与非机动车驾驶人、行人之间发生交通事故,非机动车驾驶人、行人没有过错的,由机动车一方承担赔偿责任;有证据证明非机动车驾驶人、行人有过错的,根据过错程度适当减轻机动车一方的赔偿责任;机动车一方没有过错的,承担不超过百分之十的赔偿责任。

交通事故的损失是由非机动车驾驶人、行人故意碰撞机动车造成的,机动车一方不承担赔偿责任。

《道路交通事故损害赔偿解释》

第二条 被多次转让但是未办理登记的机动车发生交通事故造成损害,属于该机动车一方责任,当事人请求由最后一次转让并交付的受让人承担赔偿责任的,人民法院应予支持。

第三条 套牌机动车发生交通事故造成损害,属于该机动车一方责任,当事人请求由套牌机动车的所有人或者管理人承担赔偿责任的,人民法院应予支持;被套牌机动车所有人或者管理人同意套牌的,应当与套牌机动车的所有人或者管理人承担连带责任。

第四条 拼装车、已达到报废标准的机动车或者依法禁止行驶的其他机动车被多次转让,并发生交通事故造成损害,当事人请求由所有的转让人和受让人承担连带责任的,人民法院应予支持。

第十四条 投保人允许的驾驶人驾驶机动车致使投保人遭受损害,当事人请求承保交强险的保险公司在责任限额范围内予以赔偿的,人民法院应予支持,但投保人为本车上人员的除外。

第二十二条 人民法院审理道路交通事故损害赔偿案件,应当将承保交强险的保险公司列为共同被告。但该保险公司已经在交强险责任限额范围内予以赔偿且当事人无异议的除外。

人民法院审理道路交通事故损害赔偿案件,当事人请求将承保商业三者险的保险公司列为共同被告的,人民法院应予准许。

考点133 环境污染和生态破坏责任

第一千二百二十九条 [环境污染和生态破坏侵权责任]因污染环境、破坏生态造成他人损害的,侵权人应当承担侵权责任。

第一千二百三十条 [环境污染、生态破坏侵权举证责任]因污染环境、破坏生态发生纠纷,行为人应当就法律规定的不承担责任或者减轻责任的情形及其行为与损害之间不存在因果关系承担举证责任。

第一千二百三十一条 [两个以上侵权人造成损害的责任分担]两个以上侵权人污染环境、破坏生态的,承担责任的大小,根据污染物的种类、浓度、排放量、破坏生态的方式、范围、程度,以及行为对损害后果所起的作用等因素确定。

第一千二百三十二条 [侵权人的惩罚性赔偿]侵权人违反法律规定故意污染环境、破坏生态造成严重后果的,被侵权人有权请求相应的惩罚性赔偿。

第一千二百三十三条 [因第三人过错污染环境、破坏生态的责任]因第三人的过错污染环境、破坏生态的,被侵权人可以向侵权人请求赔偿,也可以向第三人请求赔偿。侵权人赔偿后,有权向第三人追偿。

第一千二百三十四条 [生态环境损害修复责任]违反国家规定造成生态环境损害,生态环境能够修复的,国家规定的机关或者法律规定的组织有权请求侵权人在合理期限内承担修复责任。侵权人在期限内未修复的,国家规定的机关或者法律规定的组织可以自行或者委托他人进行修复,所需费用由侵权人负担。

《环境侵权责任纠纷解释》

第五条 被侵权人根据民法典第一千二百三十三条规定分别或者同时起诉侵权人、第三人的,人民法院应予受理。

被侵权人请求第三人承担赔偿责任的,人民法院应当根据第三人的过错程度确定其相应赔偿责任。

侵权人以第三人的过错污染环境、破坏生态造成损害为由主张不承担责任或者减轻责任的,人民法院不予支持。

第六条 被侵权人根据民法典第七编第七章的规定请求赔偿的,应当提供证明以下事实的证据材料:

(一)侵权人排放了污染物或者破坏了生态;
(二)被侵权人的损害;
(三)侵权人排放的污染物或者其次生污染物、破坏生态行为与损害之间具有关联性。

第九条 当事人申请通知一至两名具有专门知识的人出庭,就鉴定意见或者污染物认定、损害结果、因果关系、修复措施等专业问题提出意见,人民法院可以准许。当事人未申请,人民法院认为有必要的,可以进行释明。

具有专门知识的人在法庭上提出的意见,经当事人质证,可以作为认定案件事实的根据。

第十四条 被侵权人请求修复生态环境的,人民法院可以依法裁判侵权人承担环境修复责任,并同时确定其不履行环境修复义务时应当承担的环境修复费用。

侵权人在生效裁判确定的期限内未履行环境修复义务的,人民法院可以委托其他人进行环境修复,所需费用由侵权人承担。

考点134 饲养动物致人损害责任

第一千二百四十五条 [饲养动物损害责任一般规定]饲养的动物造成他人损害的,动物饲养人或者管理人应当承担侵权责任;但是,能够证明损害是因被侵权人故意或者重大过失造成的,可以不承担或者减轻责任。

第一千二百四十六条 [未对动物采取安全措施损害责任]违反管理规定,未对动物采取安全措施造成他人损害的,动物饲养人或者管理人应当承担侵权责任;但是,能够证明损害是因被侵权人故意造成的,可以减轻责任。

第一千二百四十七条 [禁止饲养的危险动物损害责任]禁止饲养的烈性犬等危险动物造成他人损害的,动物饲养人或者管理人应当承担侵权责任。

第一千二百四十八条 [动物园饲养动物损害责任]动物园的动物造成他人损害的,动物园应当承担侵权责任;但是,能够证明尽到管理职责的,不承担侵权责任。

第一千二百五十条 [因第三人过错致使动物致害责任]因第三人的过错致使动物造成他人损害的,被侵权人可以向动物饲养人或者管理人请求赔偿,也可以向第三人请求赔偿。动物饲养人或者管理人赔偿后,有权向第三人追偿。

考点135 物件致人损害责任

第一千二百五十二条 [建筑物、构筑物或者其他设施倒塌、塌陷致害责任]建筑物、构筑物或者其他设施倒塌、塌陷造成他人损害的,由建设单位与施工单位承担连带责任,但是建设单位与施工单位能够证明不存在质量缺陷的除外。建设单位、施工单位赔偿后,有其他责任人的,有权向其他责任人追偿。

因所有人、管理人、使用人或者第三人的原因,建筑物、构筑物或者其他设施倒塌、塌陷造成他人损害的,由所有人、管理人、使用人或者第三人承担侵权责任。

第一千二百五十三条 [建筑物、构筑物或者其他设施及其搁置物、悬挂物脱落、坠落致害责任]建筑物、构筑物或者其他设施及其搁置物、悬挂物发生脱落、坠落造成他人损害,所有人、管理人或者使用人不能证明自己没有过错的,应当承担侵权责任。所有人、管理人或者使用人赔偿后,有其他责任人的,有权向其他责任人追偿。
[2017年真题~原告、被告地位的确定,共同诉讼人诉讼地位的确定,证明责任的特殊分配]

第一千二百五十四条 [高空抛掷物、坠落物致害责任]禁止从建筑物中抛掷物品。从建筑物中抛掷物品或者从建筑物上坠落的物品造成他人损害的,由侵权人依法承担侵权责任;经调查难以确定具体侵权人的,除能够证明自己不是侵权人的外,由可能加害的建筑物使用人给予补偿。可能加害的建筑物使用人补偿后,有权向侵权人追偿。

物业服务企业等建筑物管理人应当采取必要的安全保障措施防止前款规定情形的发生;未采取必要的安全保障措施的,应当依法承担未履行安全保障义务的侵权责任。

发生本条第一款规定的情形的,公安等机关应当依法及时调查,查清责任人。

第一千二百五十七条 [林木致害的责任]因林木折断、倾倒或者果实坠落等造成他人损害,林木的所有人或者管理人不能证明自己没有过错的,应当承担侵权责任。
[2021年回忆~林木折断、倾倒损害责任]

第一千二百五十八条 [公共场所或道路施工致害责任和窨井等地下设施致害责任]在公共场所或者道路上挖掘、修缮安装地下设施等造成他人损害,施工人不能证明已经设置明显标志和采取安全措施的,应当承担侵权责任。

窨井等地下设施造成他人损害,管理人不能证明尽到管理职责的,应当承担侵权责任。

答案速查

1.B	2.A	3.D	123.ABC	124.ABCD	
4.B	5.D	6.D	125.(1)C;(2)ABC;(3)D		126.AD
7.C	8.C	9.D	127.ABC	128.C(原答案为B)	129.ACD
10.C	11.ABCD	12.ABD	130.ABCD	131.(1)BD;(2)C;(3)D	
13.ABCD	14.C	15.D	132.A	133.ACD	134.B
16.D	17.B	18.C	135.B	136.D	137.B
19.BC(原答案为B)	20.A	21.D	138.B	139.D	140.AC
22.AB(原答案为ABD)	23.ABC		141.AB	142.BCD	143.ABCD
24.ABCD	25.BCD	26.ABD	144.C	145.BCD	146.B
27.B	28.D(原答案为AD)	29.AC	147.(1)ABD;(2)BC		148.B
30.ABC	31.B	32.B	149.B	150.D	151.ABCD
33.C	34.D	35.B	152.BC	153.A	154.BCD
36.ABCD	37.D	38.D	155.BC	156.AD	157.BD
39.AD	40.BCD	41.B	158.B	159.AB	160.B
42.C	43.D	44.ABD	161.AB	162.ABCD	163.C
45.ACD	46.B	47.C	164.(1)ABCD(原答案为C);(2)D;(3)AC		
48.CD	49.C	50.ABC	165.D(原答案为BD)	166.AB	167.A
51.D	52.B	53.AC(原答案为C)	168.ABCD	169.ABD	170.BCD
54.BCD	55.A	56.ABCD	171.A	172.ACD	
57.B	58.D	59.C	173.ACD(原答案为CD)		174.AB
60.ABCD	61.D	62.BCD	175.D	176.AC	177.D
63.A	64.ABCD(原答案为ACD)		178.ABC	179.C	180.C
65.(1)C;(2)AC	66.ABCD	67.ABD	181.C	182.AB	183.C
68.BCD	69.BC	70.AD	184.AD	185.BD	186.ABD
71.ABD	72.D	73.B	187.BD	188.(1)BC;(2)C	189.ACD
74.C	75.C	76.ABC	190.C	191.AC	192.D
77.D	78.ABC	79.D	193.D	194.D	195.C
80.D	81.AD	82.D	196.BCD	197.C	198.AC
83.BD	84.D	85.CD	199.C(原答案为CD)	200.BC	201.C
86.B	87.D	88.ABC	202.B	203.D	204.C
89.ABD	90.B	91.C	205.C	206.D	207.ABCD
92.ABCD	93.A	94.ABCD	208.D	209.BD	210.ABCD
95.A	96.CD	97.A	211.B	212.C	213.B
98.(1)BD;(2)AD		99.A	214.D(原答案为B)	215.B	216.ACD
100.A	101.ABCD(原答案为A)		217.C	218.ABCD	219.BCD
102.D	103.D	104.ABC	220.A	221.ABD	222.AB
105.ABD	106.B	107.CD	223.C	224.ABD	225.C
108.B	109.B	110.ACD	226.D	227.B	228.C
111.BCD	112.D	113.BD	229.B	230.A	231.A
114.C	115.D	116.A	232.ACD	233.BCD	234.AB
117.C	118.BCD	119.A	235.BC	236.A	237.B
120.D	121.ABD	122.C(原答案为D)	238.ABD	239.C	240.D

241.C	242.A	243.D	363.D	364.AB	365.D
244.BCD	245.D	246.BC	366.D	367.B	368.C
247.AB	248.C	249.ABC	369.D	370.AD	
250.ABCD	251.ABC		371.D(原答案为BCD)		372.B
252.BCD(原答案为BD)	253.BCD	373.BD	374.C	
254.ABD	255.B	256.A	375.BCD(原答案为CD)		376.D
257.ABC	258.B	259.BC	377.D	378.B	379.C
260.D	261.C	262.BC	380.B	381.AC	382.D
263.B	264.ABC		383.ABD	384.ABCD	385.AB(原答案为A)
265.AC(原答案为ABC)	266.ABC	386.ABD	387.AC	388.C
267.A	268.A	269.A	389.ABD(原答案为ABCD)		390.AD
270.A	271.ABCD	272.AB	391.BCD(原答案为D)		392.C
273.B	274.D	275.AB	393.ACD(原答案为B)		394.C
276.D	277.(1)AD;(2)BD	395.D	396.ABCD(原答案为B)	
278.AC	279.D	280.A	397.C	398.D	399.D
281.C	282.C	283.B	400.CD(原答案为C)		401.C
284.(1)AC;(2)A	285.D	402.D	403.C	404.AB
286.AB	287.ABCD	288.AD	405.ABC	406.ABC	407.AC
289.A	290.(1)D;(2)AC;(3)BC	408.AC	409.CD	410.AC
291.D	292.A	293.D	411.C	412.C	413.BCD
294.ABD	295.AB	296.AC	414.AD	415.D	416.D
297.AC	298.A	299.A	417.CD(原答案为C)		418.A
300.ABC	301.B	302.ACD	419.ABCD	420.CD	421.BC
303.BCD	304.C	305.B	422.AD(原答案为ACD)		423.C
306.ABC	307.ABCD	308.CD	424.ABCD	425.BCD	426.AC
309.D	310.AC	311.C	427.AC	428.ACD	429.AB
312.ACD(原答案为ABCD)	313.ABC	430.A	431.D	432.ABCD
314.ABC	315.AC	316.C	433.AC	434.A	435.A
317.C	318.D	319.AB	436.A	437.C	438.ABC
320.CD	321.C	322.BCD	439.D	440.B	441.D
323.ABD	324.BC	325.BD	442.C	443.A	444.B
326.D	327.ABC		445.CD	446.ACD	447.CD
328.BC(原答案为BCD)	329.ABCD	448.AB	449.ABCD	450.BC
330.C	331.ACD	332.ACD	451.ABCD(原答案为B)		452.D(原答案为A)
333.A	334.ABD	335.ABCD	453.A	454.AC	455.CD
336.B	337.C	338.AC	456.C	457.D	458.ACD
339.B	340.ABD	341.BCD	459.C	460.ACD	461.A
342.B(原答案为C)	343.ABC	344.CD	462.BC(原答案为ABC)		463.D
345.BC(原答案为BCD)	346.BCD	464.A	465.ABCD(原答案为ABD)	
347.BCD	348.D	349.BCD	466.A	467.A	468.ABCD
350.C(原答案为AC)	351.CD	469.B	470.C	471.D
352.B	353.C	354.C	472.ACD	473.D	474.BC
355.C	356.A	357.C	475.C	476.B	477.BD
358.C	359.(1)BC;(2)B	478.AC		
360.AB	361.BCD	362.C			

民法 [答案速查]

·145·